U0921527

上海学校德育决策咨询课题

2012－2013年上海市中等职业学校学生发展报告

主　编　项秉健
副主编　姚明强
　　　　任淑秋

2012-2013

上海教育出版社
SHANGHAI EDUCATIONAL
PUBLISHING HOUSE

课　题　组

课题指导：周　烨

组　　长：项秉健

副 组 长：姚明强　任淑秋　邬宪伟　芦秀兰　高　康

成　　员：（按姓氏音序排列）

陈　辞　高　康　黄　巍　金玉林

芦秀兰　彭茂清　任淑秋　邬宪伟

汪小燕　项秉健　杨　柳　姚明强

赵冬梅　周　健　张　勤　朱清清

技　　术：陈阳春　张　宁

排　　版：赵莉君

CONTENTS | 目录

2012—2013年上海市中等职业学校学生发展报告(总报告)

项秉健　姚明强　任淑秋

导　论

一、关于中等职业学校学生发展的基本观点

"为了每一个中职生的终身发展"是本课题秉持的核心理念。举办中等职业教育的出发点和落脚点在于为促进中职生的全面发展与终身发展,使学生能够接受并继续选择接受合适的保证质量的教育培训,完成从教育世界到职业世界的人生角色重大转换的"大考"。

职业教育内隐的人本性、科学性特性常常为其外显的工具性、功利性特点所掩盖,让中职毕业生在职业世界各展其能的目的是使之各得其所,并非单纯体现为经济社会发展服务的工具理性;经济和社会发展归根结底还是为了人,为了人的幸福和全面发展,即需要体现人的生命价值理性。

二、考察中等职业学校学生发展的维度

本课题依据新修订的《上海市中等职业学校学生发展评价指标框架》确立对中职生发展考察的维度。本课题组在全面总结2010—2011年中职生发展报告课题和2012—2013年中职生发展报告课题两次量化调查统计和本次质性调查分析的基础上,对原中职学生发展评价指标框架进行了修订。经过综合比较,确定了"思想品质""学习和发展能力""职业素养"和"身心健康"4个一级指标,下设13个二级指标、42个主要观测点。指标体系将中职生发展的各个方面融入了内涵要求,体现了党的教育方针和中职教育办学方针,契合了中职生发展的一般规律。

三、对本项研究观察的客观性说明

本课题组于2013年6月25日至7月15日在上海教育新闻网(www.shedunews.com)展开问卷调查。共设计135道题,包括思想品质、学习与发展能力、职业素养、身心健康和社会环境影响五个部分。运用SPSS对该调查量表进行抽样信度分析,信度为0.9721,说明问卷具有很好的信度和效度。本市30所中等职业学校包括职校

(职业高中)、中专校、技校三类学校的学生合计5026人参加调查,与此同时,课题组对来自5所学校的26名学生开展面对面质性访谈研究,获取大量富有个性特征的感性资料,增加了中职生如何评价自身发展的评价维度,可以对量化调查起到有效的补充作用。

内 容 提 要

一、本项研究通过观察与分析发现的主要问题

本项研究以实证调查为基础,问卷抽样调查和质性调查结果是研究报告的主要资料来源。我们对中职生的发展状况主要方面进行了描述和分析,研究者可从这些数据的综合分析中得出一些倾向性与规律性的认识,进而可以解读出为切实帮助中职生的健康发展,亟须关注与解决的主要问题。

观察与分析一:爱国主义教育需要“落地”

总体来看,绝大多数中职生在理性上认识到理想的重要性(占92.2%),说明他们有向好的情怀,但这并不意味着他们在确立自身理想和追求理想的过程中没有困境。大多数中职生相信,要靠过硬的技能或学历去赢得前途;但学校并非净土,仍有接近三成的人认为需要“拼爹”“靠运气”。其实中职生的绝大多数拼不起爹,运气也不可期待,他们需要的是公开公平的竞争。调查表明中职生是有“中国梦”并愿意实现“中国梦”的;但部分中职生缺乏实现“中国梦”的具体目标;可见爱国主义教育需要“落地”。在中职校诠释“中国梦”,就是诠释中职生个人与祖国的关系,诠释中职生理想和行动的张力。

观察与分析二:转换人生角色的“大考”远未引起应有的重视

调查显示,多数中职生对未来可能从事的职业“不是很清楚”,表明中职生在校期间的认知和热爱专业的教育亟须增强和改善。值得注意的是,有三分之一的中职生尚未做职业生涯规划,理应补课。为了一场升学考,我们的学生、家长,可以废寝忘食、夜以继日;我们的学校、老师可以倾其全力,使出浑身解数;而对于由学校进入职场的转换人生角色的真正“大考”,却远未引起人们应有的重视。

观察与分析三:应更加重视职业道德的培养

问卷统计表明,对于社会上职业道德沦陷现象感到“十分痛心”和“痛心”的中职生高达九成以上,这是在本次调查数据中极难得显示的高比例。中职生高度认同一个普通职业工作者客车司机吴斌在普通职业行为中所表现的崇高价值。这是这个社会最普通也最宝贵的东西。即便是一个再普通不过的劳动者,他可以没有过人的本领,却必须具备职业道德与职业精神。这必然要求职业教育系统更重视职业道德的培养,仅仅关注专业知识、技能将是为未来培养高素质劳动者的最大障碍。

观察与分析四:如何理解“成功”,如何理解“各得其所”

关于职业目标的调查发现,受访者们明知可能“抱着更大的希望去承受失望带来的痛苦”,却又未能幸免“成功”的压力;他们想要遵循各自的“内目标”(以符合兴趣爱好、能发挥特长、适合内心感受作为选择职业的标准),又难以拒绝“外目标”(以薪资福利优、社会地位高、工作环境好作为选择职业的标准)的诱惑。如何理解“成功”?如何理解“各得其所”?如何使“内目标”和“外目标”得以辩证统一?在这些张力之中,我们可以找到对中职生进行职业指导的用武之地。

观察与分析五:如何正确对待中职生的心理特点

调查表明,约七八成的中职生“经常有或者有被忽视的感觉”。因为他们(约有八成的中职生)“很在乎或者在乎别人的评价”。他们大多数是敏感的,不仅仅来自青春期的敏感,还有对自己身份的敏感。其实他们并不弱,自有值得全社会珍惜的属于他们的特长;对于有意或无意的忽略,他们中有的人会以“出格”来反抗,更多的人则内化为一种敏感的气质。如何正确对待中职生的心理特点,需要引起家长、老师和全社会的关注。

二、本项研究的对策建议

对策建议一:在中小学普遍开展职业启蒙教育

20 世纪初以来,美国、德国、英国、瑞典、日本等国就相继在中小学推行职业指导。职业启蒙和职业教育必须关注人的一生发展,不能只关注企业发展、经济发展的功利性目标。如果我们的职业启蒙和职业教育真正能回归以人为本、以人的幸福为本,那么才能产生其应有的效应。应该将学生发展需求作为第一依据、社会需求作为第二依据,只有每一个学生得到充分发展,人力资源才能增强,人力资源强国的目标才能真正实现。

对策建议二:真正实现普职分流作用及其内化效应

高中阶段教育实现普职分流,基于两种尺度的考量。一是社会尺度,即社会发展需要在生产、服务、技术和管理第一线的高素质劳动者和初、中级专门人才;一是教育尺度,即教育改革和发展,需要结构转型,根据学生选择并按学校类型在学校教育中融入职业因素,这样做才能符合不同学生的不同成长特点,才能在育人的价值上有所提升。教育尺度被淡化的结果是,中考分流作用逐渐被异化为选拔作用,进入中职校的学生被异化为淘汰的结果。分流的内化效应不见了,人们眼里只剩下一条分割成绩优劣的分数线。

对策建议三:职业道德教育是职业指导的重中之重

职业教育的专业会随人才市场供求变化而产生冷热变化,相关专业的知识、技能含金量也会随之起落;而用人单位对人才职业道德的需求则是恒定的。这必然要求职业教育系统更重视职业道德的培养,仅仅关注专业知识、技能将是为未来培养高素质劳动者的最大障碍。

对策建议四：确立内目标、内成功是职业生涯规划的核心内容

据“财经日报市场咨询公司IPSOS最近对20个国家作的一项调查。71%的受访中国人表示，会根据自己拥有的财产值衡量个人成功。对这一问题的全球平均值是34%。调查的重要提醒在于，我们能不能稍微放松一下压力，从价值观上给自己一些从容”。“外成功”“外目标”是共同的，也是单一的，人人都能描述出来；而“内成功”“内目标”却是个性的，也是多样的，人与人各不相同。高度趋同的价值目标势必造成过度竞争，多样化的个性发展不见了。人当然不能没有梦想，失去梦想的人生会变得支离破碎，而最终的梦想，就是辨认和听从自己内心的声音。这就是“各得其所”，也正是职业指导的真谛，更是职业指导的价值所在。

对策建议五：家庭、学校、社会都要为每一个学生终身发展努力

本课题量化调查发现，“父母最关心你的”前三位选项是：“身体健康”“学业成绩”“将来工作”。“你最希望父母关心的”选项依次是：“身体健康”“情绪变化，内心想法”“兴趣特长”。可见除了“身体健康”之外，父母的关心同孩子希望的关心差距有多远。孩子希望做自己，而父母则将孩子作为竞争延续的载体。我们埋怨“拼爹”，却在毫无顾忌地“拼孩子”。

老师还是要以成全之道深刻领悟“教育是慢的艺术”之真谛。大多数学生的偏差是“发展中的偏差”；切不可低估学生自身所拥有自我修复的潜力。老师或保持适度钝感或加以适度点拨，才能育人无痕。兴趣，是学习的导师，“知之者不如乐之者，乐之者不如好之者”。技能型人才没有一个不勤学苦练的，使他苦不觉苦、甚至以苦为乐的，就是那个“好之”。教育不是折磨，不是遥不可及的幸福，而是当下的幸福。

我们不仅要关注社会怎么不断地向教育提要求，而且还要研究教育如何向社会提要求，这种关系背后是一种双向意义上的责任追问：社会要对教育承担什么责任、教育要对社会承担什么责任？一方面应改变“进了职业教育的门，就断了继续深造的路”现象，打通中高职教育与应用型本科和应用型硕士等高级实践人才培养的路径；另一方面应改变在职业世界，职业资格考试、公务员考试以及职称评审中普遍存在的学历歧视现象。如果能将学历要求改为同等学力要求，就可以既大大缓解军备竞赛式的高考压力，又可以给更多包括中职生在内的普通青年以公平公正的机会。

调查概述

1. 调查时间与调查工具：“2012—2013年上海市中等职业学校学生发展状况研究”系上海市教育委员会上海学校德育决策咨询课题。按照总课题组确定方案，我们于2013年6月25日至7月15日在上海教育新闻网(www.shedunews.com)展开问卷调查。共设计135道题，包括思想品质、学习与发展能力、职业素养、身心健康、社会环境影响五个部分。运用SPSS对该调查量表进行抽样信度分析，信度为0.9721，说明问卷具有很好的信度和效度。

2. 调查对象：调查对象为上海市中等职业学校学生。由本市30所中等职业学校包括职校(职业高中)、中专校、技校三类学校的学生合计5026人参加调查(含中专校四年级学生)，其中男生所占比例58.84%，女生所占比例41.07%。

3. 调查过程：本次调查共得到答卷5026份，其中有效答卷4295份，有效率为85.45%；并对来自5所学校的26名学生开展质性访谈研究，通过面对面深入交谈，获取大量富有个性特征的感性(谈话录音)资料，增加了中职生如何评价自身发展的评价维度，为本次调查开辟了新的视角，对量化调查起到有效的补充作用。

调查结果与分析

一、思想品质

1. 理想信念

> 中职生是有"中国梦"并愿意实现"中国梦"的；关键是如何帮助中职生确立具体目标并具备必要的能力。

理想信念反映人们对未来的向往和追求，是个人价值观的集中体现。中职生有无理想信念，有怎样的理想信念，决定中职生发展的根本导向。中职生具有怎样的政治信念和爱国情感，他们的人生理想和价值取向如何，针对这些问题，我们进行了以下调研。

(1) 爱国情感

中职生在回答"你是否想过今后要努力做些什么为了①自己、②亲人、③学校、④故乡和祖国(可多选)"这个问题时，选择"为自己"的有2971人次，占69.17%；选择"为亲人"的有2687人次，占62.56%；选择"为学校"的475人次，占11.06%；选择"为故乡和祖国"的798人次，占18.58%。

从中职生对回答这个问题选择答案的数量排序看，依次为自己、亲人、故乡和祖国、学校。这差序，反映出内外差序、亲疏差序、从形象到抽象的差序和从认识到相处的时间上的差序。一个不爱自己的人，如何能爱亲人？一个不爱自己和亲人的人，如何能爱故乡和祖国？一个不爱自己、亲人、故乡和祖国的人，如何能爱学校？由此可见，这一排序不无合理因素；但从选择为自己和亲人努力的中职生达六成至七成，而选择为故乡和祖国、为学校努力的中职生仅一成至二成的结果来看，差距未免过大，胸怀和情操教育、爱国情感教育难免被指弱化或低效，有待引起学校和社会的重视。

在被问及"你是否想过今后为实现'中国梦'做些什么？"时，中职生中对此"既

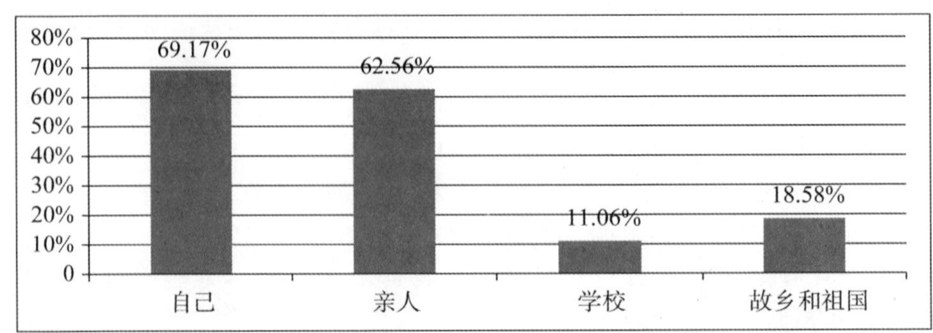

你是否想过今后要努力做些什么为了自己、亲人、学校、故乡和祖国

有强烈的愿望、也有具体的目标”的有1122人，占26.12%；“有愿望，但没有具体的目标”的有1815人，占42.26%；“没有考虑过”的有575人，占13.39%；“走一步看一步，有能力的时候再考虑”的有775人，占18.04%。其中“没有考虑过”的仅一成多，而“有愿望，但没有具体的目标”或“走一步看一步，有能力时候再考虑”的则超过半数。这说明，中职生是有“中国梦”并愿意实现“中国梦”的；但部分中职生缺乏实现“中国梦”的具体目标；关键是如何帮助中职生确立具体目标并具备必需的能力；可见爱国主义教育需要“落地”。在中职校诠释“中国梦”，就是诠释中职生个人与祖国的关系、诠释中职生理想和行动的张力。

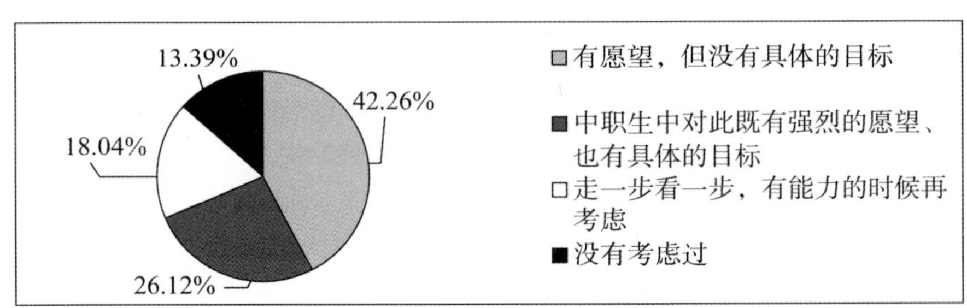

你是否想过今后为实现“中国梦”做些什么

（以占比数据高低排序）

（2）政治信念

中职生认同“个人的前途应该与党和国家的命运相连接”这一观点的人有1956人，占45.54%；“想过，认为无所谓”的有1235人，占28.75%；“没想过，但今后将认真思考”的有1096人，占25.52%；未选的占1.80%。这说明，相对多数的中职生认为个人的前途应该与党和国家的命运相连接，但在这方面学校的教育指导尚有较大的提升空间。

关于“一个人的尊严与什么密切相关”的问题调查表明（此题可复选，答案为六选四），中职生中觉得“一个人的尊严与知识密切相关”的有3497人次，占81.42%；觉得“与技能密切相关”的有3137人次，占73.04%；觉得“与地位密切相关”的有

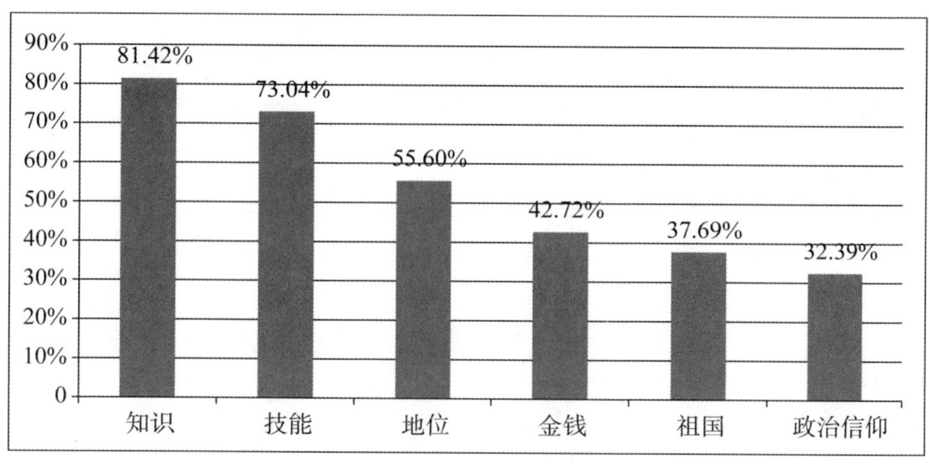

一个人的尊严与什么密切相关

2388人次,占55.60%;觉得“与金钱密切相关”的有1835人次,占42.72%;觉得“与祖国密切相关”的有1619人次,占37.69%;觉得“与政治信仰密切相关”的有1391人次,占32.39%。这令人一则以喜,一则以忧。喜的是认同知识、技能与个人尊严的相关程度更高的中职生明显超过认同地位、金钱与个人尊严相关程度更高的中职生;忧的是他们对祖国、政治信仰与个人尊严相关程度的认同度相对偏低,相关的思想政治教育需要加强。

(3) 人生理想

中职生认为“理想对于人生来说非常重要,理想是人生的导航和动力”的有2361人,占54.97%;认为“比较重要,没有理想,人生会缺少意义”的有1599人,占37.23%;认为“不太重要,人要活得现实些”的有261人,占6.08%;认为“完全不重要,我没有什么人生理想”的有66人,占1.54%;未选的占0.18%。总体来看,绝大多数中职生在理性上认识到理想的重要性(占92.20%),说明他们有向好的情怀,但这并不意味着他们在确立自身理想和追求理想的过程中没有困境。

关于“你认为对你的成长影响最大的是谁”的问题调查表明(限选四项以内),由高往低排序,可分成三组对象。第一组对象依次是父母、老师、同学、亲戚,其中选“父母”的有3748人次,占87.26%;选“老师”的有3083人次,占71.78%;选“同学”的有2882人次,占67.10%;选“亲戚”的有936人次,占21.79%。第二组对象,依次为明星偶像、成功企业家、生产技术能手和发明能手、政治领袖,其中选“明星偶像”的有600人次,占13.97%;选“成功企业家”的有521人次,占12.13%;选“生产技术能手和发明能手”的有420人次,占9.78%;选“政治领袖”的有352人次,占8.20%;第三组依次为文艺作品中的英雄(4.96%)和科学家(4.73%)等。

由此可见,一是影响中职生成长的因素很多,但无须归罪(功)于外,影响最大的是与他们最亲近的人,其中父母和老师的影响力无可替代,如两者形成合力,其影响力则无可比拟;二是社会公众人物和媒体传播的力量同样不可小觑。曾经的

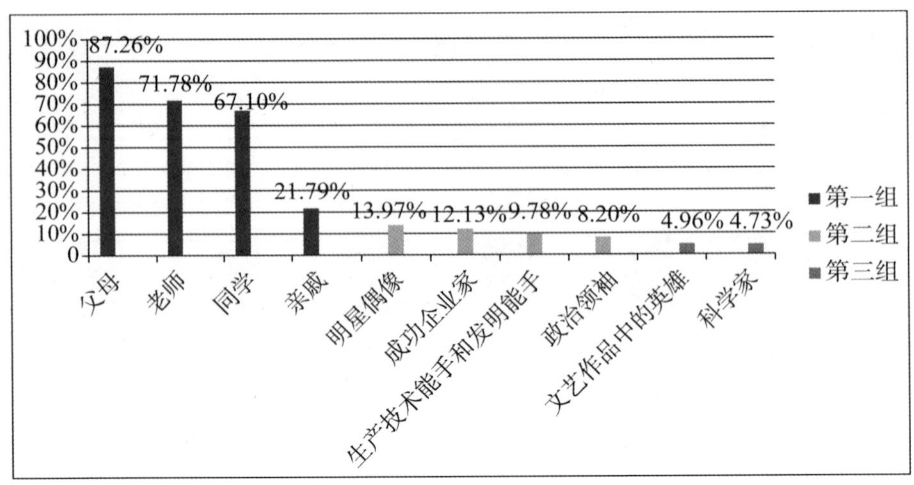

英雄主义幕落花凋,用什么去替代呢? 难道是明星偶像?

(4) 价值取向

中职生认为一个人取得成功主要靠“家庭、社会关系、运气”的有1206人,占28.08%;认为主要靠“自我奋斗、过硬的技能或学历”的有3081人,占71.73%。这表明,中职生身上有一种可贵的正能量,大多数人相信,要靠过硬的技能或学历去赢得前途;但也应该看到,学校并非净土,仍有接近三成的人认为需要“拼爹”“靠运气”。这样一种意识,对中职生群体的损害是不容忽视的,在现时的社会背景中,中职生仍处于相对弱势地位,他们的绝大多数拼不起爹,运气也不可期待,他们需要的是公开公平的竞争。

中职生在回答“你认为成功的重要性体现在哪里”这个问题时,选择“拥有豪宅、名车、头衔、公众关注”的有1007人,占23.45%;选择“发展个性、潜能、做出应有的贡献”的有3280人,占76.37%。人的成功有“外成功”和“内成功”之分,选择第一种答案的其实就是选择“外成功”,选择第二种答案的其实就是选择“内成功”。“外成功”的竞争是无上限的“山外青山楼外楼”式的竞争,“内成功”则对应每一个独特的个体,没有更好只有更合适,是百花齐放式的竞相开放。可喜的是大多数中职生选择了“内成功”,选择了各尽所能、各得其所。

分析:中职生所处的年龄阶段,正处于青涩与成熟的交替期,既具有相对稳定性,又具有可塑性、发展性。中职生的理想信念离不开自身的现实境遇,离不开中职生所处的时代的、国家的发展特点,离不开学校、家庭、社会的影响。毋庸讳言,在传统人才观念和人均受教育年限不断提高的双重夹击下,中职生处于相对弱势位置;现代制造业和现代服务业在上海的勃兴,对职业教育的发展既提供机遇又构成挑战。上海社会正处于新的转型期,一方面改革开放的深化促进经济社会持续发展,人民生活水平不断提高,对于中国梦的追求变得空前自信;另一方面在一些领域道德失范,假冒伪劣、欺诈行为时有发生,腐败现象尚未得到根除,特别是拜金主义、享乐主义、个人虚荣的增长。这些对中职生都具有不同程度的影响;但影响最大的是与他们最亲近的人,其中父母和老师的影响力无可替代,如两者形成合力,其影响力则无可比拟。

2. 健全人格

在现实生活中敏感的“他们”较易受到伤害;如果给予正确、及时的引导,他们必将会以更大的正能量来回报这个社会。

人格是在一定社会历史条件下,具体的人所具有的意识倾向性以及经常出现的较为稳定的心理特征的总和。健全的人格是每一个中职生发展的基础和保障。中职生目前的自尊自立状况如何?成长状况如何?带着这些问题,我们进行了以下调研。

(1) 自尊

中职生在回答“你对自己中职生的身份怎么看”这个问题时,选择“总感到不如人意”的有483人,占11.25%;选择“对前途不太乐观”的有593人,占13.81%,选择“无所谓”的有376人,占8.75%;选择“将来靠技术和劳动吃饭,心安理得”的有1272人,占29.62%;选择“天生我才必有用”的有1482人,占34.51%;选择其他和未选的占2.07%。总体来看,选择“将来靠技术和劳动吃饭,心安理得”和选择“天生我才必有用”占到被调查对象的64.13%,主流是积极的;但选择“总感到不如人意”的和选择“对前途不太乐观”的仍占到被调查对象的25.06%,特别是将中职校一年级组和三、四年级组对同一问题分别提取数据时,有两组数据引起我们的注意。第一组数据:一年级组选择“对前途不太乐观”的占本年级组的比例为11.20%,而三、四年级组作出同样选择的占本年级组的比例提高到17.14%。第二组数据:一年级组选择“将来靠技术和劳动吃饭,心安理得”的占本年级组的31.50%;而三、四年级组作出同样选择的比例下降到26.71%。由此可见,中职生愈临近毕业,负面因素对他们的影响可能愈严重,需要引起教育工作者的重视。

(2) 自立

在回答“选择中职学校就读的主要原因是什么”的问题时,有2269人回答“因为成绩不理想,考不上高中”,占被调查中职生的52.83%;有430人回答“因为父母或老师的决定”,占10.01%;有910人回答“因为符合自己的兴趣和特长”,占21.19%;有376人回答“因为可以早点工作挣钱”,占8.75%;未选的占1.67%。

调查表明,对于多数学生来说,进入中职校还是无奈的选择,真正从自己兴趣和特长出发作出升学选择的仅二成;尽管有高中阶段教育分流的刚性比例(上海初中升高中为55%、升中职为45%),但如果中小学职业启蒙教育得不到普及、传统的人才观念得不到破除,升学分流可能徒具形式,既难以实现因材施教,又难以保证经济社会发展所需要的职业人才质量。

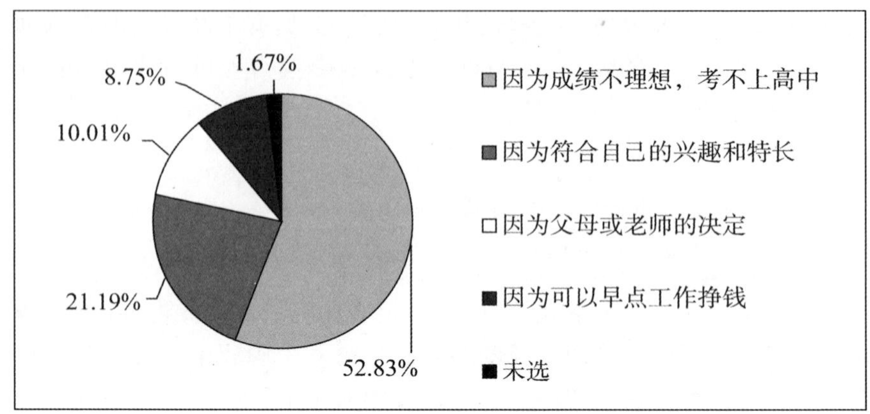

选择中职学校就读的主要原因是什么

（以占比数据高低排序）

继续升学，读高职或本科	直接就业	一边就业一边学习	出国读书	其他	未选
46.89%	17.14%	30.43%	3.14%	5.54%	1.67%

在"毕业后的打算"问题上，接受调查的中职生中有2014人选择"继续升学，读高职或本科"，占46.89%；有736人选择"直接就业"，占17.14%；有1307人选择"一边就业一边学习"，占30.43%；有135人选择出国读书，占3.14%；选择其他的占5.54%，未选的占1.67%。选择继续升学（含出国读书）的中职生超出五成的事实，提出了中职校的定位问题。与就业接口还是与升学接口，抑或两者并重，教育内容显然应有不同的安排。从接受调查的中职生看，他们中的多数似乎并未做好直接就业的准备。

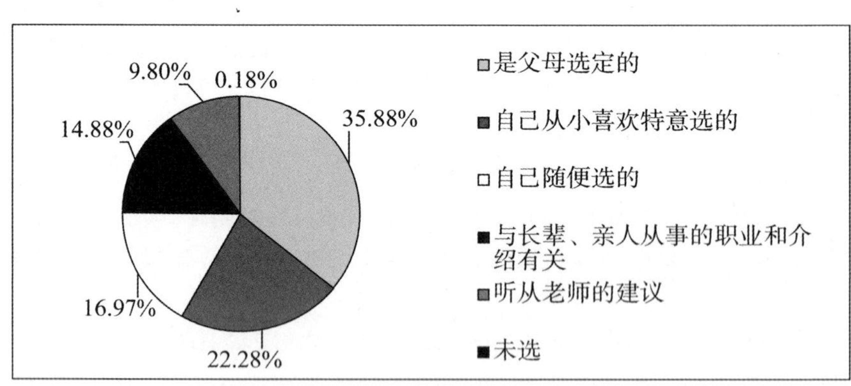

中职生现在学习的专业是怎样选定的

（以占比数据高低排序）

中职生现在学习的专业是怎样选定的？接受调查的中职生中有1541人选择"是父母选定的"，占35.88%；有421人选择"听从老师的建议"，占9.80%；有957

人选择"自己从小喜欢特意选的",占22.28%;有729人选择"自己随便选的",占16.97%;有639人选择"与长辈、亲人从事的职业和介绍有关",占14.88%;未选的占0.18%。这表明,在选择专业的问题上,中职生的自主性有所增强,但仍有45.68%的受访中职生所选专业是因为父母的决定或老师的建议,如此这般,"去个性化"现象也就在所难免。

(3) 成长性

在"升入中职校后,你开始特别注重自己的哪些方面(可多选)"这个问题上,中职生选择"时间安排"方面的有1825人次,占42.49%;选择"学习习惯"方面的有1562人次,占17.63%;选择"朋友的选择"方面的有2024人次,占47.12%;选择"职业技能训练"方面的有2437人次,占56.74%;选择"个人修养"方面的有2186人次,占50.90%;选择"发展兴趣特长"方面的有1760人次,占40.98%。

由此可见,中职生的成长性是明显的。他们最注重的依次为"职业技能训练""个人修养"和"朋友的选择",职业学校特点和新环境的作用,已开始程度不同地影响他们的主观意识,而"时间安排"和"学习习惯"在选项上排序最低,显然是中职生的弱项,值得引起有关方面重视。

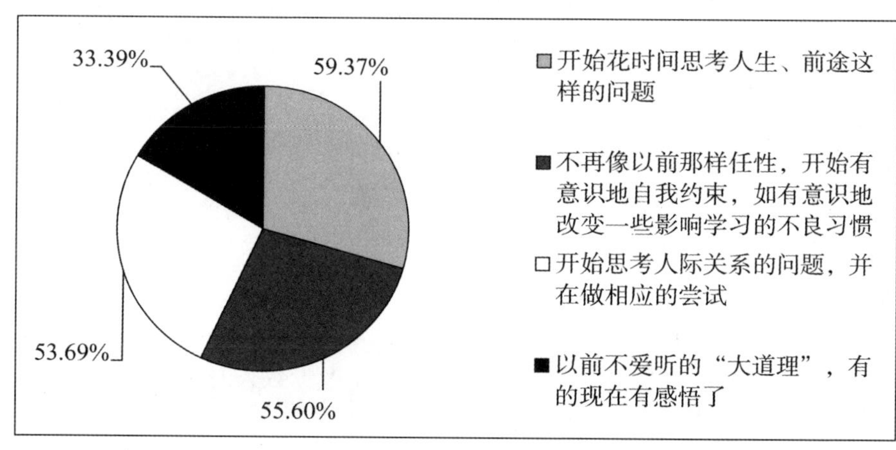

与初中及以前的自己比较

(以占比数据高低排序)

与初中及以前的自己比较,中职生有2550人次"开始花时间思考人生、前途这样的问题",占接受调查者的59.37%;有2388人次"不再像以前那样任性,开始有意识地自我约束,如有意识地改变一些影响学习的不良习惯",占55.60%;有2306人次"开始思考人际关系的问题,并在做相应的尝试",占53.69%;有1434人次"以前不爱听的'大道理',有的现在有感悟了",占33.39%。中职生正处于从未成年人跨入成年人的年龄阶段。调查表明,他们多数都有自觉调整的意愿,变化和敏感是他们青春期的特点。

分析:由于狭隘的成才观依旧居于正统地位,鄙薄职业教育的思想仍然严重存在，许多人进入中职校往往是“被选择”的结果，容易发生个性扭曲的状况，即一方面是个性的压抑状态；另一方面是个性的放纵现象。中职生正处于人格的成长、成熟期，每一个中职生的人格都有积极向上的一面，在学校、家庭和社会的正面因素作用下，一定能够得以健康成长；但是，在现实生活中敏感的“他们”也较易受到伤害。如果给予正确、及时的引导，他们必将会以更大的正能量来回报这个社会。

3. 公民素养

中职生的文明素质总体比较好，具有正面、积极表现的人有八成至九成。

公民素养是指公民的品质和道德，它包括公民的素质和修养，涵盖了公民道德、文化、文明和法律意识、责任意识、环境保护意识、自我约束意识等。上海中职生在公民素养方面的情况如何？针对这一问题，我们分别从传统文化认同、遵纪守法与道德规范、社会责任意识、环境保护意识等方面进行了调研。

(1) 文化认同

中职生“对中国传统文化中所倡导的‘修身、齐家、治国、平天下’的观念“非常认同”的有1502人，占参加调查对象的34.97%；“比较认同”的有2240人，占52.15%；“不认同”的有244人，占5.68%；“不理解是什么意思，不知如何回答”的有301人，占7.01%；未选的占0.18%。可以看出，中职生对于中国传统文化中“修身、齐家、治国、平天下”的观念认同度非常高。

(2) 遵纪守法

中职生目前“能做到遵守交通规则、不乱穿马路”的有3351人，占参加调查对象的78.02%；“偶尔能做到”的有762人，占17.74%；“不能做到”的有174人，占4.05%；未选的占0.18%。

中职生“能做到不乱拿别人东西的”的有3941人，占91.76%；“不能做到”的有164人，占3.28%；“偶尔能做到”的有182人，占4.24%；未选的占0.18%。这从一个侧面说明中职生遵循纪律的水准并不低，可能在极少数人身上有不良现象发生，但在整体上并不“另类”；切不可以偏概全。

(3) 文明素质

中职生目前“能做到讲文明，不骂人、不打架”的有3184人，占参加调查对象的74.13%；“不能做到”的有260人，占6.05%；“偶尔能做到”的有843，占19.63%；未选的占0.18%。

中职生“能做到在公交车、图书馆等公共场合不大声说话”的有3660人，占85.22%；“不能做到”的有241人，占5.61%；“偶尔能做到”的有793人，占18.46%；未选的占0.18%。

中职生“能做到讲究卫生，不随地吐痰，不乱扔垃圾”的有3603人，占83.89%；“不能做到”的有180人，占4.19%；“偶尔能做到”的有504人，占11.73%；未选的占0.18%。

中职生“能做到爱护公共环境，不损坏公物，不破坏绿化”的有3768人，占

87.83%;“不能做到”的有168人,占3.91%;“偶尔能做到”的有351人,占8.17%;未选的占0.18%。

上述数据表明,中职生的文明素质总体比较好,具正面、积极表现的人有八成至九成,而“讲文明,不骂人、不打架”的达成度相对略低,应引起注意。

(4) 社会美德

中职生目前“能做到见到别人丢失的物品,想办法归还失主”的有3386人,占参加调查对象的78.84%;“不能做到”的有272人,占2.33%;“偶尔能做到”的629人,占14.64%;未选的占0.18%。

中职生“能做到在乘车时,看到老弱病残孕会主动让座”的有3253人,占75.74%;“不能做到”的有241人,占5.61%;“偶尔能做到”的793人,占18.46%;未选的占0.18%。

中职生“能做到主动叫‘老师好’,对长辈尊重有礼仪”的有3353人,占78.07%;“不能做到”的有189人,占4.19%;“偶尔能做到”的有753人,占17.53%;未选的占0.21%。关于社会美德的要求比一般文明水准要高,中职生的比较达成度略低一点是合理的。尽管存在明显的提高空间,但目前在某些领域出现的道德失范根源,也许实难从这些普通的年轻人身上找。

社会美德	中职生行为	百分比
见到别人丢失的物品,想办法归还失主	能做到	78.84%
	不能做到	2.33%
	偶尔能做到	14.64%
	未选	0.18%
在乘车时,看到老弱病残孕会主动让座	能做到	75.74%
	不能做到	5.61%
	偶尔能做到	18.46%
	未选	0.18%
主动叫“老师好”,对长辈尊重有礼仪	能做到	78.07%
	不能做到	4.19%
	偶尔能做到	17.53%
	未选	0.21%

(5) 责任意识

“你是否有对亲友、对社会、对自己生命的责任意识?”参加调查的中职生中回答“有”的有3420人,占79.63%;回答“没想过”的有642人,占14.95%,回答“无所谓”的有225人,占5.24%;未选的占0.18%。

在“你答应别人的事情，是否都能做到？”这个问题上，回答“基本都能做到”的有2618人，占60.95%；回答“能做到大部分”的有1442人，占33.57%；回答“能做到小部分”的有169人，占3.93%；回答“基本都没有做到”的有58人，占1.35%；未选的占0.18%。这表明，中职生的大多数是具备责任意识的，尤其比较注重个人信誉；但尚有二成的中职生在“对亲友、对社会、对自己生命的责任意识”上“没想过”和“无所谓”，可见这方面的教育有待增强。

(6) 环境保护

中职生“经常双面使用纸张”的有2366人，占参加调查对象的55.09%；“偶尔使用”的有1580人，占36.79%；“几乎没有”的有341人，占7.94%；未选的占0.18%。

不适当处理废旧电池会污染环境，中职生是如何处理的？“跟平常垃圾一样处理”的有1023人，占23.82%；“置入分类垃圾箱”的有2009人，占46.78%；“因没有相应设施，只能与普通垃圾一起处理”的有727人，占16.93%；“想方设法使之集中回收”的有528人，占12.29%；未选的0.18%。这表明，中职生具有一定的环境保护意识，但从发展的眼光看，尤其是与他们未来职业的结合面看，环保教育的任务是长期的。

分析：随着看得见的“硬件”如新技术、新设备、新工艺，源源不断地进入中职校教学现场；看不见的“软件”如纪律性、道德、文化、文明和责任意识、环境保护意识、自我约束意识及各类专业文化……也开始润物无声地渗入学生心间，成为职业学校独有的校园文化。那是建立在公民素养上的富有企业特色与专业特色的文化，也折射出中职生群体的公民素养。比如，上海市环境学校作为环保类专业的特色学校，充分结合自身的教学内容和专业优势，成为创建低碳校园的先行者。于是“打印纸双面用”“教材、资料循环用”“不乘电梯，走楼梯”……从身边的点滴事做起，“低碳生活”已经成为环境学校的师生共识、行为规范与校园文化。这无疑是值得提倡的。

二、学习与发展能力

1. 自我认知

> 中职生在外貌长相和气质能力重要性的理解上和遇到重要问题需要自己决断时，都表现得比较理性、比较成熟。

自我认知是对自己的洞察和理解，包括自我观察和自我评价。自我观察是指对自己的感知、思维和意向等方面的觉察；自我评价是指对自己的想法、期望、行为及人格特征的判断与评估，这是自我调节的重要条件。中职生正处于这样一个自我认知的调整期。他们自我认知方面的情况如何？针对这一问题，我们进行了以下调研。

(1) 性格认可

你是否喜欢自己的性格？参加调查的中职生有3161人回答“是”，占73.60%；有1124人回答“否”，占26.17%；未选的占0.23%。

“很在意别人评价”的中职生有1466人，占参加调查对象的34.13%；“比较在意”的有2318人，占53.97%；“不在意”的有501人，占11.66%；未选的0.23%。

上述数据可能包含参加调查中职生的复杂内因。人的发展离不开周围环境，特别是人与人之间关系的制约和影响，所以自我意识也反映人与周围现实之间的关系。无论是否喜欢自己的性格和是否在意别人的评价，如果在这里所体现的是一个使人不断地自我监督、自我修养、自我完善的过程，就会是一个良性发展的过程；反之，以静止、僵化的态度对待，则会有害“自我”。这需要教育工作者对特定的个体作出分析和加以正确引导。

(2) 自信程度

中职生认为“外貌长相比能力气质重要”的有552人，占参加调查对象的12.85%；认为“能力气质比外貌长相重要”的有1547人，占36.02%；认为“两者差不多重要”的有1051人，占24.47%；认为“不一定，有时外貌长相更重要，有时能力气质更重要”的有1135人，占26.43%；未选的占0.23%。

遇到重要问题需要自己决断时，中职生“会凭直觉决断”的有1227人，占28.57%；“常常处于矛盾之中，犹疑不决”的有1180人，占24.47%；“会求助他人”的有488人，占11.36%；“会自我分析并参考别人意见”的有1390人，占32.36%。

由此可见，中职生在外貌长相和气质能力重要性的理解上和遇到重要问题需要自己决断时，都表现得比较理性、比较成熟；中职生的自信心并非单纯缘于智商，更重要的可能缘于情商。

(3) 自我期许

“进入中职校后你想过确立新的奋斗目标”的有3639人，占参加调查对象的84.73%；“没有想过”的有646人，占15.04%；未选的占0.23%。

中职生“认同行行出状元”的有3744人，占87.17%；“不认同”的有541人，占12.60%；未选的占0.23%。但被问及“如果状元只属于少数人，你认为你能够成为状元吗”时，回答“能够”的有1928人，占44.89%；回答“希望较小”的有1972人，占45.91%；回答“不大可能”的有385人，占8.96%；未选的占0.23%。调查表明，大多数中职生是有自我期许、有奋斗目标的，他们高度认同“行行出状元”。

分析：人只有意识到自己是谁、应该做什么的时候，才会自觉自律地去行动。或许我们很难改变外在的环境，每个人却可以坚守并调整内在的自己。

中职生高度认同“行行出状元”，但现实往往是冷酷的，状元的桂冠只属于少数人；于是向好的情怀迟早会遭遇困境。现代励志学和古代科举制一样，会延续大多数人的痛苦。我们需要更宽松的社会环境，让柴米油盐酱醋茶和琴棋书画诗酒花各得其所。让每个人都能实现由观念、兴趣、特长和内心感受组成的“内目标”，而不必去苦苦追求由薪资、福利、待遇和社会地位组成的“外目标”。

2. 学习能力

绝大多数中职生是爱学习和能够比较自觉地学习的，只要有需要，他们就会不断学习。这与社会上认为“中职生排斥学习”的某些偏见大相径庭。

学习能力一般是指人的自我求知、做事、发展的能力。学习能力是所有能力的基础。中职生正处于人生重要的学习期，职业教育与普通教育的学习内容、形式、特点和目的均有所不同。中职生是否能适应新的学习环境？他们的学习能力究竟如何？针对这些问题，我们进行以下调研。

（1）学习自觉

关于学习态度的自我评价，中职生认为自己“很爱学习，并能自觉学习”的有693人，占参加调查对象的16.14%；认为自己“还可以，能比较自觉学习”的有2287人，占53.25%；认为自己“不太喜欢学习，但也不是很排斥”的有1206人，占28.08%；认为自己“非常不喜欢学习”的有99人，占2.31%；未选的占0.23%。

认为自己“很爱学习，并能自觉学习”	16.14%
认为自己“还可以，能比较自觉学习”	53.25%
认为自己“不太喜欢学习，但也不是很排斥”	28.08%
认为自己“非常不喜欢学习”	2.31%
未选	0.23%

中职生是否会根据社会需求，不断学习新的技能和知识？回答“会”的有2324人，占54.11%；回答“可能会，看以后工作情况决定”的有1862人，占43.35%；回答“不会”的有99人，占2.13%；未选的占0.23%。

上述调查表明，绝大多数中职生是爱学习和能够比较自觉地学习的，只要有需要，他们就会不断学习。这与社会上认为“中职生排斥学习”的某些偏见大相径庭。每个人都有学习的潜能和学习的自觉需求，尽管中职生或多或少受到过学习上的挫折，那可能只是一小部分书本知识学习（比如语、数、外学习）上的挫折。人的成长离不开学习。学习的能力、指向是多元的，包括观察能力、动手能力、协调能力、组织能力、空间构想能力等。一旦突破狭隘的学习定位，中职生的学习能力就可能得到解放。中职校应给予学生一片新的更为广阔的学习天地。

（2）学习倾向

面对“你更喜欢上什么课（可多选）”的问题，参加调查的中职生回答“喜欢技能课”的有2729人次，占63.54%；回答“喜欢文化课”的有1469人次，占34.20%；回答“喜欢劳动课”的有1139人次，占26.52%；回答“喜欢体育课”的有2195人次，占51.11%；回答“喜欢音乐课”的有1833人次，占42.68%；回答“喜欢素质拓展课”的有1614人次，占37.58%；回答“都不喜欢”的有229人次，占5.33%。

上述关于中职生学习倾向的调查，表现出他们的学习喜好。根据选择人数及比例排序，依次为技能课、体育课、音乐课、素质拓展课、文化课和劳动课。人各有所好，无可非议，这反映了大多数中职生的兴趣和特长。值得关注的是，有 5.33% 的人选择了“都不喜欢”。尽管属于极小比例，但是每一个学生都是活泼泼的生命，他或她不可能什么“都不喜欢”，这里一定是有原因的，需要更具针对性的解读。

以下是一组反映学习生活习惯的行为调查，要求中职生选择是否符合你的状况：

状况	中职生	百分比
分清事情的轻重缓急后再安排学习生活	很符合	59.51%
	不太符合	35.69%
	很不符合	4.56%
	未选	0.24%
先学习，后玩耍	很符合	46.01%
	不太符合	44.59%
	很不符合	9.17%
	未选	0.23%
经常号召朋友或家人一起参加某项活动	很符合	40.14%
	不太符合	42.14%
	很不符合	17.49%
	未选	0.23%
经常在班级或学校组织学生活动	很符合	35.69%
	不太符合	45.29%
	很不符合	18.79%
	未选	0.23%
做事总不知从何做起	很符合	28.78%
	不太符合	55.88%
	很不符合	15.11%
	未选	0.23%
总是玩得忘记了学习	很符合	26.52%
	不太符合	45.42%
	很不符合	27.82%
	未选	0.24%

“分清事情的轻重缓急后再安排学习生活”，选择“很符合”的有2556人，59.51%；选择“不太符合”的有1533人，占35.69%；选择“很不符合”的有196人，占4.56%；未选的占0.23%。

“先学习，后玩耍”，选择“很符合”的有1976人，占46.01%；选择“不太符合”的有1915人，占44.59%；选择“很不符合”的有394人，占9.17%；未选的占0.23%。

“经常号召朋友或家人一起参加某项活动”，选择“很符合”的有1724人，占40.14%；选择“不太符合”的有1810人，占42.14%；选择“很不符合”的有751人，占1.749%；未选的占0.23%。

“经常在班级或学校组织学生活动”，选择“很符合”的有1533人，占35.69%；选择“不太符合”的有1945人，占45.29%；选择“很不符合”的有807人，占18.79%；未选的占0.23%。

“做事总不知从何做起”，选择“很符合”的有1236人，占28.78%；选择“不太符合”的有2400人，占55.88%；选择“很不符合”的有6499人，占15.11%；未选的占0.23%。

“总是玩得忘记了学习”，选择“很符合”的有1139人，占26.52%；选择“不太符合”的有1951人，占45.42%；选择“很不符合”的有1195人，占27.82%；未选的占0.23%。

上述关于中职生学习生活状况的调查，同样反映了他们学习生活的倾向。其一，从他们在学习时间安排的选择上看，大多数中职生是理性的，能分清轻重缓急；相对多数的中职生能做到“先学习，后玩耍”。其二，从组织和参加活动的意愿看，有三成至四成的中职生表现非常积极，反映了中职生活动能力强的特长。其三，仍有近三成的中职生“做事总不知从何做起”或“总是玩得忘记了学习”，比例不谓小。他们学习习惯问题，必须引起老师的高度重视。

(3) 学习与创新能力

在学习中，中职生“基本做到”“上课认真听讲，注意力集中”的有2802人，占参加调查对象的65.24%；“基本没做到”的有448人，占10.43%；“偶尔做到”的有1035人，占24.10%；未选的占0.23%。

中职生“基本做到”“上课积极举手发言或提问”的有1612人，占37.53%；“基本没做到”的有1155人，占26.89%；“偶尔做到”的有1518人，占35.34%；未选的占0.23%。

中职生“基本做到”“认认真真完成作业”的有3288人，占76.55%；“基本没做到”的有409人，占9.52%；“偶尔做到”的有588人，占13.69%；未选的占0.23%。

中职生“基本做到”“对做错的题目反复琢磨”的有2048人，占47.68%；“基本没做到”的有869人，占20.23%；“偶尔做到”的有1368人，占31.85%；未选的占0.23%。

中职生“基本做到”“不懂的内容虚心向老师和同学请教”的有2358人，占

45.90%;“基本没做到”的有 747 人,占 17.39%;“偶尔做到”的有 1180 人,占 27.47%;未选的占 0.23%。

中职生“基本做到”“课前预习、课后复习”的有 1539 人,占 35.83%;“基本没做到”的有 1188 人,占 27.66%;“偶尔做到”的有 1558 人,占 36.27%;未选的占 0.23%。

状况	中职生	百分比
上课认真听讲,注意力集中	基本做到	65.24%
	基本没做到	10.43%
	偶尔做到	24.10%
	未选	0.23%
上课积极举手发言或提问	基本做到	37.53%
	基本没做到	26.89%
	偶尔做到	35.34%
	未选	0.23%
认认真真完成作业	基本做到	76.55%
	基本没做到	9.52%
	偶尔做到	13.69%
	未选	0.23%
对做错的题目反复琢磨	基本做到	47.68%
	基本没做到	20.23%
	偶尔做到	31.85%
	未选	0.23%
不懂的内容虚心向老师和同学请教	基本做到	45.90%
	基本没做到	17.39%
	偶尔做到	27.47%
	未选	0.23%
课前预习、课后复习	基本做到	35.83%
	基本没做到	27.66%
	偶尔做到	36.27%
	未选	0.23%

上述调查表明,养成良好学习习惯的中职生尚不足半数,在课堂文化学习上,中职生的整体水平有待提升。但应看到,进入中职校后,在中职师生的共同努力

下，中职生这方面的进步还是明显的。

认为“学习最重要的目的”是“丰富知识”的有3361人，占78.25%；认为“学习最重要的目的”是“改变行为”的有924人，占21.51%；未选的占0.23%。这表明大多数受访中职生对于学习的理解依然比较“学校化”，即把学习仅仅理解为接受知识。

“你是否想过要实现一个旁人以为你难以实现的目标并能够坚持不懈地去努力?”对于这个问题，有924人回答“未想过”，占21.51%；有2060人回答“想过，未尝试”，占47.96%；有530人“浅尝辄止”，有771人“能为之坚持不懈努力”，分别占12.34%和17.95%；未选的占0.23%。

由此可见，大多数的中职生所拥有的自信与理想是超出人们预期的。如果给予他们适当的鼓励和创造一定的条件，就有可能转化为一种可贵的创新力和行动力。

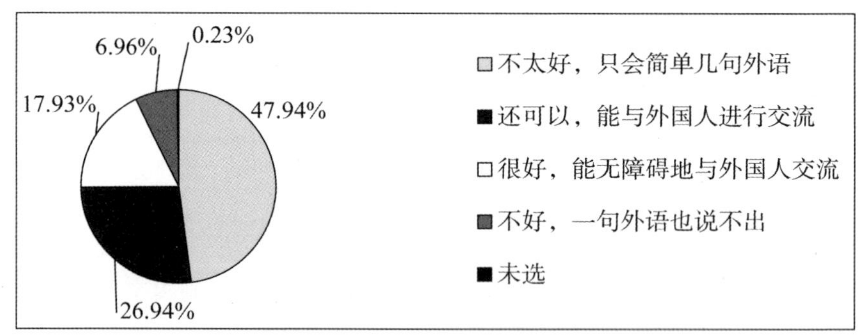

你觉得自己用外语交流的能力如何

（以占比数据高低顺序）

（4）跨文化交流能力

在回答“你觉得自己用外语交流的能力如何”这个问题时，回答“很好，能无障碍地与外国人交流”的有770人，占参加调查对象的17.93%；回答“还可以，能与外国人进行交流”的人有1157人，占26.94%；回答“不太好，只会简单几句外语”的有2059人，占47.94%；回答“不好，一句外语也说不出”的有299人，占6.96%；未选的占0.23%。中职生的外语交流能力呈现明显的橄榄形，但从YFU国际留学生交流项目的实践来看，上海中职生的情商和跨文化交流综合能力都比较强，显示出中职生这方面的潜质。

分析：在“你对自己目前的学习状况是否满意”的调查中，表示“非常满意”和“比较满意”的中职生占77.49%；而在“你对自己初中时的学习状况是否感到满意”的调查中，表示非常满意和比较满意的中职生占63.79%。前者超出后者13.70%。这13.70个百分点来自中职生自我的对比性发展性评价，是不应被教育工作者忽略的。

大多数中职生对于学习的理解依然比较“学校化”，即把学习仅仅理解为接受知识。尽管对他们不可苛求，但是作为中职生，无论是从年龄还是从接近就业的角度看，都理应尽早使他们对学习产生“成人化”或“职业化”的理解，即在工作中和劳动中充满学习的机会。学习不是目的,学以致用才是目的。现在国际上有一个共识度很高的说法,好的学习是转变行为的学习。这颠覆了我们过去的认识,即以为学习仅仅是为了增长知识。

3. 文化修养

> 中职生最喜欢的节日,春节、国庆节、中秋节排在前三位,说明当今中职生对民族节日的喜欢。值得注意的是,与 2010—2011 年上海市中等职业学校学生发展报告的同类调查题相比较,原排名第二的圣诞节跌至第五。

阅读和参加文化活动能够增加一个人的阅历,在这个过程中不断学习、思考、提炼,就可以提高自身的文化修养。中职生的文化修养状况如何?我们对此进行了调研。

(1) 阅读爱好

中职生平时“喜欢看文史类书”的有 1256 人次,占参加调查对象的 29.24%;“喜欢看人物传记类书”的有 1267 人次,占 29.50%;“喜欢看职业技能类书”的有 897 人次,占 20.88%;“喜欢看动漫书”的有 1977 人次,占 46.03%;“喜欢看言情小说与散文”的有 1682 人次,占 39.16%;“喜欢看与专业相关的刊物”的有 662 人次,占 15.41%;“喜欢看科普知识类书”的有 1383 人次,占 32.20%;“喜欢看体育或时尚休闲类刊物”的有 1274 人次,占 29.66%;“喜欢看历史名著”的有 964 人次,占 22.44%;“喜欢看其他类书”的占 4.96%;“不喜欢看书刊”的占 14.20%。从他们喜欢看的书刊以人次多寡从高往低排列,依次为动漫书、言情小说与散文、科普知识类书、体育或时尚休闲类刊物、人物传记类书、文史类书、历史名著、职业技能类书、与专业相关的刊物。我们可以从中看出当代中职生的一般阅读倾向。

看动漫书	46.03%
看言情小说与散文	39.16%
看科普知识类书	32.20%
看体育或时尚休闲类刊物	29.66%
看人物传记类书	29.50%
看文史类书	29.24%
看历史名著	22.44%
看职业技能类书	20.88%
看与专业相关的刊物	15.41%
不喜欢看书刊	14.20%
看其他类书	4.96%

分析：当代中职生的一般阅读倾向，也在一定程度上代表年轻人的阅读状态。喜欢看什么书刊，萝卜青菜各有所好，本无可厚非，但历史名著和职业技能类书刊的冷遇，又不得不令人忧虑。如何在阅读的自在状态中增加自为的部分，还有赖于教育、出版工作者的努力与引导。

（2）文化活动兴趣

中职生喜欢参加艺术类活动，如音乐会、电影、歌舞剧表演等的有2602人次，占参加调查对象的60.58%；喜欢参加文化展览类活动，如书画展、邮票展、摄影展等的有1108人次，占25.80%；喜欢参加文化比赛类活动，如征文比赛、演讲比赛、辩论赛等的有529人次，占12.32%；喜欢参加人文讲座的有263人次，占6.12%；喜欢参加校园社团活动的有996人次，占23.19%；不喜欢参加文化活动的占21.26%；喜欢其他的占1.49%。上海中职生参加文化活动的兴趣是广泛的，学校和社会提供的相应机会和内容更是丰富多彩。中职生所喜欢的文化活动排在前三位的是艺术类活动、文化展览类活动和校园社团活动。

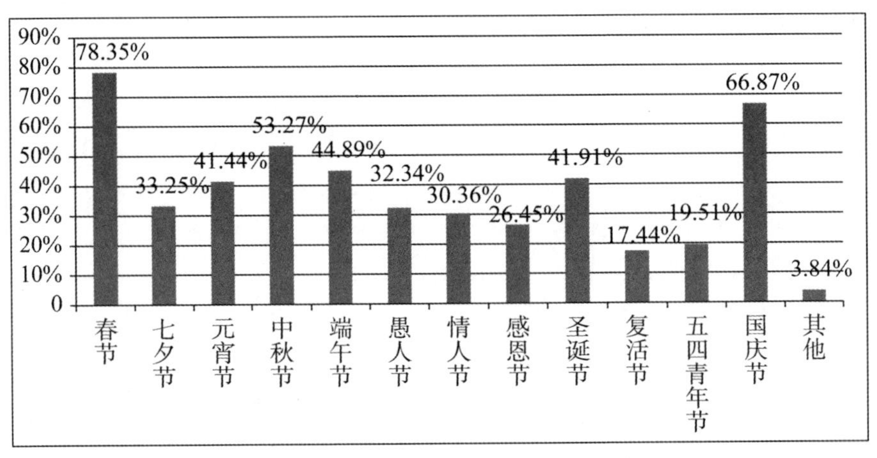

喜欢过的节日

关于喜欢过的节日，中职生最喜欢过春节的有3365人次，占78.35%；喜欢过七夕节的有1728人次，占33.25%；喜欢过元宵节的有1780人次，占41.44%；喜欢过中秋节的有2288人次，占53.27%；喜欢过端午节的有1928人次，占44.89%；喜欢过愚人节的有1389人次，占32.34%；喜欢过情人节的有1304人次，占30.36%；喜欢过感恩节的有1136人次，占26.45%；喜欢过圣诞节的有1800人次，占41.91%；喜欢过复活节的有749人次，占17.44%；喜欢过五四青年节的有838人次，占19.51%；喜欢过国庆节的有2872人次，占66.87%；喜欢其他的占3.84%。其中春节、国庆节、中秋节排在前三位，说明当今中职生对民族节日的喜欢。值得注意的是，与2010—2011年上海市中等职业学校学生发展报告的同类调查题相比较，原排名第二的圣诞节跌至第五（《2010—2011年上海市中等职业学校学生发展报告》上海教育出版社2012年4月版），这是否与年轻人的民族自尊意识增强有关。

参加文化活动有利于提高中职生的素质，但是文化活动也是双刃剑，有可能对学习产生负面作用。如何将文化活动与专业学习有机结合，正是各中职校探索的课题。

4. 生活追求

绝大多数的中职生的消费观念靠谱，能够做到自我约束。

生活追求反映了一个人的生活方式、观念及趣味。我们对中职生的生活与娱乐方式、消费观念与方式、恋爱观念等方面进行了问卷调查，调研结果如下。

(1) 生活与娱乐方式

中职生课余时间经常做什么？调查显示："玩手机(发微博微信或游戏、聊天、看视频)"的有3152人次，占参加调查对象的73.39%；"做作业或复习功课"的有1357人次，占31.59%；"看电影电视或听音乐"的有2709人次，占63.07%；"参与学校各种活动"的有814人次，占18.95%；"兼职打工"的有1097人次，占25.54%；"体育锻炼"的有1214人次，占28.27%；"做模型或手工制作"的有573人次，占13.34%；"看自己喜欢的书"的有1960人次，占45.63%；"帮父母做家务"的有1170人次，占27.24%；做其他的占1.93%。

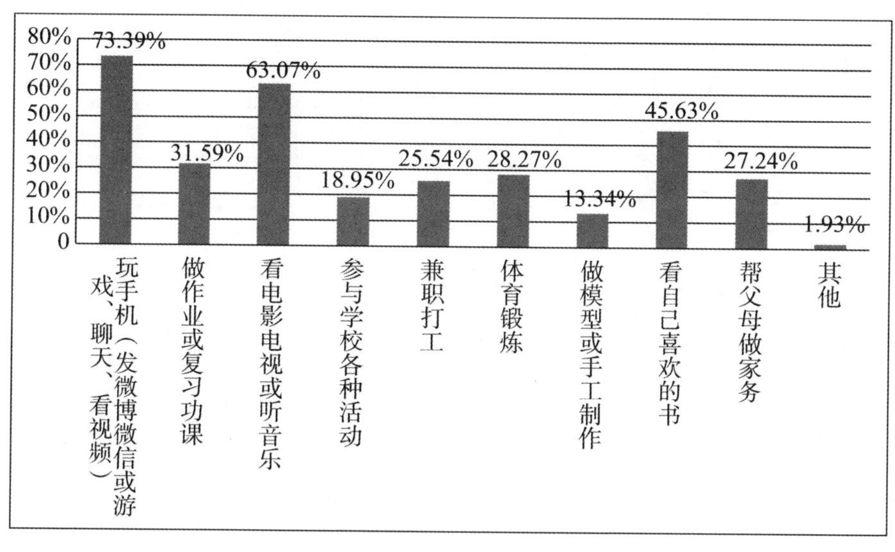

中职生课余时间经常做什么？

调查表明，中职生的生活与娱乐方式是多元的、复合型的，其中"玩手机"和"看电影电视或听音乐"占到六七成，接下来便是"看自己喜欢的书"和"做作业或复习功课"。对于"体育锻炼"、"帮父母做家务"和"兼职打工"的人数比例也不低，可见中职生在同龄人中更具有热爱劳动和接受锻炼的特点。

(2) 消费观念与方式

中职生平均每月可由自己支配的生活费"100元以下"的有806人，占参加调查对象的18.77%；生活费"100～300元"的有1579人，占36.76%；生活费"300～600元"的有1001人，占23.31%；生活费"600元以上"的有899人，占20.93%；未选的占0.23%。中职生的月可支配生活费多数在100～600元之间。

中职生的零用钱主要用于"买书刊(包括辅导读物)"的有1156人次，占26.92%；主要用于"买衣服、配饰和日常用品"的有1733人次，占40.35%；主要用于"聚会请客"的有886人次，占20.63%；主要用于"储蓄"的有1711人次，占39.84%；主要用于"看电影、球赛或演唱会等娱乐项目"的有1118人次，占26.03%；主要用于"手机充值"的有1668人次，占38.84%；主要用于"打游戏"的有1041人次，占24.24%；主要用于"买零食吃"的有2239人次，占52.13%；主要用于"买职业技能相关用具"的有527人次，占12.27%；主要用于"为他人买礼物"的有997人次，占23.21%；用于其他的占3.63%。这其中排在消费前三位的是："买零食"和"衣服等日常用品"、"储蓄"。可见大多数中职生的消费是理性的。

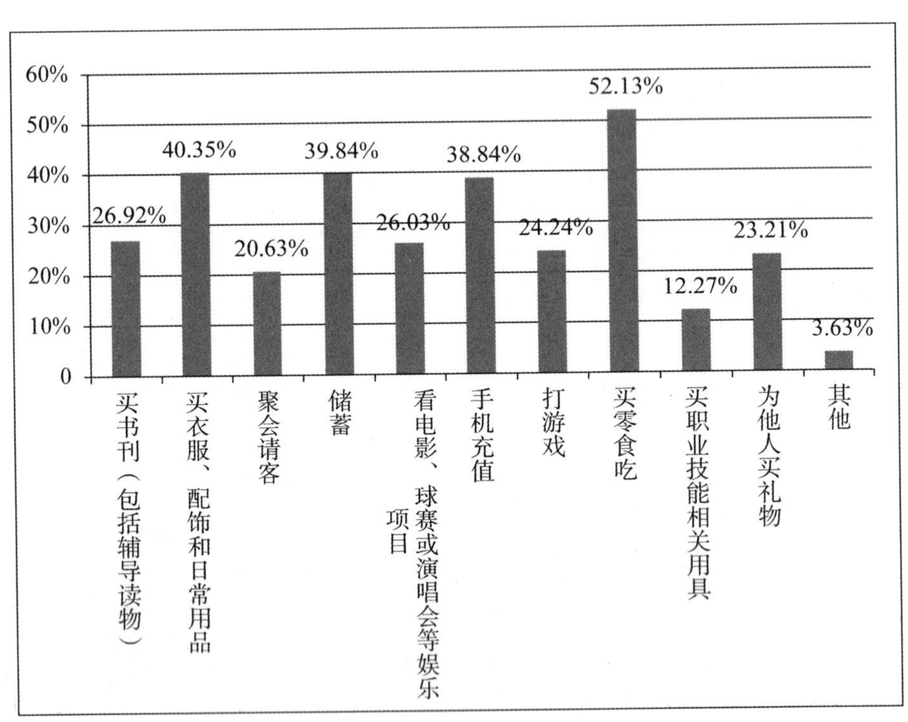

中职生的零用钱主要用于

调查显示，中职生一个月的通讯费在"20元以内"的有769人，占17.90%；在"20～50元之间"的有1752人，占40.79%；在"50～100元之间"的有1316人，占30.64%；"超过100元"的有448人，占10.43%；未选的占0.23%。超过七成的中职生月通讯费用在20～100元之间，看来在一个平板电脑和智能手机等移动终端满天飞的时代，中职生并没有如一些人想象的那样，沉浸在网络世界里。

中职生在回答“你想要买某样东西,却发现钱不够时怎么办?”这个问题时,选择“问父母要钱”的有994人,占23.14%;选择“向同学朋友借钱”的有279人,占6.50%;选择“暂时放弃,等有钱再购买”的有2358人,占54.90%;选择“决定不买”的有436人,占10.15%;选择“刷信用卡透支”的有139人,占3.24%;选择“其他方法”的占1.42%;未选的占0.65%。这表明绝大多数的中职生的消费观念靠谱,能够做到自我约束。

(3) 恋爱观

中职生“谈过恋爱”的有2011人,占参加调查对象的46.82%,“没谈过”的有1530人,占35.62%;“暗恋过”的有744人,占17.32%;未选的占0.23%。可见,中职生谈过恋爱的人接近一半。

在对谈恋爱的看法上,中职生认为“只要不影响学习就没什么关系”的有2629人,占61.21%;认为“只要不发生性行为就没什么关系”的有1435人,占33.41%;认为“只要两个人有真感情,就不应该反对”的1595人,占37.14%;认为“学生时代谈恋爱是件正常的事”的有1660人,占38.65%;认为“父母或老师会反对,所以不能谈恋爱”的有489人,占11.39%;认为“太早了,不应该谈恋爱”的有982人,占22.86%;认为“想过,没有人愿意和我谈”的有836人,占19.47%;其他的占3.26%。中职生的恋爱观比较现实、开放,多数人认为,只要不影响学习,自主恋爱无可非议。

在谈恋爱的原因上,中职生认为“被对方吸引,真心喜欢”的有1273人,占29.64%;认为“好奇心的驱使”的有718人,占16.72%;认为“一种时尚,满足虚荣”的有366人,占8.52%;认为“生活无聊,需要调剂”的有395人,占9.20%;认为“成长的必然”的有954人,占22.21%;认为“孤独,需要人关心”的有433人,占10.08%;认为其他原因的占2.63%;未选的占1%。中职生谈恋爱的原因比较多样化,是社会的、时代的元素在中职生思想、生活上的折射。

在中职生中间,如果周围有同学谈恋爱了,持“羡慕”态度的有526人,占12.25%;持“鄙视”态度的有217人,占5.05%;持“刻意疏远”态度的有195人,占4.54%;持“觉得很正常”态度的有2927人,占68.15%;觉得“有压力”的有128人,占2.98%;持其他态度的占5.49%;未选的占1.53%。这表明,大多数中职生对同学谈恋爱比较坦然,不会受太大影响;但在受影响的人群中,羡慕者比例最大,应予关注。

分析:在经历中考之后,中职生往往容易产生自卑,不能正确地认识自我,看不到自我的优点。认知心理研究表明,凡是出现和前一阶段或者时期不同的心理活动后,个体对自我的心理将会有一个总结和重新地调整。如何培育他们的自信,引导他们的追求,发挥他们潜在的优势与特长,是教育工作者需要特别予以关注和研究的问题。

三、职业素养

1. 职业认知

> 从学校到学校的升学考试只不过是小考，从学校到职场的无形考试才是真正意义的人生大考；中职生的职业指导虽已受到重视，但仍存在较大的提升空间。

职业认知是中职校职业生涯规划和职业指导中的一项基础教学任务，旨在帮助学生认识专业与职业，做好入职准备和职业规划。升学考不能改变学生的角色定位，就业才能使你由一名青涩学子转变成有独立担当的职场新人。职业认知就是这场真正意义人生大考的"基础课"。那么中职生的职业认知状况如何？对此我们进行了调研。

(1) 专业认知

调查显示，受访中职生"非常不喜欢"现在所学专业的有553人，占12.88%；"不太喜欢，但还能接受"的有1416人，占32.97%；"喜欢"的有1730人，占40.28%；"非常热爱"的有351人，占8.17%；"学什么专业对我来说无所谓"的有235人，占5.47%。中职生对于所学专业的热爱程度呈现橄榄形。我们将这道题的答案分一年级组和三年级(含四年级)组进行对比，发现"非常不喜欢"所学专业的人数比例三年级(含四年级)组低于一年级组3.78%；"不太喜欢，但还能接受"的人数比例三年级(含四年级)组高于一年级组12.39%。这组数据符合学生对于所学专业渐渐入门的规律。问题在于我们还发现"喜欢"所学专业的人数比例三年级(含四年级)组却低于一年级组8.93%；"非常热爱"的人数比例三年级(含四年级)组也低于一年级组2.41%。这表明，中职生在校期间的认知和热爱专业的教育亟须增强和改善；学生跨专业的流动，也可以尝试在一定条件下放开。

(2) 职业认识

中职生对专业对口的或未来可能从事的职业"已经了解得很清楚，心中有数"的有1179人，占27.45%；"了解一些，但还不是很清楚"的有2528人，占58.86%；持"没去了解过，工作了自然能了解"态度的人有344人，占8.01%；"还不确定未来从事什么职业"的人有234人，占5.45%；未选的占0.23%。调查显示，部分中职生对未来可能从事的职业"不是很清楚"。这表明，中职校的学生职业指导仍有待加强。

中职生是从哪些途径了解到未来所从事的职业的？选择在"课堂上"的有3054人次，占71.11%；选择在"课外活动中"的有1203人次，占28.01%；选择在"校内实训中"的有1466人次，占34.13%；选择在"顶岗实习中"的有659人次，占15.34%；选择"媒体报道"的有1059人次，占24.66%；选择"网络"的有1904人次，占44.33%；选择"父母和亲朋好友"的有1645人次，占38.30%，选择其他的占

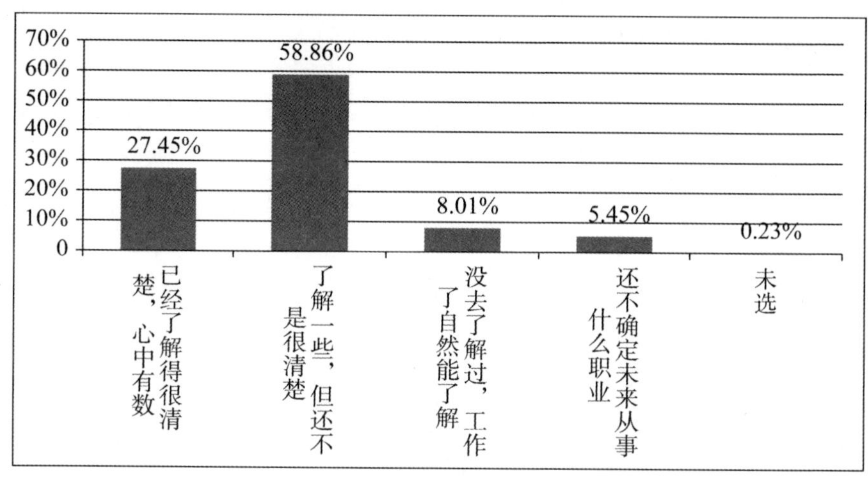

中职生对专业对口的或未来可能从事的职业

1.21%。可见中职生对未来所从事职业了解的途径主要源于课堂，同时媒体和网络的传播力量也不可低估。

(3) 入职准备

“每周一次”接受专门的职业指导课程教育的中职生有1602人，占37.30%；“每两周一次”的有461人，占10.73%；“每月一次”的有277人，占6.45%；“偶尔一次(讲座式)”的有1945人，占45.29%；未选的占0.23%。调查表明，系统的职业指导课程教育在中职校尚未普及，有接近一半的中职生只能“偶尔一次”接受讲座式的职业指导。这对于真正意义的人生大考的准备，显然是微不足道的。

接受专门的职业指导课程教育频率	百分比
每周一次	37.30%
每两周一次	10.73%
每月一次	6.45%
偶尔一次(讲座式)	45.29%
未选	0.23%

中职生在回答“就业时是否应该和用人单位签订劳动合同”问题时，认为“是，劳动合同能有效保障双方合法权益”的人有3598人，占83.77%；认为“否，劳动合同只是个形式，实际没什么约束作用，双方都可以随便违约”的人有307人，占7.15%；认为“看情况，如果去的单位里面有熟人撑腰就不用签了”的人有245人，占5.70%；认为“无所谓，看用人单位的意思”的人有135人，占3.14%；未选的占0.23%。这表明，绝大多数中职生已经具有维权意识和契约意识，但依然有小部分

人会掉以轻心，对他们来说，承受的后果可能就是百分之百。这个问题应在职业指导中予以关注。

中职生认为“所经历过的最重要的考试或技能比赛”是“中考”的有3158人，占73.53%；认为是“古诗文、时政等文化类比赛”的有443人，占10.31%；认为是“星光大赛等技能类比赛”的有684人，占15.93%；未选的占0.23%。中职生在回答“你为此投入多少时间做专门的复习或训练”的问题时，选择“半年以上”的有1596人，占37.16%；选择“半年”的有963人，占22.42%；选择“三个月”的有1726人，占40.19%。显然，在学生眼里，中考的重要性是无可比拟的。

(4) 职业规划

调查显示，中职生做过“学习(包括学期的、学年的、升学的)规划”的有2857人，占66.52%；没有做过的有1428人，占33.25%；未选的占0.23%。中职生认为“有学习规划与做一名好学生之间存在必然联系”的有3168人，占73.76%；认为“不存在联系”的有1117人，占26.01%；未选的占0.23%。

中职生“为自己做过职业生涯规划”的有2897人，占67.45%；“没有做过”的有1388人，占32.32%。中职生认为“职业生涯规划与未来更好的职业发展存在必然联系”的有3470人，占80.79%；认为“不存在联系”的有815人，占18.98%；未选的占0.23%。上述调查表明，大多数中职生具有规划意识，多数为自己做过职业规划。

分析：为了一场中考，我们的学生、家长，可以废寝忘食、夜以继日；我们的学校、老师可以倾其全力，使出浑身解数；而对于一场真正意义的转换人生角色的大考，却远未引起人们应有的重视，致使许多学生在跨出校门的瞬间，突然感到是那么的茫然、木讷、不知所从。原来所有的学校考试从未改变你的人生角色，原来人生未来的难题也许都不在你的文化考试分数或技能竞赛的奖牌里。

我们发现，为自己做过学习规划的学生比例与做过职业规划的比例几乎相等(相差小于1%)，可见一个人的规划意识具有习惯性和连续性，做好学习规划有利于取得好的学习成绩；同样如此，做好职业规划有利于取得好的职业成绩。值得注意的是，有三分之一的中职生尚未做职业生涯规划，理应进行补课。

2. 职业道德

> 调查显示，作为经济社会一线职业人才接班人的中职生是富有良心和正义感的，但当他们进入社会之后，随波逐流的比例会不会随之扩大？

这个社会中的每一份职业，都不仅是一种个人身份和社会价值的标志，它还有着一套固有的与职业共存亡的伦理要求和道德规范。任何职业工作者的尊严，主要来自对职业伦理的敬畏。在前工业化时代职业伦理与职业技能不可分割，通过师傅教徒弟而代代相传。工业化后的职业培训，使得两者的结合不再紧密，职业技能的传授成了流水线操作，在提高培训效率的同时，却丢失了职业的灵魂。

（1）职业伦理

中职生是“从哪些途径了解到今后从事行业的职业道德状况的”？选择在“课堂上”了解的有 3285 人次，占 76.48%；选择在“课外活动中”了解的有 1514 人次，占 35.25%；选择在“顶岗实习中”的了解有 987 人次，占 22.98%；选择在“媒体传播中”了解的有 1790 人次，占 41.68%；选择在“与亲朋好友的闲聊中”了解的有 1716 人次，占 39.95%；选择其他途径的占 1.26%。中职生了解今后从事行业的职业道德状况主要源于课堂，此事“纸上得来终觉浅”。我们注意到从媒体传播和亲友闲聊获取的比例也不低，可见今日职业道德问题的敏感。

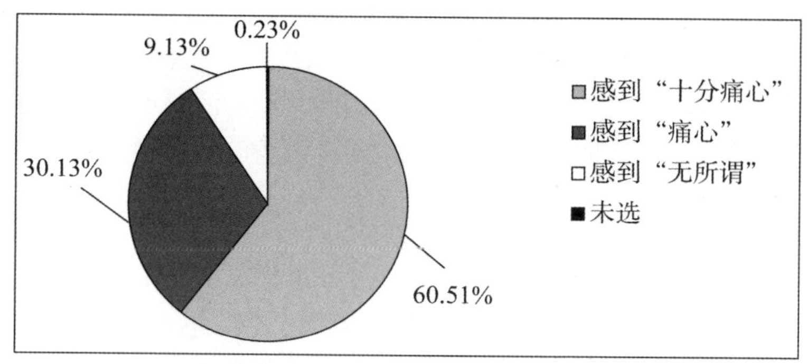

对于“地沟油”“瘦肉精”“染色馒头”等职业道德沦陷现象

（以占比数据高低排序）

对于“地沟油”“瘦肉精”“染色馒头”等职业道德沦陷现象，中职生感到“十分痛心”的有 2599 人，占 60.51%；感到“痛心”的有 1294 人，占 30.13%；感到“无所谓”的有 392 人，占 9.13%；未选的占 0.23%。调查表明，对于社会上职业道德沦陷现象感到“十分痛心”和“痛心”的中职生高达九成以上，这是在本项调查数据中极难得显示的高比例。

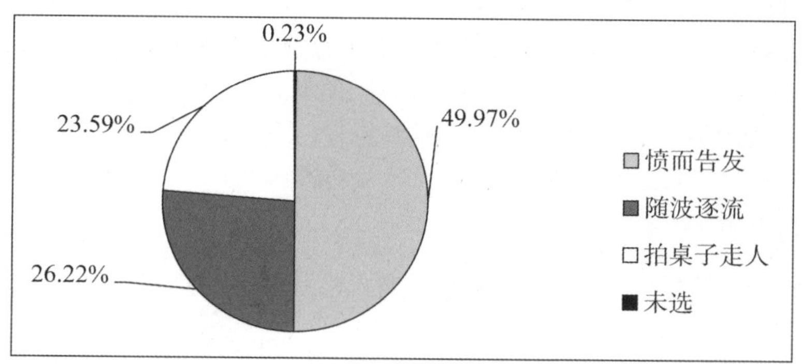

如果你在将来从事的工作中发现上述现象你会愤而告发或拍桌子走人还是随波逐流？

（以占比数据高低排序）

如果你在将来从事的工作中发现上述现象，你会愤而告发或拍桌子走人还是随波逐流？面对这个问题，中职生选择“愤而告发”的有2146人，占49.97%；选择“拍桌子走人”的有1013人，占23.59%；选择“随波逐流”的有1126人，占26.22%；未选的占0.23%。调查显示，作为经济社会一线职业人才接班人的中职生是富有良心和正义感的，但当他们进入社会之后，随波逐流的比例会不会随之扩大？

（2）职业价值

我们在问卷中介绍了这个案例：“杭州一位普通的客车司机吴斌，执行任务途中意外严重负伤，在他有意识生命的最后数十秒，做了一个司机应该做的事（减速、换挡、刹车、拉手闸，并告知乘客在车上等待救援），保护了24位乘客的生命”；并提出问题：“你认为吴斌作为一名司机的社会价值高吗？”对此，中职生认为“价值崇高”的有3431人，占79.88%；认为“比较有价值”的有664人，占15.46%；认为“价值一般”的有190人，占4.42%；未选的占0.23%。可喜的是中职生高度认同一个普通职业工作者在普通职业行为中所表现的崇高价值。它不是道德宣教，也不是思想境界，而是一种人们对各自所从事职业的发自内心的尊重，是这个社会最普通也最可贵的东西。

面对“这种社会价值是体现在吴斌遇到的特殊事件上还是体现在他平时的工作中呢”这一追问，中职生认为“体现在特殊事件上”的有1207人，占28.10%；认为“体现在平时工作中”的有1211人，占28.20%；认为“既体现于特殊事件更体现于平时工作”的有1867人，占43.47%；未选的占0.23%。大多数中职生认为这种社会价值“既体现于特殊事件更体现于平时工作”或认为“体现在平时工作中”，这表明中职生对职业精神及其社会价值是理解的。

分析：职业道德从来就不是一个抽象的概念，而是一种知行统一的操守。良心和正义感需要机制、舆论、教育和内省的力量保护，留什么样的职业世界给接班人的问题，归根结底是留什么样的接班人给职业世界的问题。

职业精神跟身份、职称、教育程度没有必然联系，更超越了职务、收入、社会地位。一个正常的社会应该是什么样的呢？它本身就是由大多数普普通通的劳动者所组成的。他们是社会的主体、社会的基石。他们是这个社会的任何风光表象的基础支撑者，任何细节运行的操作者。但即便是一个再普通不过的劳动者，他可以没有过人的本领，却必须具备职业道德与职业精神。

3. 通用能力

> 出人头地的想法或许能够激励极少数人达成目标，却会让更多的人去承受失落的痛苦。

这里所说的通用能力，是指中职校学生进入职场应具备的基本能力，包括发展目标、情感态度、实践行动、团队合作、执行能力等，如果将专业技能视作一种“硬技能”的话，那么通用能力就是一种渗透于你职场所有行为表现的“软技能”。中职生的通用能力达成度如何？为此我们进行了专门调研。

(1) 职业目标

中职生有3777人"想要出人头地",占参加调查对象的87.94%;"不想出人头地"的有507人,占11.80%;未选的占0.23%。出人头地的想法或许能够激励极少数人达成目标,却会让更多的人去承受失落的痛苦。联系本项调查中选择继续升学的中职生将近一半的结果,可以看出中职生并未幸免"成功"压力。

面对"是否认同'失败乃成功之母'就是抱着更大的希望去承受失望带来的痛苦"的问题,中职生有2940人认为"是",占68.45%;有1345人回答"否",占31.32%;未选的占0.23%。对于认同者来说可能出于经验,而对于不认同者来说也未必出于自觉;关键是应如何理解"成功"。

中职生选择未来职业的标准首选是"薪资福利优、社会地位高、工作环境好"的有2178人,占50.71%;选择未来职业的标准首选是"符合兴趣爱好、能发挥特长、适合内心感受"的有2106人,占49.03%;未选的占0.23%。前者属于"外目标",后者属于"内目标"。"外目标"是共同的,也是单一的,人人都能描述出来;而"内目标"却是个性的,也是多样的,人与人各不相同。高度趋同的价值目标势必造成过度竞争。建成小康社会的目的,除了温饱是相同的之外,应能满足更多样化的个性发展。这就是"各得其所"。

通过上述调研,我们可以发现,中职生从总体上来说,对于上述三个问题的回答是充满矛盾的,又是富有张力的,他们明知可能"抱着更大的希望去承受失望带来的痛苦",却又未能幸免"成功"的压力;他们想要遵循各自的"内目标",又难以拒绝"外目标"的诱惑。如何理解"成功"?如何理解"各得其所"?如何使"内目标"和"外目标"得以辩证统一?在这些张力之中,我们可以找到对中职生进行职业指导的用武之地。

(2) 动手能力

在动手能力问题中,关于"洗衣服",中职生选择"经常"的有2330人,占54.25%;选择"较少"的有1587人,占36.95%;选择"没有"的有368人,占8.57%。关于"做饭",选择"经常"的有1753人,占40.81%;选择"较少"的有1950人,占45.40%;选择"没有"的有582人,占13.55%。关于"养小动物",选择"经常"的有1592人,占37.07%;选择"较少"的有1507人,占35.09%;选择"没有"的有1186人,占27.61%。关于"种花养草",选择"经常"的有1321人,占30.76%;选择"较少"的有1761人,占41.00%;选择"没有"的有1203人,占28.01%。关于"上菜场买菜",选择"经常"的有1300人,占30.27%;选择"较少"的有2047人,占47.66%;选择"没有"的有938人,占21.84%。关于"洗餐具",选择"经常"的有2329人,占54.23%;选择"较少"的有1593人,占37.09%;选择"没有"的有363人,占8.45%。关于"整理床铺",选择"经常"的有2944人,占68.54%;选择"较少"的有1132人,占26.36%;选择"没有"的有209人,占4.87%。关于"打扫居室",选择"经常"的有2576人,占59.98%;选择"较少"的有1446人,占33.67%;选择"没有"的有263人,占6.12%。上述问题未选的均为0.23%。

动手能力	经常	较少	没有
洗衣服	54.25%	36.95%	8.57%
做饭	40.81%	45.40%	13.55%
养小动物	37.07%	35.09%	27.61%
种花养草	30.76%	41.00%	28.01%
上菜场买菜	30.27%	47.66%	21.84%
洗餐具	54.23%	37.09%	8.45%
整理床铺	68.54%	26.36%	4.87%
打扫居室	59.98%	33.67%	6.12%
未选	0.23%	0.23%	0.23%

在回答"你有没有修理过家里的家具和电器?"提问中,中职生回答"有,修过很多次"的有918人,占21.37%;回答"偶尔会修"的有1728人,占40.23%;回答"没有修过,不会修"的有1423人,占33.13%;未选的占0.23%。

上述调查表明,中职生在自理性的动手能力方面,经常"整理床铺"的有68.54%比例最高,以下依次为"打扫居室""洗衣服""洗餐具""做饭",经常"上菜场买菜"的有30.27%,比例最低;可见在生活方面的事情,中职生还需要家人协助才能完成,属于"半自理"状态。在兴趣性动手能力方面,如经常"养小动物""种花养草"约占三成,而修过很多次家具和家用电器的约占两成。尽管这些数据反映的是中职生的业余生活,但相对技能型人才摇篮的职业学校学生的应有素养,似乎存在不小的差距。

(3) 团队合作能力

中职生认为"在与陌生人的社会交往中具有安全感"的有1956人,占参加调查对象的45.54%;"不具有安全感"的有2329人,占54.23%;未选的占0.23%。

中职生认为与老师"能够充分沟通"的有1596人,占37.16%;认为"比较容易沟通"的有2312人,占53.83%;认为"沟通困难"的有377人,占8.78%;未选的占0.23%。

中职生认为与同学"能够充分沟通"的有2616人,占60.91%;认为"比较容易沟通"的有1516人,占35.30%;认为"沟通困难"的有153人,占3.56%;未选的占0.23%。

调查显示,中职生在社会交往中有一半多缺乏安全感;与老师能够充分沟通的不足四成;与父母关系有隔阂与很疏远、不沟通的占36.53%(本次调查数据)。他们与老师甚至亲人的沟通尚且那样困难,遑论面对领导、同事和客户。如此人力资源新生代进入职场,难免令人纠结。

(4) 主动执行能力

中职生是如何回答以下题目的:“当需要你做一件事时你会是下列哪种人?①告诉你怎么做,并盯着,也做不好;②在形势所迫时才去做;③告诉了两次才去做;④告诉一次就能完成;⑤不用别人告诉也能完成。”选择“告诉你怎么做,并盯着,也做不好”的有 853 人,占 19.86%;选择“在形势所迫时才去做”的有 588 人,占 13.69%;选择“告诉了两次才去做”的有 492 人,占 11.46%;选择“告诉一次就能完成”的有 1584 人,占 36.88%;选择“不用别人告诉也能完成”的有 768 人,占 17.88%;未选的占 0.23%。

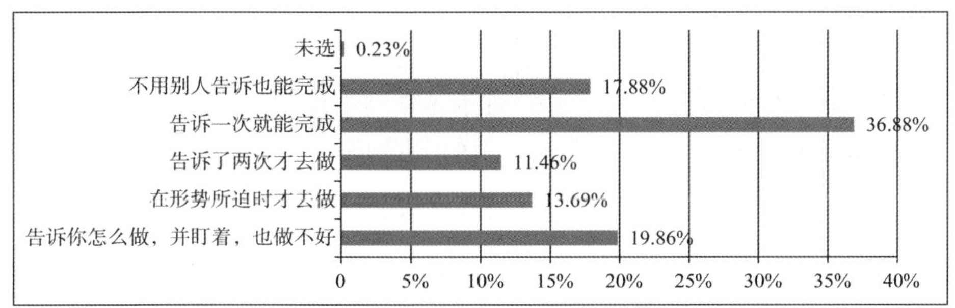

当需要你做一件事时你会是下列哪种人

这是一道来自企业人力资源评价系统的题目,企业有五种员工(分别对应五种选择),他们注定会有各种不同的职业前景,区分五种员工的标准其实只有一个,那就是他们工作的态度。态度决定一切。大量统计与研究表明,职场新人的主要障碍,不是来自知识与技能,而是工作态度。有没有积极主动的态度,可以决定一个新人在企业的前程。对中职生的调查表明,有超过三成的人“告诉你怎么做,并盯着,也做不好”和“在形势所迫时才去做”。这说明中职生的主动执行能力较弱,如果不积极加以改变,那将影响到这些人的职业前景。

(5) 软技能与硬技能

中职生认为“硬技能比软技能重要”的有 1286 人,占参加调查对象的 29.94%;认为“软技能比硬技能重要”的有 540 人,占 12.57%;认为“两者同样重要”的有 2459 人,占 57.25%。中职生“接受过软技能方面培训”的有 1971 人,占 45.89%;“没有接受过”的有 2314 人,占 53.88%;未选的占 0.23%。调查表明,中职生中认为硬技能比软技能重要的人数比例,超过了认为软技能比硬技能重要的人数比例;而多数中职生未接受过软技能方面的培训。

分析:大量事实证明,企业对新生劳动力的选择标准正在悄然发生变化,用人标准从以往的“实用型”逐步转化为“素质型”。知识更新、硬技能更新的速度正在加快,而软技能作用变得越来越大。这不仅仅是职业学校需要面对的新局面,依赖于知识技能传授的传统教育模式必须改变。发表于 20 世纪末的著名教育报告书

《教育——财富蕴藏其中》(联合国教科文组织国际教育委员会)不无远见地指出:"在未来高度技术化的组织里,需要一种主要是基于行为表现而非基于知识技能的新型资格。"不少职场新人对于职业世界的陌生无知,不是因为物理空间产生的距离,也不是因为生理年龄显示的青涩,甚至无法归咎知识技能储备的不足;而是缘于学历文凭与职场新型资格的差距,这段差距的名字就叫做职业素养。

四、身心健康

1. 体质健康

约有四成的中职生睡觉偏迟,可能睡眠不足;还有近三成中职生经常不吃早餐,可能影响学习精力。

如今中职生身体和生活方式问题,越来越受到学校和家庭重视。这个问题对于每一个中职生的终身发展关系重大。当前中职生的身体和生活方式如何?存在哪些突出问题?我们就此开展了调研。

(1) 身体健康状况

中职生表示"从不生病"的有742人,占参加调查对象的17.28%;表示"每学期偶尔生病(例如感冒等)"的有3156人,占73.48%;表示"每学期经常生小病"的有277人,占6.45%;表示"有长期未能治好的疾病,例如心脏病、胃病等"的有114人,占2.65%;未选的占0.14%。可见当前中职生的身体总体比较健康。

(2) 生活方式

中职生"总是在晚上11:00以后睡"的有1830人,占42.61%;"在11:00以前睡"的有2459人,占57.25%;"总是在早上7:00前起床"的有3441人,占80.12%;"在早上7:00后起床"的有848人,占19.74%;"经常不吃早餐"的有1132人,占26.36%;"没有经常不吃早餐"的有3157人,占73.60%;"不太爱洗手、洗澡"的有290人,占6.75%;"爱洗手、洗澡"的有3999人,占93.11%;"书桌和卧室总是乱七八糟"的有997人,占23.21%;"没有总是乱七八糟"的有3292人,占76.65%;以上问题均未选的占0.14%。

晚上11:00以后睡	42.61%
在11:00以前睡	57.25%
总是在早上7:00前起床	80.12%
在早上7:00后起床	19.74%
经常不吃早餐	26.36%
没有经常不吃早餐	73.60%
不太爱洗手、洗澡	6.75%

（续表）

爱洗手、洗澡	93.11%
书桌和卧室总是乱七八糟	23.21%
没有总是乱七八糟	76.65%
未选	0.14%

这表明，多数中职生的生活方式比较健康，书桌和卧室能保持整洁；但约有四成的中职生睡觉偏迟，可能睡眠不足；还有近三成中职生经常不吃早餐，可能影响学习精力，应引起注意。

分析：中职生的身体和生活方式总体上是健康的，但仍有极少数中职生存在不良的生活习惯，需要得到纠正。相关约束力的形成有待中职校和中职生家庭的共同努力，而约束力的内化则主要依靠中职生的自觉。

2. 体育锻炼

> 中职生除体育课外每天锻炼时间达到和超过半小时的为37.42%，多数中职生的锻炼时间并不多。

体育锻炼是保持身体健康的重要手段，中职生的体育锻炼情况如何？我们对此进行了以下调查。

（1）体育锻炼能力

中职生喜欢什么体育运动？选择喜欢“田径类，例如：跑步、跳高、跳远等”的有1328人次，占30.92%；选择“球类，例如：乒乓球、羽毛球、篮球、足球、排球、棒球等”的有2969人次，占69.13%；选择“棋类，例如：围棋、象棋等”的有1330人次，占30.97%；选择“健美操、芭蕾舞、街舞等”的有728人次，占16.95%；选择“柔道、武术、跆拳道等”的有816人次，占19.00%；选择“登山、蹦极、攀岩等极限运动”的有688人次，占16.02%；选择“游泳、瑜伽等”的有1155人次，占26.89%；选择“桌球、保龄球等”的有1152人次，占26.82%；选择“其他”的占6.54%。

这表明，乒乓球、羽毛球、篮球、足球、排球等球类运动始终是青少年喜欢并开展广泛的体育运动；益智的棋类运动排在第二位，体现出中职生的不俗兴趣；而游泳、瑜伽、桌球、保龄球等需要室内场地条件的运动，参加的人数也不少。

（2）体育锻炼习惯

中职生除学校体育课外每天“基本没有”锻炼时间的有1238人，占28.82%；平均每天“有半小时以内”锻炼时间的有1444人，占33.62%；平均每天“有半小时至1小时”锻炼时间的有1105人，占25.73%；平均每天“有1小时以上”锻炼时间的有502人，占11.69%；未选的占0.14%。调查显示，中职生除体育课外每天锻炼时间达到和超过半小时的为37.42%，多数中职生的锻炼时间并不多。

分析：体育锻炼习惯的养成关乎一个人的终身健康，同时相关研究表明，人的

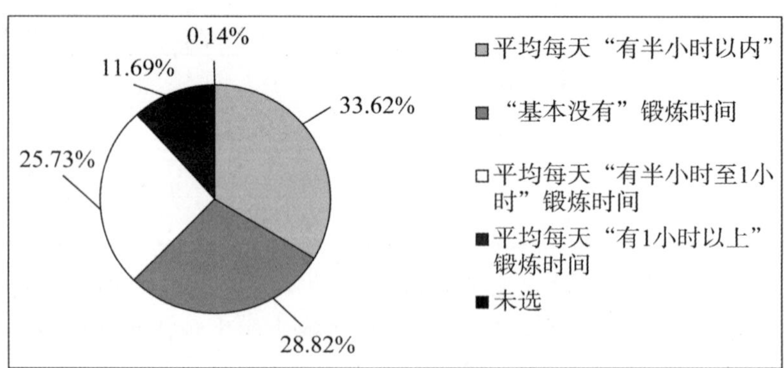

中职生除学校体育课外每天锻炼时间

（以占比数据高低排序）

生理状态和心理状态是相互影响。我们切不可因少数中职生沉迷某项运动而影响学习的个别事例，而影响到中职生平均每天体育锻炼的时间不足的整体判断。健康的体质是人的全面发展的基础、保证和目的之一。学校应积极创造条件使每一个中职生得到充分的体育锻炼。

3. 心理健康

> 约有二成的中职生经常有或者有被忽视的感觉，因为他们很在乎或者在乎别人的评价。

心理健康是指个体能够适应发展着的环境，具有完善的个性特征；且其认知，情绪反应，意志行为处于积极状态，并能保持正常的调控能力。我们从中职生是否具备积极健康的心态、自我调节的能力、良好的人际关系等方面，开展如下调研。

(1) 健康心态

在“你身上是否会出现下面这些状况”的一组提问中，关于是否“觉得自己十分渺小，经常会被忽视”的问题，中职生回答“经常”的有844人，占参加调查对象的19.65%；回答“较少”的有2201人，占51.25%；回答“没有”的有1244人，占28.96%。

关于是否“很在乎别人对自己的评价和看法”的问题，中职生回答“经常”的有1900人，占44.24%；回答“较少”的有1789人，占41.65%；回答“没有”的有600人，占13.97%。上述问题未选的均占0.14%。

调查表明，约七八成的中职生“经常有”或者“有”被忽视的感觉，因为他们（约有八成的中职生）“很在乎”或者“在乎”别人的评价。他们大多数是敏感的，不仅仅是青春期的敏感，还有对自己身份的敏感。其实他们并不弱，自有值得全社会珍惜的属于他们的特长；由于被有意或无意地忽略，对此他们中有的人会以“出格”来反抗，更多的人则内化成为一种敏感的气质。如何正确对待中职生的心理特点，需要引起家长、老师和全社会的关注。

关于是否“一个人独处时感到不安”的问题，中职生回答“经常”的有994人，占23.14%；回答“较少”的有1613人，占37.56%；回答“没有”的有1682人，占39.16%。

关于是否“做事都要有人陪着”的问题，中职生回答“经常”的有1187人，占27.64%；回答“较少”的有1784人，占41.54%；回答“没有”的有1318人，占30.69%。上述问题未选的均占0.14%。

调查表明，至少有过半的中职生害怕孤独。这可能是因为独生子女在心理上的晚熟，生理上较之上一代的同龄期他们可能是倾向早熟的，但心理上“长不大”的主要表现则是独立能力的偏弱；因为他们缺少相应的环境。心理上的成长需要的恰恰不是父母的“包揽”，而是父母的“放手”。

关于是否“待人热情，愿意主动帮助同学”的问题，中职生回答“经常”的有2662人，占61.98%；回答“较少”的有1359人，占31.64%；回答“没有”的有268人，占6.24%。

关于是否“看到别人偷东西，我会阻止”的问题，中职生回答“会”的有2075人，占48.31%；回答“有时会”的有1687人，占39.28%；回答“不会”的人有527人，占12.27%。

关于是否“学校里看到地上有纸屑我会捡起，扔进垃圾桶”的问题，中职生回答“经常”的有1546人，占36.00%；回答“较少”的有2247人，占52.32%；回答“没有”的有496人，占11.55%。上述问题未选的均占0.14%。

调查表明，多数中职生拥有乐于助人的热情健康的心态，在公共场所对于不良行为的制止和公共卫生的维护，也有近半数的中职生能够“有作为”。他们身上以正能量为主，较少有市侩的偏狭心理。

(2) 自我调节

关于是否“在公众场合讲话会紧张、害羞”的问题，中职生回答“经常”的有1370人，占31.90%；回答“较少”的有1910人，占44.47%；回答“没有”的有1009人，占23.49%。

关于是否“对任何人、任何事都没什么兴趣”的问题，中职生回答“经常”的有619人，占14.41%；回答“较少”的有1902人，占44.28%；回答“没有”的有1768人，占41.46%。

关于是否“走路时有人碰撞了我，我会认为他是有意的”的问题，中职生回答“经常”的有286人，占6.66%；回答“较少”的有1115人，占25.96%；回答“没有”的有2888人，占67.24%。上述问题未选的均占0.14%。

调查表明，大多数中职生的心态是健康的，约七成的中职生在公众场合讲话不会紧张，说明他们得到锻炼的机会是相对较多的。值得忧虑的是经常性地“对任何人、任何事都没什么兴趣”的中职生占到14.41%。这些同学需要获得更多的心理爱护和有效的心理保健。

关于是否"遇到挫折和困难就容易放弃"的问题,中职生回答"经常"的有460人,占10.71%;回答"较少"的有2151人,占50.08%;回答"没有"的有1678人,占39.07%。

关于是否"意识到自己的缺点或不足,但不愿意去改进"的问题,中职生回答"经常"的有687人,占16.00%;回答"较少"的有1952人,占45.45%;回答"没有"的有1605人,占38.42%。

关于是否"不会轻易向困难低头"的问题,中职生回答"经常"的有2118人,占49.31%;回答"较少"的有1693人,占39.42%;回答"没有"的有478人,占11.13%。

中职生行为	经常	较少	没有
是否"遇到挫折和困难就容易放弃"	10.71%	50.08%	39.07%
是否"意识到自己的缺点或不足,但不愿意去改进"	16.00%	45.45%	38.42%
是否"不会轻易向困难低头"	49.31%	39.42%	11.13%

关于"遇到大的挫折或受到严厉批评时,你会怎么样"的问题,选择"认真反思,寻求解决办法"的有1593人,占37.09%;选择"向别人倾诉,听取建议"的有2120人,占49.36%;选择"任其自然,不予理会"的有442人,占10.29%;选择"情绪悲观,甚至厌倦生活"的有134人,占3.12%;上述问题未选的均占0.14%。

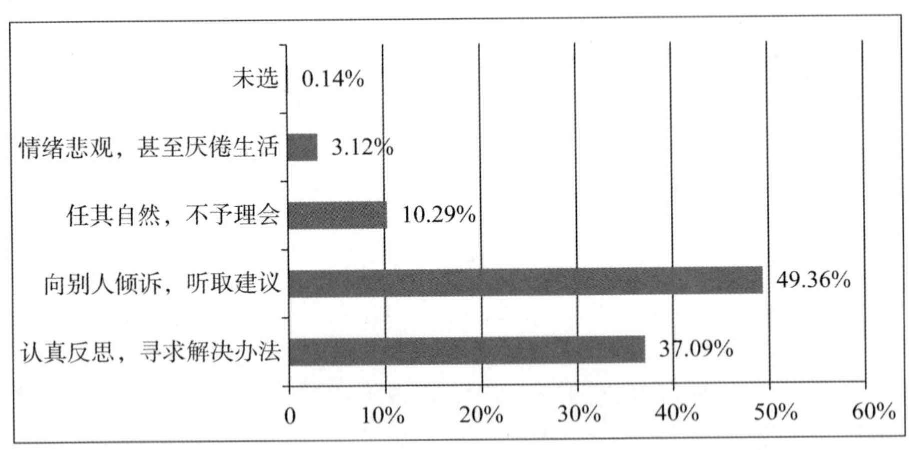

遇到大的挫折或受到严厉批评时,你会怎么样

在上述问题的回答中,我们可以看出中职生的矛盾心态和做法,近半数的中职生在"遇到困难是否选择放弃或者低头"上、在"意识到自己的缺点是否愿意去改进"上,显得左右为难,用不置可否的"较少"来回答。

(3) 人际关系

面对"你是否常常会觉得孤独"的提问,中职生中有1598人选择"是",占参加调查对象的37.21%;有2691人选择"否",占62.65%。

对所处环境(家庭、学校、社会)人际关系总体"很满意"的中职生有1032人,占24.03%;"比较满意"的有2695人,占62.75%;"不太满意"的有440人,占10.24%;"不满意"的有122人,占2.84%;上述问题未选的均占0.14%。

中职生对所处环境"满意"和"比较满意"的有近九成,而"常常会觉得孤独"的却有近四成,由此得出中职生对"孤独"问题"归咎"主体(而非客体)的自我评价。这一点特别需要引起教育工作者和学生心理工作者注意,解决方案可能并非整体性的,而是"一把钥匙开一把锁"式的。

分析:中职生需要一种正能量,他们的内心可能希望甚至渴望获得,但现实可能是残酷的。如何去对待挫折?如何去克服困难?如何去认识自我和实行自我调节?他们需要有科学分析、需要有个性化的帮助,至少需要有倾诉的对象。但是我们的教材、课程和以教辅为主的学生读物,我们的学校教育、家庭教育都在教他们如何"成功"、如何"冲刺"。其实平常人未必获取"成功",但都要谋求"发展",上述他们所困惑的问题正是"发展"的问题,是每个人在"发展"中都会遭遇的问题,我们教育工作者和所有关心教育、关心孩子的人是否对此重视得不够?

对策建议与思考

一、对策建议:在中小学普遍开展职业启蒙教育

1. 职业启蒙教育的必要性

20世纪初以来,美国、德国、英国、瑞典、日本等国就相继在中小学推行职业指导,且不说风行美国小学的"职业日"活动,现已有45%的美国人在学生阶段接受过多门职业教育课程;德国则将职业预备教育作为基础教育阶段的重要教育内容;英国的职业启蒙开始于初中二年级;而瑞典的职业启蒙更从低年级就开始,规定每周安排两小时活动;日本的"进路教育",要求初中生年均70至130课时。这些国家都将职业启蒙视作学生未来职业和社会生活的重要基础,也就是着眼于学生未来发展。

在本次调查中,我们发现52.83%的同学就读中职校主要原因是"成绩不理想,考不上高中";真正"符合自己兴趣特长"的只有21.19%。我们在上海贸易学校开展质性调研时,一个同学告诉我们:"初中老师教导我们,一定要考上高中。"另一个同学表示:"初中老师和家长从来不告诉我们中专学什么,中专学习的特点是什么,他们只关注成绩,不关注人"。

2. 职业启蒙教育的人本性

人有多元智能:语言智能、逻辑智能、空间智能、运动智能、人际智能……不同的人会有不同的智能组合,每一个学生只会在某一、两方面的智能特别突出,而各种智能的发展期、高峰期恰因人而异。显然,传统学校教育更偏好某些智能,比如

语言智能、逻辑智能，因为这方面智能强的同学成绩好；而其他方面智能突出的同学却得不到应有的重视和培养。

在一批学生仅仅因为成绩不理想进入中等职业学校的同时，大量学生还是盲目涌入普通高中，而实际上相当多的学生并不适应应试型的普通高中教育，也并未达到理想的高考目标。

学生数占高中阶段教育几近一半的职业教育，和学生数占高等教育一半的高等职业教育，始终处于一个非主流的、没有或极少话语权的尴尬境地。职业教育这一历史悠久而发展成熟度又相对年轻的教育类型，因其外显的实践性和功利性，而遮蔽了其内隐的科学性和人本性。

职业启蒙并非仅仅为了启蒙职业意识和开展职业预备教育，如果单纯地以此为目的，所能体现的还是工具理性。职业启蒙的真正要义是，找到职业与学生个性、特长、兴趣和内心感受的结合，为“人人得各安其所、万物得各遂其生”创造条件，即其目标是“各尽所能、各得其所”。职业启蒙和职业教育最终所体现的是生命价值理性。

3. 以人的发展为第一依据

职业教育必须关注人的一生发展，不能只关注企业发展、经济发展的功利性目标。如果我们的职业启蒙和职业教育真正能回归以人为本、以人的幸福为本，那么才能产生其应有的效应。其实职业教育的问题不仅出在职业教育，我们整个教育都应该将学生发展需求作为第一依据，将社会需求作为第二依据。只有每一个学生得到充分发展，人力资源才能增强，人力资源强国的目标才能真正实现。

二、对策建议：真正实现普职分流作用及其内化效应

1. 重拾教育尺度的必要

高中阶段教育实现普职分流，是改革开放以来，我国教育改革和发展的制度性安排。这样的制度安排，基于两种尺度的考量。一是社会尺度，即社会发展需要在生产、服务、技术和管理第一线的高素质劳动者和初中级专门人才；一是教育尺度，即教育改革和发展，需要结构转型，按学校类型并根据学生选择在学校教育中融入职业因素，这样做才能符合不同学生的不同成长特点，才能在育人的价值上有所提升，培养职业学校学生一系列的职业素养、能力和技能，有利于其在未来社会的生存发展。

但是随着时间的推移，教育尺度逐渐被淡化，“教育的价值与角色缩减为只是为社会转型与发展服务，在对时代挑战和社会需求的应答中，成为社会变迁的附庸和‘应声虫’”。[①] 教育尺度被淡化的结果是，中考分流作用逐渐被异化为选拔作用，进入中职校的学生被异化为淘汰的结果。分流的内化效应不见了，人们眼里只

① 李政涛《中国社会发展的“教育尺度”与教育基础》，原载《教育研究》2012年第3期。

剩下一条分割成绩优劣的分数线。

2. 以淘汰制实现分流的危害

由于教育尺度的缺失,普通高中录取分数线成为高中阶段普职分流的硬杠杠,成为分流的外显标志,与分流的初衷背道而驰,造成诸多危害。

危害之一,伤害了一大批学生。本次调查中发现,有33.81%的中职生对自己的中职生身份抱消极的(总感到不如人意、对前途不太乐观)和比较消极的(无所谓)的态度。我们在上海市卫生学校开展质性调研时,一个女生告诉我们:"有一次,我跟一个朋友玩,她爸爸问我'你读什么学校呵?'一副很期待的样子,我说'读中专'。他轻轻地'哦'了一声。那一声真是意味深长!"也许是那个女生敏感了,但敏感也往往是心理受伤害的结果。

危害之二,影响了中职校的质量。由于进中职校的主要原因是因为考不上高中,是普通高中最低录取分数线的作用,并非学生基于自身兴趣、特长的自主选择,生源质量也就难以保证。本次调查显示,有45.68%的中职生现在所学专业是父母和老师帮助选定的。我们在开展质性调查中,上海信息技术学校的一个学生说:"如果没有分数线,那么许多进中职校的就不一定是线下生,更有能力的学生也会进中职校,中职生的前途就会变得更宽广"。

危害之三,未能真正起到缓解高考竞争的分流作用。本次调查发现,有40.54%的中职生原本想进入普通高中,有50.03%的中职生毕业后打算继续升学(含出国读书)。这使得原先关于高中阶段教育实行普职分流的制度设计,受到两方面的挑战。一是分流作用能否真正实现?二是中职校的定位是否会动摇?关于缓解高考竞争的改革举措,通常就事论事地着眼于高考制度的改革,其实因与果在时空上并不一定紧密相连。有效缓解高考竞争的"杠杆解",也许就在实现真正意义的"分流"。

三、对策建议:职业伦理、职业道德、职业精神是职业指导的重中之重

1. 社会从来没有像今天这样强烈地呼唤职业操守

社会从来没有像今天这样如此强烈地呼唤职业操守,所有的警示几乎都不约而同地指向那条职业道德的底线。大量触目惊心的事故报告暴露出事故的主要原因不是设计水准、管理水准、技术或技能水准的问题,而是职业道德水准的问题。[①] 对于"地沟油""瘦肉精""皮革奶""毒胶囊""染色馒头"等职业道德沦陷现象变得司空见惯熟视无睹。但关于职业道德的指责并未消退,反而成了流行口水,只不过从应该由每个职业人从一而终的职业操守,悄悄转换成专门用来对付他人的无奈谴责。

---

① 项秉健《打通两个世界之门的一把钥匙》,原载《思想理论教育》2013年5月下。

这个社会中的每一份职业,都不仅是一种个人身份和社会价值的标志,它还有着一套固有的与职业共存亡的伦理要求和道德规范。任何职业工作者的尊严,主要来自对职业伦理的敬畏。这不仅仅是对中等职业学校毕业生的要求,也一定是中等职业教育的自我要求,是职业指导的重中之重。

职业教育的专业会随人才市场供求变化而产生冷热变化,相关专业的知识、技能含金量也会随之起落;而用人单位对人才职业道德的需求是恒定的,永远不会有冷热变化。这必然要求职业教育系统更重视职业道德的培养,仅仅关注专业知识、技能将是为未来培养高素质劳动者的最大障碍。

2. 职业素养要求是用人单位的第一位要求

我们从上海市学生事务中心所做的本市中等职业学校毕业生就业与人才培养调查资料获悉:"用人单位认为中职毕业生在岗位上的敬业精神总体不是很强,认为比较强的比例为33%,超过一半的则认为比较一般。"在用人单位对职业教育发展的期望和要求方面,"排在前三位的依次为加强职业素养培养、加强专业实践课程和加强校企合作"。其中排在第一位的职业素养应如何加强培养,值得引起重视,并应当在中职生职业生涯规划和就业指导中加以切实体现和落实。

传统的做法,很少把非认知因素纳入对劳动生产力及其收入的分析。美国哥伦比亚大学教授亨利·M.列文撰文,引用了从认知和非认知维度对一组从1965—1984年出生的男性的随机样本进行评价的研究,得出认知和非认知因素对他们小时工资、失业以及年收入的影响,该项研究发现,在劳动力市场中表现不佳的人群缺乏非认知能力。列文指出:"很多关于雇主愿意雇佣的员工类型的调查一致显示,雇主更看重雇员身上体现社会和情感行为的非认知条件"。① "教育就是把学到的知识全部忘掉后剩下的东西",这句乔治·萨维尔的话,因爱因斯坦的引用广为人知。职业素养和非认知因素就是把通过职业教育学到的知识和技能忘掉后剩下的东西,是职业教育最有价值的东西。

职业技能的培养是可以靠硬件投资创造条件的。上海职业教育实训中心拥有一流的现代化的装备,但不能靠它培养职业素养。再优化的设备也无法保证学生职业素养的习得。据悉,国家对职业教育的投入还将加大力度;但也许职业学校最不花钱的东西才是最珍贵的东西,那就是职业教育工作者对培养合格职业人才的正确的价值取向。

3. 高技能人才导向的误区

高技能人才在人才市场上的短缺,使得该类人才的薪资、待遇、地位上升,加深了职业学校对技能培养的关注。近年来各类技能比赛走热,技能大赛逐渐趋向竞赛选手技能程度的比赛。通过比赛技能赛出成绩,优胜者获得重奖并被企业高薪聘用。这样带来的后果是职业学校的广大师生只重视技能训练,而忽略了软技能

① 由由译《教育如何适应未来》《北京大学教育评论》,2013年第2期。

和综合素养的培养。本次调查表明,中职生认为软技能重要的仅12.57%,远低于认为硬技能重要的比例。

世界银行人类发展部资深教育专家王一丹指出:"'软能力'是21世纪最需要的重要能力。""对'软能力'的需求跨越国界,在发展中国家和发达国家同样适用。""'软能力'是21世纪所需要的但也是教育领域所面临的最大挑战。"①

一个关于《幸存者偏差》的案例颇能给人启迪。二次世界大战时,美英联军对德国展开大轰炸,专家们检查了执行任务归来的飞机,发现机腹遍布弹痕,于是推断应该改进机腹的防护,美国一个统计学家却认为,这证明被击中机翼的飞机都坠落了,加强防护的应该是机翼。同理,这必然要求职业教育系统在高技能人才和合格的生产、服务、技术、管理一线的初中级专门人才之间,在人才的硬技能和软技能之间等人才培养目标方面创造更好的平衡。职业教育的重点恰恰是那些未来的具有职业素养的普通劳动者。

一个正常的社会本身就是由大多数普普通通的劳动者所组成的。"不苟且、不应付、不模糊地把自己所从事的职业,当作与社会呼吸吐纳的接口,这就是职业精神的来处。一个社会失去了这样的普通劳动者,就会陷入'无序之阵',张皇错乱。"②

四、对策建议:确立内生涯、内目标、内成功是职业生涯规划的核心内容

1. 内生涯

每个人的生涯规划都有内外之分,外生涯是指一个人的学历、职业、职称、职务等的升迁,内生涯是指一个人的知识、技能、经验、境界的提升。如果只重视外生涯规划,中职生可能陷入迷茫,即理想和实际可能脱节。本次调查发现,中职生有87.17%认同行行出状元,但被问及"如果状元只属于少数人,你认为你能够成为状元吗"时,有将近一半的中职生认为希望较小。耐人寻味的是,其中形成的张力,可能就是生涯规划的现实内容。

我们在进行质性调研时,一个来自上海信息技术学校的学生说:"进了中职校,如何选择方向是个问题。如选择就业,担心学历不够;如选择升学,可能就是进大专,大专与中专学的内容也可能重复。没有人指导我。"其实功利目的的指导,未必能解决他的左右为难。如果我们从内生涯的角度出发,让自己逐步积累知识、技能、经验,慢慢达成一种思想境界;不浮躁,不攀比,不走捷径,默默地活在今天,做好自己的事和正在实践的学习、训练。假以时日我们就会自然而然找到自己的位置。顺应良善天性自然发展的人,总能散发属于自己的光辉。

2. 内目标

教育改变命运,曾使多少人豪情万丈;但倘若教育因此而沦为博取名利的工

① 《中国教育报》2013年9月28日。

② 项秉健《救救职业精神》,原载《成才与就业》2012年12月B版。

具,那就不只是教育的悲哀!一个社会,如果流行这样的理念,人的基本快乐和基本生活必须靠“出人头地”来保障,那其实是构造一种由“人上人”和“人下人”组成的社会。这种理念不仅摧残普通人的生活乐趣和生命意义,而且为这种剥夺制造社会解释。

我们需要通过有效的职业生涯规划和就业指导,帮助每一个学生找到自己的“内目标”。“内目标”指的是每一个个体独特的内职业生涯目标,由观念、兴趣、特长、内心感受等组成,相对于薪水、福利、工作环境、社会地位等外职业生涯目标而言。“内目标”无高低之分,合适就好。它是安顿身心之所在。

3. 内成功

职业指导最易陷入的误区,就是混同于流行的励志。对于职业学校的学生而言,有些励志,毋宁说是伤害。我听到某同学的一段话,类似内心独白,在职校生中颇具代表性,她说:“‘失败乃成功之母’。以前的我总是用这句话安慰自己,久而久之,在不知不觉中已习惯失败的陪伴。”她自嘲:“努力又如何,自信又如何,不过是抱着更大的希望去承受失望带来的痛苦。”这是我们必须面对的难题。现实是残酷的。当下,成功标准高度一元化。所谓“条条大路罗马”也好,“行行出状元”也好,如果“罗马”只有一个,“状元”也只有一个,还是失败者居多。看来我们不得不需要认真反思所谓成功的标准。

人的职业生涯成功也有“内”“外”之分。“外成功”的标志是:豪宅、名车、职衔、公众关注;而“内成功”则是指:个性、潜能、贡献、自我完善的实现。“外成功”未必可以自豪,因为有可能通过“拼爹”甚至不正当的手段获取;“内成功”使人拥有充实的生活,真正牵引着幸福的内涵。令人欣喜的是有76.37%的中职生认同内成功;但他们并未能逃脱来自外部的“成功”压力。

据中新网2013年12月20日报道:“财经日报市场咨询公司IPSOS最近对20个国家的一项调查,71%的受访中国人表示,会根据自己拥有的财产值衡量个人成功。对这一问题的全球平均值是34%。另一个问题:我对于成功和赚钱有很大压力。中国人认同者比例同样最高,占68%,而全球平均值为46%。调查的重要提醒在于,我们能不能稍微放松一下压力,从价值观上给自己一些从容”。“外成功”“外目标”是共同的,也是单一的,人人都能描述出来;而“内成功”“内目标”却是个性的,也是多样的,人与人各不相同。高度趋同的价值目标势必造成过度竞争,多样化的个性发展不见了。人当然不能没有梦想,失去梦想的人生会变得支离破碎,而最终的梦想,就是辨认和听从自己内心的声音。这就是“各得其所”,也正是职业指导的真谛,更是职业指导的价值所在。

五、对策建议:家庭、学校、社会都要为每一个学生终身发展努力

1. 对家长的一点建议

让孩子做回自己。每一个孩子都是独一无二的,有着属于自己的禀赋、个性、

兴趣和特长,小时候自己想的就是自己做的,自我和家庭是一致的。但上学之后,尤其经历了似乎是起了决定命运作用的中考之后,他们中的一些人发现,父母的喜怒原来与分数有关,与自己的情感无关。那个真正的自我和那个作为子女的我开始分离。我们在进行质性调研中,上海市卫生学校的一个女生,在谈到妈妈因分数低而骂她"你怎么不去死"的时候伤心地哭了,因为妈妈是她期待的最能理解自己的人。而上海贸易学校的一个女生也许是幸运的,因为在中考没考好之后,她父母非但没有责怪,反而劝慰并鼓励她,她哭着对我们说:"我一定要报答父母,高考不能再让他们伤心,希望考上二本。"不少参加质性调研的同学表示:"我想要上大学,是为了补偿父母的心愿。""我想要直接就业,可妈妈让我进高复班。"其实对于他们来说,那个真正的自我已渐行渐远。

本课题量化调查发现,"父母最关心你的"前三位选项是:"身体健康""学业成绩""将来工作"。"你最希望父母关心的"选项依次是:"身体健康""情绪变化,内心想法""兴趣特长"。可见除了"身体健康"之外,父母的关心同孩子希望的关心差距有多远。孩子希望做自己,而父母则将孩子作为竞争延续的载体。我们埋怨"拼爹",却在毫无顾忌地"拼孩子"。让孩子真正受伤的不是学校、不是老师,而是父母;其实,孩子最介意的人是父母,不论别人多么不肯定,只要得到父母的肯定,其他的一切否定就不足介意了。

这个社会充满过度竞争,在竞争压力下的人性是否可能变形与扭曲?其实学习的本义是发展自我和融入社会,未来属于自己的职业与前途没有更好只有更合适。

2. 对教师的一点建议

"为了每一个学生的终身发展"是《上海市中长期教育改革和发展规划纲要(2010—2020 年)》的核心理念,也是每一个教师的行动准则。我们在进行质性调研中,上海市卫生学校的一个学生告诉我们:"最难忘的是初三的数学老师,晚上给我们差生补习,还给我们吃点心。"另一个同学说:"我最崇拜的是初三班主任,他花费了不少精力准备的一场比赛,我们却输了,他竟没有责怪我们,他一定理解我们也很难过。"为了每一个学生,难的不是如何对待优生,而是如何对待差生;难的不是如何对待进步中的学生,而是如何对待已经落后的学生。

从小帮助学生学习怎么输,远比帮助学生学习怎么赢要重要多了!输的时候,学习忍耐、反省、接受失败,但不放弃希望;当一个学生学会输,将来就知道怎么赢。现在很多孩子输不起;一个输不起的孩子,输了就不玩了!输了就不参加了!输了只会埋怨责怪!这样的孩子将来怎么会赢呢?

老师的一言一行,有时会影响学生一辈子。上海贸易学校的一个男生告诉我们:"我最崇敬初中的体育老师,他正直有才华,能为几乎任何老师代课,现在他一个人报名去支教了。"当被我们问及"如果你未来的老板,有做染色馒头之类的勾当,你会怎么样"时,他毫不犹豫地回答会拍案而起;因为"我的体育老师遇见这事,一定会这样做的”。上海信息技术学校的一个学生的回忆却是负面的。他说:“我本来可以进重点高中,我的中考语文 137 分,数学 148 分,英语仅 26 分。”原因是“小学英语老师每次课后都要留下一个表现最差的学生抄单词,那次全班同学表现都不错,那老师正犹豫,我轻轻叹了一口气,她就把我留下了。”从此他便发誓把英语“扔”了。

老师还是要以成全之道理念深刻领悟“教育是慢的艺术”之真谛,能包容则包容之,能善待则善待之。大多数学生的问题是“成长中的问题”,大多数学生的偏差是“发展中的偏差”;切不可低估学生自身所拥有自我修复的潜力。老师或保持适度钝感或加以适度点拨,才能育人无痕。

一个山村孩子写在石板上的三句话总令人不安,“太阳升起来了,太阳落下去了,我什么时候才能变好呢?”职业学校学生的人生经历各不相同,但其内心的历程与发展轨迹,却颇有与之共同规律可循。他们都有“困境、尊严和向好的情怀”。这三样东西,是人们看不见的内心活动。一个有尊严的年轻人,是不会屈从于心里面那个困境的,于是萌生一种向上向好的力量,他们要找个机会证明自己。这个机会可能就在职业学校,他们是否能找到呢? 那正是职业教育尤其是职业学校新生教育的定位问题。在中职校他们可能产生新的三样东西:“兴趣、目标和不懈的坚持”。兴趣,是学习的导师,“知之者不如乐之者,乐之者不如好之者”。技能型人才没有一个不勤学苦练的,使他苦不觉苦、甚至以苦为乐的,就是那个“好之”。教育不是折磨,不是遥不可及的幸福,而是当下的幸福。

“为了每一个学生的终身发展”意味着学校教育由权威式地传递知识,转变为花费更多时间判断学生的需要,根据每一个学生终身发展的需要,培养他们的基本素质与能力,鼓励和推动学生为终身发展而学习。学习者必须具备一种学习的选择力、判断力,终身学习也许不但指掌握学习方法或提高学习效率,学什么甚至比怎样学更重要。中职生对于所学专业的认知和热爱是终身发展的基础,应鼓励学生跨专业学习,并尝试在一定条件下放开专业流动。真正以学习者为主体,实现“学有所教”。

3. 对教育和社会管理者的一点建议

“基于双向思维,我们不仅要关注社会怎么不断地向教育提要求,而且还要研究教育如何向社会提要求,教育发展和社会发展如何形成双向互动的关系。这种关系背后是一种双向意义上的责任追问:社会要对教育应该承担什么责任、教育要对社会承担什么责任?”①传统教育的考试制度把我们对生命的延续感瓦解了,剩下的只有片段的“际遇”,升学考试的作用已被无限放大。相关研究表明,人一生所用到的知识和能力仅 15%源于学校教育。终身发展的理念就是要告诉每一个学生,从生涯的长度来选择学习的节奏,人生的马拉松从来不会输在起跑线上。这就

---

① 李政涛《中国社会发展的“教育尺度”与教育基础》,原载《教育研究》2012 年第 3 期。

需要以学习者的需求为中心建立一个灵活的终身教育服务体系。

《上海市中长期教育改革和发展规划纲要(2010—2020 年)》的核心理念是“为了每一个学生的终身发展”。这里要解决一个核心问题,即教育世界与职业世界的衔接问题。显然职业指导是为每一个学生打通两个世界之门的一把钥匙。从青涩学子转换成职场新人,不啻天壤之别。成熟不仅意味着告别校门的远行,更需要毕业生对陌生的职业世界有符合实际的认识、判断与行动准备。这难道是仅仅加入一门职业指导课和一项后道工序式的就业服务工作就能够解决的问题吗?看来不仅仅是中职校的职业指导课老师,还有文化课、技能课、思政课的老师都要承担起相应的责任;也不仅仅是学校,还有用人单位乃至各行各业都应付出努力,其共识和同一目标就是“为了每一个学生的终身发展”。

当我们面对复杂问题时,总是将其分割为可以处理的片段,固有的分割思维可能使我们迷失在十字路口,过去的经验告诉我们,只需把教育世界交给学校,把职业世界交给企业。实现学习型社会的目标,需要搭建一座教育世界、职业世界的立交桥,一座多方位深层次沟通的立交桥。

一方面应改变“进了职业教育的门,就断了继续深造的路”现象,打通中高职教育与应用型本科和应用型硕士等高级实践人才培养的路径;另一方面应改变在职业世界,职业资格考试、公务员考试以及职称评审中普遍存在的学历歧视现象。如果能将学历要求改为同等学力要求,就可以既大大缓解军备竞赛式的高考压力,又可以给更多包括中职生在内的普通青年以公平公正的机会。改革本来就是一个解放人的过程,就是要给所有的人以希望和机会,继续改革、深化改革,就是要继续公平地给所有人以希望和机会,社会越公平,才会越多活力。

上海市中等职业学校学生发展评价指标框架研究报告

项秉健

本课题组对上海市中等职业学校学生发展情况进行了问卷调查研究和质性调查研究，并在研究分析的基础之上，对原《上海市中职学生发展评价指标框架》①进行了探讨，以期通过完善与修订，能够借此更加科学、准确地评价中职学生发展，可用于对中职生主体发展状况的学校教育评价，行政主管部门评价，企业等用人单位评价，媒体、评估与研究组织等社会中介评价，学生自我评价及学生家长（监护人）评价等多维评价参考。

一、指标框架设立的目标、依据和原则

（一）目标

设立中职生发展评价指标的目标是，形成一套评价中职生发展的相互关联的评价要素。它既要体现中职生发展的特点和中等职业教育的定位，又要符合用人单位和经济社会发展的需求。在全球化经济和信息化社会高速发展的背景下，终身学习和终身教育日益深入人心，因此，必须以中职生的终身发展为目标，指标框架及其评价要素应体现基于中职生发展的考量基准。

1. 以中职生的终身发展为首要目标

《上海市中长期教育改革和发展规划纲要（2010—2020年）》的核心理念是“为了每一个学生的终身发展”。这一理念应贯穿各级各类教育包括职业教育。职业教育的人本性特征常常为其功利性特征淹没。其实，我国近代职业教育先驱黄炎培先生关于“让无业者有业、有业者乐业”的倡导，即明确了开展职业教育的初衷是为了人，为了人的发展；而不只是为给社会转型和经济发展提供“工具”。是否有利于中职生的发展，是设立评价指标的基点与归宿。

2. 以培养知识型发展型技能人才为根本任务

培养知识型发展型技能人才，是国家和上海制定的教育规划纲要对职业教育提出的人才培养任务，为职业教育培养的人才规格进行了明确定位。此定位区分了新型技能人才与传统技能人才的不同特点，更重要的是，它反映了经济社会发展

① 计琳，赵锋主编《2010—2011年上海市中等职业学校学生发展报告》，上海教育出版社2012年4月出版。

的需求，也反映了中职生发展的需求。这一根本任务的提出，具有导向性作用，理应成为评价指标引导的方向。

3. 职业素养的培育为重中之重

职业素养是人的职业能力、职业道德和职业精神等在职业行为表现上的综合反映。职业教育应突出以就业为导向，促进学生职业生涯发展。国际21世纪教育委员会向联合国教科文组织提交的报告《教育——财富蕴藏其中》指出："在未来高度技术化的组织里，关系上的困难可能造成严重的机能障碍，这就需要一种主要是基于行为表现而非基于知识的新型资格。"由此，在关注学生全面发展的基础上，突出以就业为导向，将职业素养的培育作为重点纳入评价指标体系，才能同时符合中职生的职业发展需求和企业等组织的用人需求。

（二）依据

1. 政策依据

《国家中长期教育改革和发展规划纲要（2010—2020年）》明确提出："把育人为本作为教育工作的根本要求。""关心每个学生，促进每个学生主动地、生动活泼地发展，尊重教育规律和学生身心发展规律，为每个学生提供适合的教育。""职业教育要面向人人、面向社会，着力培养学生的职业道德、职业技能和就业创业能力。"

《上海市中长期教育改革和发展规划纲要（2010—2020年）》指出："为了每一个学生的终身发展，就是要求未来上海的教育，着眼于学生长远发展和社会文明进步的需要，全面实施素质教育，使所有学生的个性特长得到发展，潜能得到激发，创新意识、创新精神和实践能力显著增强，终身学习意识和能力显著增强，为学生的终身发展奠定良好基础，为经济社会发展培养大量高素质劳动者和大批高水平优秀人才。"规定职业教育的培养任务是"让学生成为适应工作变化的知识型、发展型技能人才。"

这两个文件一致反映了国家总的教育方针是以人的发展为目的，以适应经济社会发展为结果；同时体现了国家对职业教育的任务定位和质量要求。

2. 理论依据

多元智能理论指出："人的智能具有多个方面，包括语言智能、逻辑智能、空间智能、运动智能、音乐智能、人际智能、内省智能等，每一个学生只会在某一、两方面的智能比较突出；传统学校教育只强调语言智能和逻辑智能，而这并不是人类智能的全部，不同的人会有不同的智能组合。"这就为职业教育的人本性提供了理论依据，即为每个学生提供适合的教育，以发展其个性化的特长。

现代科学发现："人是一个未完成的动物。他的生存是一个无止境的完善过程和学习过程。人与其他生物的不同点主要是他的未完成性。"终身教育理论据此提出，学习与教育服务应贯穿人的一生。既然发展自我和融入社会是人的一生的使命，职业教育理应为人的职业生涯发展提供可持续发展的基础。随着科技发展和社会变迁的加速，职业技能半衰期变得愈来愈短，而软技能和决定行为表现的职业素养的重要性也就日益凸显。

3. 现实依据

通过调查分析得出影响中职生发展现状的因素及问题如下。

（1）父母和老师的影响力最重要。中职生所处的年龄阶段，正处于青涩与成熟的交替期，既具有相对稳定性，又具有可塑性、发展性。中职生的理想信念离不开中职生自身的现实境遇，离不开中职生所处的时代的、国家的发展特点，离不开学校、家庭、社会对中职生的影响。上海社会正处于新的转型期，一方面改革开放深化促进经济社会持续发展，人民生活水平不断提高，对于中国梦的追求变得空前自信；另一方面在一些领域道德失范，假冒伪劣、欺诈行为时有发生，腐败现象尚未得到根除，特别是拜金主义、享乐主义、个人虚荣增长。这些对中职生都具有不同程度的影响；但影响最大的是与他们最亲近的人，其中父母和老师的影响力无可替代，如两者形成合力，其影响力则无可比拟。

（2）需要给予他们正确、及时的引导。由于狭隘的成才观依旧居于正统地位，鄙薄职业教育的思想仍然严重存在，许多人进入中职校往往是“被选择”的结果，容易发生个性扭曲的状况，即一方面是个性的压抑状态；另一方面是个性的放纵现象。中职生正处于人格的成长、成熟期，每一个中职生的人格都有积极向上的一面，在学校、家庭和社会的正面因素作用下，一定能够得以健康成长；但是，在现实生活中敏感的“他们”也较易受到伤害。如果给予正确、及时的引导，他们必将会以更大的正能量来回报这个社会。

（3）“外目标”竞争只会延续大多数人的痛苦。调查表明中职生高度认同“行行出状元”但现实往往是冷酷的，状元的桂冠只属于少数人；于是向好的情怀迟早会遭遇困境。现代励志学和古代科举制一样，会延续大多数人的痛苦。我们需要更宽松的社会环境，让柴米油盐酱醋茶和琴棋书画诗酒花各得其所。让每个人都能实现由观念、兴趣、特长和内心感受组成的“内目标”，而不必去苦苦追求由薪资、福利、待遇和社会地位组成的“外目标”。

（4）学以致用才是目的。调查显示大多数中职生对于学习的理解依然比较“学校化”，即把学习仅仅理解为接受知识。尽管对他们不可苛求，但是作为中职生，无论是从年龄还是从接近就业的角度看，都理应尽早使他们对学习产生“成人化”或“职业化”的理解，即在工作中和劳动中充满学习的机会。学习不是目的，学以致用才是目的。

（5）需要特别予以关注和研究的问题。调查表明在经历中考之后，中职生往往容易产生自卑，不能正确地认识自我，看不到自我的优点。认知心理研究表明，凡是出现和前一阶段或者时期不同的心理活动后，个体对自我的心理将会有一个总结和重新地调整。如何培育他们的自信，引导他们的追求，发挥他们潜在的优势与特长，是教育工作者需要特别予以关注和研究的问题。

（6）应重视职业生涯规划。调查发现，为自己做过学习规划的学生比例与做过职业规划的比例几乎相等（相差小于1%），可见一个人的规划意识具有习惯性和连续性，做好学习规划有利于取得好的学习成绩，同样如此，做好职业规划有利于取得好的职业成绩。值得注意的是，有三分之一的中职生尚未做职业生涯规划，理应进行补课。

（7）存在丢失职业的灵魂的危险。这个社会中的每一份职业，都不仅是一种个人身份和社会价值的标志，它还有着一套固有的与职业共存亡的伦理要求和道德规范。任何职业工作者的尊严，主要来自对职业伦理的敬畏。在前工业化时代职业伦理与职业技能不可分割，通过师傅教徒弟而代代相传。工业化后的职业培训，使得两者的结合不再紧密，职业技能的传授成了流水线操作，在提高培训效率的同时，却可能丢失职业的灵魂。

（8）传统职业教育模式必须改变。大量事实证明，企业对新生劳动力的选择标准正在悄然发生变化，用人标准从以往的"实用型"逐步转化为"素质型"。知识更新、硬技能更新的速度正在加快，而软技能作用变得越来越大。这不仅仅是职业学校需要面对的新局面，依赖于知识技能传授的传统职业教育模式必须改变。

（9）应积极创造条件使每一个中职生得到充分的体育锻炼。调查显示中职生除体育课外每天锻炼时间达到和超过半小时的为37.42%，多数中职生的锻炼时间并不多。体育锻炼习惯的养成关乎一个人的终身健康，我们切不可因少数中职生因沉迷某项运动而影响学习的个别事例，而影响到中职生平均每天体育锻炼的时间不足的整体判断。健康的体质是人的全面发展的基础、保证和目的之一。学校应积极创造条件使每一个中职生得到充分的体育锻炼。

（10）他们最困惑的问题是"发展"的问题。调查显示中职生的内心希望甚至渴望获得一种正能量，但现实可能是残酷的。如何去对待挫折？如何去克服困难？如何去认识自我和实行自我调节？他们需要有科学分析、需要有个性化的帮助，至少需要有倾诉的对象；但是我们的学校教育、家庭教育和社会教育都在教他们如何"成功"、如何"冲刺"。其实平常人未必获取"成功"，但都要谋求"发展"，上述他们所困惑的问题正是"发展"的问题，是每个人在"发展"中都会遭遇的问题。

（三）原则

本指标设计遵循党的教育方针和中职教育的办学方针，体现"为了每一个学生终身发展"的教育核心理念和中职生的发展特点，秉持人本性、科学性、导向性、实践性、可发展性的原则。

"以人为本"原则。设计和修订中职学生发展评价指标，其出发点和落脚点在于为促进中职生的全面发展与终身发展。使学生能够接受并继续选择接受合适的保证质量的教育，并完成从教育世界到职业世界的人生角色重大转换的"大考"。我们认为，让中职毕业生在职业世界各展其能的目的是各得其所，并非单纯体现为经济社会发展服务的工具理性；经济和社会发展归根结底还是为了人，为了人的幸福和全面发展。“以人为本”原则体现的是一种价值取向即生命价值理性。

科学性原则。中职学生发展评价指标修订以国家和上海教育规划纲要为指导，以多元智能理论和终身教育理论等作为理论基础，在全面总结2010—2011年中职生发展报告课题和2012—2013年中职生发展报告课题两次量化调查统计和本次质性调查分析的基础上，试图对原中职学生发展评价指标框架进行修订，经过综合比较，确定了“思想品质”“学习和发展能力”“职业素养”和“身心健康”4个一级指标，下设13个二级指标、42个主要观测点。指标体系将中职生发展的各个方面融入了内涵要求，体现了党的教育方针和中职教育办学方针，契合了中职生发展的一般规律。

导向性原则。中职学生发展评价指标应具有导向作用，贯彻党的教育方针和中职教育办学方针的育人要求。评价指标的确立应坚持“以服务为宗旨、以就业为导向、以提高育人质量为重点”，推动职教事业又好又快发展，为经济社会发展培养具有职业素养的知识型发展型技能人才。为此我们在修订评价指标框架过程中，注意强化了职业素养板块和职业道德观测点。职业教育的专业会随人才市场供求变化而产生冷热变化，相关专业的知识、技能含金量也会随之起落；而用人单位对人才职业道德的需求是恒定的，永远不会有冷热变化。这必然要求职业教育系统更重视职业道德的培养，仅仅关注专业知识、技能将是为未来培养高素质劳动者的最大障碍。

实践性原则。中职学生发展评价指标是建立在职业教育广泛实践的基础之上的，是针对职业教育开展中存在的问题，并借鉴了国内外职业教育在提高育人质量、保证学生全面发展终身发展所创造的有效做法，对实践经验进行总结提炼，具有较强的针对性、指导性和适用性。

可发展性原则。随着职业教育实践的发展和经济社会的发展，随着人们对教育和职业教育本质、目的、价值认识的深化，会有新情况、新问题、新经验的出现。因此，该中职学生发展评价指标体系的内容也会不断发展变化，可定期修订、完善。

二、指标框架设立的内容结构

本市中职学生发展评价指标最终确立了4个一级指标，分别为思想品质、学习和发展能力、职业素养和身心健康，在4个一级指标之下，根据中职生发展的特点，确定了13个二级指标，又将每个二级指标展开，确定了42个主要观测点。

（一）思想品质

思想品质是人的思维活动结果的稳定表现，反映在个体的行为与行为结构上。思想品质对个体的行为与行为结构产生着决定性作用，它是衡量个体发展倾向的一个重要指标。对于中职生而言，思想观念与品德行为正处于不断发展变化和逐步形成过程中，中职生的思想品质如何对中职生的发展起着决定性的作用。

根据中职生思想品质的内涵和职业学校教育德育内容建设需要，我们在“思想品质”这个一级指标之下，设 3 个二级指标和 11 个主要观测点。

1. 理想信念

理想信念反映人们对未来的向往和追求，是个人价值观的集中体现。中职生有无理想信念，有怎样的理想信念，决定中职生发展的根本导向。

中职生具有怎样的政治信念和爱国情感，他们的人生理想和价值取向如何，在此次问卷调查和质性调查中，我们设计了一系列的题目，来了解中职生理想信念的发展状况。中职生所处的年龄阶段，正处于青涩与成熟的交替期，既具有相对稳定性，又具有可塑性、发展性。中职生的理想信念离不开中职生自身的现实境遇，离不开中职生所处的时代的、国家的发展特点，离不开学校、家庭、社会对中职生的影响。总体来看，绝大多数中职生在理性上认识到理想的重要性(占 92.2%)，说明他们有向好的情怀，但这并不意味着他们在确立自身理想和追求理想的过程中没有困境。中职生身上有一种可贵的正能量，大多数人相信，要靠过硬的技能或学历去赢得前途；但学校并非净土，仍有接近三成的人意识到需要“拼爹”“靠运气”。显然这样一种意识，对中职生群体的损害是不容忽视的，在现时的社会背景中，中职生仍处于相对弱势地位，他们的绝大多数拼不起爹，运气也不可期待，他们需要的是公开公平的竞争。调查表明中职生是有“中国梦”并愿意实现“中国梦”的；关键是如何帮助中职生确立具体目标并具备必要的能力。可见爱国主义教育需要“落地”，在中职校诠释“中国梦”，就是诠释中职生个人与祖国的关系、诠释中职生理想和行动的张力。

根据理想信念的内涵，我们确立了“爱国情感”“政治信念”“人生理想”“价值取向”4 个主要观测点。

2. 健全人格

人格是在一定社会历史条件下具体的人所具有的意识倾向性以及经常出现的较为稳定的心理特征的总和。健全的人格是每一个中职生发展的基础和保障。

中职生目前的自尊自立状况如何、成长状况如何？带着这些问题，在此次问卷调查和质性调查中，我们进行了系统调研，来了解中职生人格的普遍发展状况。调查显示，由于狭隘的成才观依旧居于正统地位，鄙薄职业教育的思想仍然严重存在，许多人进入中职校往往是“被选择”的结果，容易发生个性扭曲的状况，即一方面是个性的压抑状态；另一方面是个性的放纵现象。中职生正处于人格的成长、成熟期，每一个中职生的人格都有积极向上的一面，在学校、家庭和社会的正面因素作用下，一定能够得以健康成长；但是，在现实生活中敏感的“他们”也较易受到伤害。

根据健全人格的内涵，我们确定了“自尊”“自立”“成长性”3 个主要观测点。

3. 公民素养

公民素养是指公民的品质和道德，它包括公民的素质和修养，涵盖了公民道德、文化、文明和法律意识、责任意识、环境保护意识、自我约束意识等。

上海中职生在公民素养方面的情况如何？针对这一问题，我们分别从传统文化认同、遵纪守法与道德规范、社会责任意识、环境保护意识等方面进行了调研。通过调查可以看出，中职生对于中国传统文化中“修身、齐家、治国、平天下”的观念认同度非常高。中职生遵循纪律的水准也并不低，可能在极少数人身上有不良现象发生，但在整体上并不“另类”；切不可以偏概全。调查表明中职生的文明素质总体比较好，具正面、积极表现的人有八成至九成。中职生的大多数是具备责任意识的，尤其比较注重个人信誉；但尚有二成的中职生在“对亲友、对社会、对自己生命的责任意识”上“没想过”和“无所谓”，可见这方面的教育有待增强。环保意识方面，中职生已初步具有这方面的自觉意识，但从发展的眼光看，尤其是与他们未来职业的结合面看，环保教育的任务是长期的。

根据公民素养的内涵，我们确定了“文化认同”“社会公德”“责任意识”“环保意识”4 个主要观测点。

（二）学习与发展能力

学习与发展能力是每一个学生终身发展的必备能力。信息化时代使我们每一个人身处信息的海洋，无论你具备怎样的学习效率和学习方法，都无法满足高速率知识更新所带来的空间“挤压感”。因此，学会学习的首要就是学会选择，从自我认知开始，选择适合自己个性、兴趣、特长与内心感受的发展路径。发展的概念更大于课本的学习，它包括文化、生活的发展，即学生个体全面的发展和终身的发展。

根据学习与发展能力的内涵和相应的学校教育、社会教育、家庭教育建设的需要，我们在“学习与发展能力”这个一级指标之下，设 4 个二级指标和 12 个主要观测点。

1. 自我认知

自我认知是对自己的洞察和理解，包括自我观察和自我评价。自我观察是指对自己的感知、思维和意向等方面的觉察；自我评价是指对自己的想法、期望、行为及人格特征的判断与评估，这是自我调节的重要条件。中职生正处于这样一个自我认知的调整期。

人只有意识到自己是谁，应该做什么的时候，才会自觉自律地去行动。或许我们很难改变外在的环境，每个人却可以坚守并调整内在的自己。上海中职生自我认知方面的情况如何？我们通过定量和定性相结合的方式进行了相关调研。我们发现一个过度竞争的社会，易使人失去自我。如今需要更宽松的社会环境，让每个人都能实现由观念、兴趣、特长和内心感受组成的“内目标”，而不必去苦苦追求由薪资、福利、待遇和社会地位组成的“外目标”。这样才能让更多的人真正实现自我解放。

根据自我认知的内涵，我们确定了“性格认可”“自信程度”“自我期许”3 个主要观测点。

2. 学习能力

学习能力一般是指人的自我求知、做事、发展的能力。学习能力是所有能力的基础。

中职生正处于人生重要的学习期，职业教育与普通教育的学习内容、形式、特点和目的均有所不同，中职生是否能适应新的学习环境？他们的学习能力究竟如何？针对这些问题，我们进行相应调研。调查表明，绝大多数中职生是爱学习和能够比较自觉地学习的，只要有需要他们就会不断学习，这与社会上认为“中职生排斥学习”的某些偏见大相径庭。每个人都有学习的潜能和学习的自觉需求，尽管中职生或多或少受到过学习上的挫折，那可能只是一小部分书本知识学习（比如语、数、外学习）上的挫折。人的成长离不开学习，学习的能力、指向是多元的，包括观察能力、动手能力、协调能力、组织能力、空间构想能力等；一旦突破狭隘的学习定位，中职生的学习能力就可能得到解放。中职校应给予学生一片新的更为广阔的学习天地。

根据学习能力的内涵，我们确定了“学习自觉”“学习倾向”“学习与创新能力”“跨文化交流能力”4 个主要观测点。

3. 文化修养

文化修养是指对人文文化、科技文化中的部分学科有了解、分析、掌握的技能，可以独立思考、剖析、总结的一种能力。通过阅读和参加文化活动等，能够增加一个人的阅历，在这个过程中不断学习、思考、提炼，就可以提高自身的文化修养。

我们对中职生的文化修养状况进行量化统计分析。从他们喜欢看的书刊以人次多寡从高往低排列，依次为动漫书、言情小说与散文、科普知识类书、体育或时尚休闲类刊物、人物传记类书、文史类书、历史名著、职业技能类书、与专业相关的刊物。我们可以从中看出当代中职生的一般阅读倾向。上海中职生参加文化活动的兴趣是广泛的，学校和社会提供的相应机会和内容更是丰富多彩。中职生所喜欢的文化活动排在前三位的是艺术类活动、文化展览类活动和校园社团活动。参加文化活动有利于提高中职生的素质，但是文化活动也是双刃剑，有可能对学习产生负面作用。如何将文化活动与专业学习有机结合，正是各中职校探索的课题。

根据文化修养的内涵，我们确定了“阅读爱好”“文化活动兴趣”2 个主要观测点。

4. 生活追求

生活追求反映了一个人的生活方式、观念及趣味。我们对中职生的生活与娱乐方式、消费观念与方式、恋爱观念等方面进行了问卷调查，调查表明，中职生的生活与娱乐方式是多元复合型的，其中玩手机和看电影电视或听音乐占到六七成，接下来便是看自己喜欢的书和做作业或复习功课。对于体育锻炼、帮父母做家务和兼职打工的人数比例也不低，可见中职生在同龄人中更具有热爱劳动和锻炼的特点。排在中职生消费前三位的是：买零食和衣服等日常用品、储蓄。可见大多数中职生的消费是理性的。中职生的恋爱观比较现实、开放，多数人认为，只要不影响学习，自主恋爱无可非议。总的来说引导中职生的生活追求，与发挥他们潜在的优势和特长相结合，是教育工作者需要特别予以关注和研究的问题。

根据生活追求的内涵，我们确定了“生活与娱乐方式”“消费观念与方式”“恋爱观”3 个主要观测点。

（三）职业素养

职业素养是人的职业能力、职业道德和职业精神等在职业行为表现上的综合反映。职业素养由硬能力（职业能力）和软能力（职业道德和职业精神）两个方面组成。相关调查表明“用人单位认为中职毕业生在岗位上的敬业精神总体不是很强，认为比较强的比例为 33%，超过一半的则认为比较一般”。在用人单位对职业教育发展的期望和要求方面，排在第一位的是加强职业素养培养。

根据职业素养的内涵和用人单位、学校对于人才使用与人才培养的要求，我们在“职业素养”这个一级指标之下，设 3 个二级指标和 12 个主要观测点。

1. 职业认知

职业认知就是对职业的了解和认识。职业认知是中职校职业生涯规划和职业指导中的一项基础教学任务，旨在帮助学生认识专业与职业，做好入职准备和职业规划。升学考不能改变学生的角色定位，就业才能使你由一名青涩学子转变成有独立担当的职场新人。职业认知就是这场真正意义上人生大考的“基础课”。

我们对中职生的职业认知状况进行了专项调研。调查显示，多数中职生对未来可能从事的职业“不是很清楚”，表明中职生在校期间的认知和热爱专业的教育亟须增强和改善。值得注意的是，有三分之一的中职生尚未做职业生涯规划，理应进行补课。为了一场升学考，我们的学生、家长，可以废寝忘食、夜以继日；我们的学校、老师可以倾其全力，使出浑身解数；而对于由学校进入职场的转换人生角色的真正“大考”，却远未引起人们应有的重视。

根据职业认知的内涵，我们确定了“专业认知”“职业认识”“入职准备”“职业规划”4 个主要观测点。

2. 职业道德

职业道德是与人们的职业活动紧密联系的符合职业特点要求的道德准则、道德操守与道德品质的总和。现代社会是在社会分工中形成的，由一个个具体的职业和从业者构成，所以道德也不是抽象的，公共道德的核心在于职业道德。

我们进行的问卷统计表明，对于社会上职业道德沦陷现象感到“十分痛心”和“痛心”的中职生高达九成以上，这是在本次调查数据中极难得显示的高比例。中职生高度认同一个普通职业工作者客车司机吴斌在普通职业行为中所表现的崇高价值。它不是道德宣教，也不是思想境界，而是一种人们对各自所从事职业的发自内心的尊重，是这个社会最普通也最宝贵的东西。职业精神跟身份、职称、教育程度没有必然联系，更超越了职务、收入、社会地位。一个正常的社会应该是什么样的呢？它本身就是由大多数普普通通的劳动者所组成的。但即便是一个再普通不过的劳动者，他可以没有过人的本领，却必须具备职业道德与职业精神。这必然要求职业教育系统更重视职业道德的培养，仅仅关注专业知识、技能将是为未来培养高素质劳动者的最大障碍。

根据职业道德的内涵，我们确定了“职业伦理”“职业价值”2个主要观测点。

3. 通用能力

这里所说的通用能力，是指中职校学生进入职场应具备的基本能力，包括职业目标、情感态度、实践行动、团队合作、执行能力等，如果将专业技能视作一种“硬技能”的话，那么通用能力就是一种渗透于你职场所有行为表现的超越专业范畴的“软技能”。

我们在问卷调查和质性调查中设计了一系列的题目，对“中职生的通用能力达成度如何”进行专门调研。关于职业目标的调查发现，他们明知可能“抱着更大的希望去承受失望带来的痛苦”，却又未能幸免“成功”的压力；他们想要遵循各自的“内目标”(以符合兴趣爱好、能发挥特长、适合内心感受作为选择职业的标准)，又难以拒绝“外目标”(以薪资福利优、社会地位高、工作环境好作为选择职业的标准)的诱惑。如何理解“成功”？如何理解“各得其所”？如何使“内日标”和“外目标”得以辩证统一？在这些张力之中，我们可以找到对中职生进行职业指导的用武之地。关于动手能力的调查表明，相对技能型人才摇篮的职业学校学生应有的这方面能力素养，似乎存在不小的差距。在团队合作能力方面的调查显示，他们与老师甚至亲人的沟通尚且存在困难，遑论面对领导、同事和客户。在主动执行能力方面的调查结果，有超过三成的人“告诉你怎么做，并盯着，也做不好”和“在形势所迫时才去做”。这说明中职生的主动执行能力较弱，如果不积极加以改变，那将影响到这些人的职业前景。

根据通用能力的内涵，我们确定了“职业目标”“动手能力”“团队合作能力”“主动执行能力”4个主要观测点。

(四) 身心健康

世界卫生组织对健康的定义是：身体、心理及对社会适应的良好状态。如今中职生身体和心理的健康越来越受到学校和用人单位的重视。经调查分析，我们了解到当前中职生的身体和心态总体比较健康，但也反映出一些突出的问题，如中职生除体育课外每天锻炼时间达到和超过半小时的为37.42%，多数中职生的锻炼时间并不多；约七八成的中职生经常有或者有被忽视的感觉；等等。

根据身心健康的内涵和中职学生成长发展的要求，我们在“身心健康”这个一级指标之下，设3个二级指标和9个主要观测点。

1. 体质健康

体质健康是身心健康最重要的基础。关于体质健康，本课题主要关注当今中职生的身体健康状况、生活方式等方面内容。

通过问卷调查统计表明，多数中职生的生活方式比较健康，书桌和卧室能保持整洁；但约有四成的中职生睡觉偏迟(晚上11:00以后睡觉)，可能睡眠不足；还有近三成中职生经常不吃早餐，可能影响学习精力，应引起注意。

根据体质健康的内涵，我们确定了“身体健康状况”“有健康的生活方式”“身体素质达到《国家学生体质健康标准》”3个主要观测点。

2. 体育锻炼

体育锻炼是保证体质健康的必要条件，体育锻炼习惯的养成关乎一个人的终身健康，同时相关研究表明，人的生理状态和心理状态是相互影响的。健康的体质是人的全面发展的基础、保证和目的之一。

我们对中职生的体育锻炼情况进行了专项调查。调查显示，中职生除体育课外每天锻炼时间达到和超过半小时的为37.42%，多数中职生的锻炼时间并不多。我们切不可因少数中职生沉迷某项运动而影响学习的个别事例，而影响到中职生平均每天体育锻炼的时间不足的整体判断。中职学校应积极创造条件使每一个学生得到充分的体育锻炼。

根据体育锻炼的内涵，我们确定了“热爱体育运动”“具备锻炼身体的能力”“养成体育锻炼的习惯”3个主要观测点。

3. 心理健康

心理健康是指人的基本心理活动的过程内容完整、协调一致，即认知、情感、意志、行为、人格的完整协调，能适应或积极有效地作用于社会环境。

我们通过问卷统计分析和质性调查研究对中职生的心理健康状况进行调研，调查表明约七八成的中职生经常有或者有被忽视的感觉，因为他们(约有八成的中职生)很在乎或者在乎别人的评价。他们大多数是敏感的，不仅仅是青春期的敏感，还有对自己身份的敏感。其实他们并不弱，自有值得全社会珍惜的属于他们的特长；由于被有意或无意的忽略，对此他们中有的人会以“出格”来反抗，更多的人则内化成为一种敏感的气质。如何正确对待中职生的心理特点，需要引起家长、老师和全社会的关注。同时调查还表明至少有过半的中职生害怕孤独。这可能是因为独生子女在心理上的晚熟，生理上较之上一代的同龄期他们可能是倾向早熟的，但心理上“长不大”的主要表现则是独立能力的偏弱；因为他们缺少相应的环境。心理上的成长需要的恰恰不是父母的“包揽”，而是父母的“放手”。

根据心理健康的内涵，我们确定了“有积极、健康的心态”“有自我调节的能力”“有良好的人际关系”3个主要观测点。

上海市中等职业学校学生发展评价指标框架

一级指标	二级指标	主要观测点
一、思想品质	1. 理想信念	爱国情感
		政治信念
		人生理想
		价值取向
	2. 健全人格	自尊
		自立
		成长性
	3. 公民素养	文化认同
		社会公德
		责任意识
		环保意识
二、学习与发展能力	4. 自我认知	性格认可
		自信程度
		自我期许
	5. 学习能力	学习自觉
		学习倾向
		学习与创新能力
		跨文化交流能力
	6. 文化修养	阅读爱好
		文化活动兴趣
	7. 生活追求	生活与娱乐方式
		消费观念与方式
		恋爱观念

（续表）

一级指标	二级指标	主要观测点
三、职业素养	8. 职业认知	专业认知
		职业认知
		入职准备
		职业规划
	9. 职业道德	职业伦理
		职业价值
	10. 通用能力	职业目标
		动手能力
		团队合作能力
		主动执行能力
四、身心健康	11. 体质健康	身体健康状况
		有健康的生活方式
		身体素质达到《国家学生体质健康标准》
	12. 体育锻炼	热爱体育运动
		具备锻炼身体的能力
		养成体育锻炼的习惯
	13. 心理健康	有积极、健康的心态
		有自我调节的能力
		有良好的人际关系

上海市中等职业学校学生发展社会环境影响研究报告(分报告)

姚明强　项秉健

内容提要

一、关于社会环境影响的基本观点

在人的发展中，外部的社会环境起到了重要的影响与支配的作用。社会环境由多个层面组成，是人自身发展的外因，也是重要的因素。

二、考察上海中职生接受社会环境影响的几个层面

在本文中，考察上海中职生的社会环境影响时，拟分成以下几个层面：
1.家庭。2.学校。3.社区。4.媒体。

三、对本报告观察的客观性的说明

本篇"环境影响"篇分报告的重点在于社会环境在中职生发展中造成的外部影响以及他们对于这些影响的评价。其观察点在于对社会环境对个体主体影响力的研究。

当然，这种观察的客观性也是受到限制的。本报告中这些数据具有主观性和单一角度的特点，并明显带着上海中职生这一亚文化群体的文化烙印。但研究者仍可从这些数据的综合分析中得出一些倾向性与规律性的东西，进而可以解读出为切实帮助中职生的健康发展，亟须关注与解决的重要信息和主要问题。

观察一：上海中职生的家庭环境情况

在接受调查的上海中职生中，多数人生活在一般的工薪家庭，其父母文化程度以中学学历为多；家庭年收入多在6万元以下；住房大致以商品房和新村公房为主，呈现出城市工薪阶层的生活条件与特点。

观察二：上海中职生家庭关系与亲子沟通情况

1. 稳定的家庭结构、完整的家庭生活、和谐的家庭氛围，是中职生身心健康成长发展的重要条件，也是培养中职生乐观向上、积极心态的重要基础。反之，父母缺位的家庭、夫妻关系紧张的家庭，都会给孩子带来某种焦虑与不安，会影响其生

活的态度与人际交往的能力。

2. 在亲子关系中，多数受访者认为还存在比较多的问题。有近二成的人的亲子关系甚至还处于比较严重与对立的状态，这样，会给中职生在生活态度、处事待人和人格发展、目标追求等方面带来较大负面影响。

3. 父母更关心学业、就业等人生的阶段性目标，持外向型、目标型的发展观点；而孩子更希望父母关心自己的兴趣特长、情感世界和内心想法，持内向型、心理型的发展观点。

4. 对于处在青春期的中职生，其心灵的沟通、心事的了解、心绪的释放和心情的调适，应该成为亲子沟通中的重要内容。

5. 在目前的家庭教育现状下，学校还承担着开设家长学校的重任。要善于指导家长以有效的方法做好亲子沟通。这也就是教育系统近年来大力推进学校心理健康教育指导课程与网络建设、大力推进家长学校建设的用意所在。

6. 在中职学校，如何通过制度创新和政策引导，培养出一批为学生所欢迎的"传道、授业、解惑"的"良师益友"，改变目前的师生关系，已成为能有效帮助中职生发展的一个重要的建设课题。

观察三：上海中职生对学校的评价情况

如何积极了解与研究学生的内在需求，帮助学生乃至家长克服世俗偏见、消除中考落榜的消极心理，同时又建立起良好的学校校风与专业价值，会是中职学校一项重要而艰巨的工作。

观察四：上海中职生对社区资源与社会活动的认识情况

1. 社区资源与学校教育的互动已形成规模，政府推动与学校创新的操作模式均得到体现，且在中职生的感受层面产生积极的影响。但在参与者的发动面与培养独立自主、鼓励探索创新方面，尚需继续努力。

2. 一方面，社会实践不应该等同于专业实践，还有更多教书育人和认识社会的综合因素在内；另一方面，又需注意专业性服务与社会服务的结合。这样，既能通过专业技术服务强化学生凭一技之长服务社会的职业荣誉感，也能为学生今后的职业发展作好铺垫。

3. 从总体上讲，中职学校积极推动中职学生参加志愿服务与社会实践活动的工作，起到了积极的作用，达到了设计的初衷。

4. 需要深刻反思多年来行之有效且意义深远的"三学"（学工、学农、学军）活动，何以在中职生里变得不受待见？须认真研究已有社会实践活动的内容与组织形式，不断创新发展，以学生喜闻乐见的形式来重新设计包装好的活动。

观察五：上海中职生对新媒体的认识与使用情况

1. 在中职生里，互联网络（46.17%）与手机（30.31%）已成为独占鳌头的新媒体代表，不仅传统的报刊媒体（4.82%，2.77%）被远远抛在后头，就连图文并茂、声像丰富的电视节目（15.93%）也已退居二线、风光不再了。

2. 手机与上网,已经占据了中职生们媒体选择的霸主地位,无可动摇。数字生活新空间已全面占领了他们的日常生活。

3. 不少学校与家长采取了简单的禁止措施;而手机与互联网的时空自由度和中职生青春期的叛逆性,又使得这种禁止的效果在“猫捉老鼠、老鼠躲猫”的博弈游戏中大打折扣。

4. 一是求学的需求(提供学习资料、与老师交流、课堂教学视频)。二是交友的需求(交友、与同学交流)。三是就业指导的需求(找工作、与职业专家交流)。四是获取资讯的需求(活动与资讯交流平台)。这种排列,从某种角度讲,表现了中职生渴望学习、渴望发展、渴望成功的内心需求。这份清单,应该成为中职学校开展网络管理与教育管理时的一份重要的参考资料。

5. 客观讲,求学、交友、就业指导的网上信息浩如烟海,但也良莠不分、鱼目混珠。如何让学生们学会在互联网上寻找搜索正宗、健康、权威的知识网站,为他们提供指导与帮助,这是网络时代里,学校在教学上要积极推进的新媒体素养教育工作。

6. 要实现这样的任务,无论是自编校本网络教材、视频教材,还是推荐优秀网站与资料,学校都要切实为网络课程进校园做好顶层设计和制度安排,培训更多能胜任网络条件下教学的师资队伍。

7. 4G时代、慕课时代,需要一大批有创新精神和充满热情的青年教师探索实践,成为中职生在专业领域里和精神世界里的良师益友。在中职生的网络世界里,“与老师交流”要成为他们主要的交流选择之一。

8. 互联网所带来的数字生活新空间,无论在时间消耗上与功能使用上,已经全面进入中职学生的生活,并占据了重要的位置。学校、家庭和整个社会,要对这一新现象予以足够的重视,要充分研究移动互联网时代中职学生生活模式与学习特点,要在思想倡导、文化引导、学习辅导、就业指导等方面探索推动中职学生全面发展的教育与管理的新理论、新举措、新经验,营造让他们健康成长的良好的社会环境。

一、关于社会环境影响的基本观点

在人的发展中,外部的社会环境起到了重要的影响与支配的作用。马克思关于“人是一切社会关系的总和”的论断,从社会学的角度,深刻地揭示了这一真理。同样地,在历史学研究和文学研究中,对于“知人论世”方法的概括和对于“典型环境中的典型人物”的塑造,无不强调了人的成长发展与社会环境之间的影响、联系乃至互动的关系。其中,最重要的观点就是,要将人的发展、对人的观察,置于一定的社会时代和人际关系中来加以考察,从社会环境的影响中来寻找个性的来龙去脉。“世界上绝没有无缘无故的爱,也没有无缘无故的恨。”

社会环境由多个层面组成,是人自身发展的外因,也是重要的因素。

二、考察上海中职生接受社会环境影响的几个层面

在本文中，考察上海中职生的社会环境影响时，拟分成以下几个层面：

1. 家庭——家庭的文化水平、家庭的经济条件、家庭教育的方式与价值观、家庭人际关系与亲子关系等状况都会对青少年的生活目标、生活态度与价值追求产生极大的影响。

2. 学校——学校是社会环境在青少年阶段最为重要的因素之一，又可分成教育环境影响（教学内容与学校风气）、学科与专业知识影响、老师的示范影响和同学间的同辈影响等多种因素。

3. 社区——社区资源，在此是指居住条件、居住环境、社区公共资源与文化特色等内容，其对学生的人格发展与能力发展具有重要的作用，也是培养学生社会服务热情的很好观察点。

4. 媒体——媒体是文化传播的重要载体。在现代条件下，互联有线网络和以手机为代表的移动终端的兴起和扩张，为当代中职生的知识学习、信息获取、情感交流和娱乐游戏，提供了前所未有的丰富、快捷的体验。新兴的数字生活空间，对他们产生着巨大的影响力。

三、对本报告观察的客观性的说明

与前几个分报告以学生主体的认识行为为研究对象的角度不同，本篇“环境影响”篇分报告的重点在于社会环境在中职生发展中造成的外部影响以及他们对于这些影响的评价。其观察点在于对社会环境对个体主体影响力的研究。想要通过调查，了解是什么因素、在多大程度上对中职生们产生了什么影响，这些影响意味着什么，以及对于进一步推进中职生教育工作和促进他们的发展可形成怎样的借鉴与指导，等等。

当然，这种观察的客观性也是受到限制的。在本报告中，它仅仅是从部分接受调查的上海中职生主观认识的角度切入的，调查中得到他们所认为的家庭、学校、社区和媒体对他们带来影响的议论与评价——这些数据具有主观性和单一角度的特点，并明显带着上海中职生这一亚文化群体的文化烙印。由于年龄、阅历、理解力等原因，他们对于社会环境的认定与表述未必都很准确，甚至数据之间还有矛盾之处，但研究者仍可从这些数据的综合分析中得出一些倾向性与规律性的东西，进而可以解读出为切实帮助中职生的健康发展，亟须关注与解决的重要信息和主要问题。

如果在此研究之外，再能加上来自家长、教师、社区工作者、媒体单位等方面的同题研究的论述与评价，结论可能会更加客观与全面。

观察一：上海中职生的家庭环境情况

在考察上海中职生家庭环境影响时，我们设计了父母职业、文化程度、经济收

入与家庭住房四个观察点。

1. 父母职业

受访中职生父亲、母亲的职业分布中,最多的是“工人或公司职员”(44.17%,43.77%),其次是“个体工商业者”(11.08%,10.38%)和“私营企业主”(8.03%,5.66%);而家长是“公务员”或“工程师、教师、医生、律师等专业技术人员”的,只占到3.00%~5.00%的极小比例。值得关注的是,尚有一部分家长处于“无业”状态(4.63%,12.36%),尤其是高达12%以上的母亲赋闲在家。除了少数私营企业家家庭有足够经济支撑外,恐怕多数还属于协保下岗者的范畴。他们的家庭生活处于相对拮据的境地。

表1-1　父母亲从事的职业

职业	工人或公司职员	个体工商业者	私营企业主	企业管理人员	专业技术人员	农民或渔民	无业人员	进城农民工	公务员	军人	其他
父亲	44.17%	11.08%	8.03%	5.56%	5.42%	4.73%	4.63%	4.03%	3.45%	1.93%	6.97%
母亲	43.77%	10.38%	5.66%	4.42%	3.75%	5.08%	12.36%	3.68%	3.31%	1.68%	5.91%

2. 父母文化程度

学生父亲的文化程度,大专以上占29.6%,中学程度的占70.2%;而母亲的文化程度更偏低一层,大专以上的占25.78%,中学程度的占74.2%,尤以“初中及以下”的为多(43.98%)。

在上海城市人口的文化程度比较中,中职生家长群体的整体文化水平较弱。

表1-2　父母亲的文化程度

职业	大学及以上	大专	高中	初中及以下
父亲	14.92%	14.69%	33.81%	36.58%
母亲	12.32%	13.46%	30.24%	43.98%

3. 家庭住房

“小康不小康,关键看住房”,在经历连续20年的房地产业旺盛发展之后,今天中职学生家庭的住房状况,也大致反映了其家庭的经济收入状况。

受访者的住房情况,大致可以分成五类:

一是“商品房小区”(35.51%);二是“新村公房”和“旧式弄堂”(19.07%,4.98%);三是“农村”(18.58%);四是“临时租赁屋”(13.97%);五是“别墅”(5.40%)。前两类包括了工薪阶层和稍有改善的小康人家;农村房的存在表明学生中还有一批农家子弟。除了少量私营企业家、专业技术人员等殷实之家购置了别墅之外,大部分平头百姓的住房条件都不算很好。这些分布,构成了上海中职生生活与成长的空间。

表1-3 住房条件

商品房小区	新村公房	旧式弄堂	农村	临时租借屋	别墅	其他
35.51%	19.07%	4.98%	18.58%	13.97%	5.40%	2.49%

4. 家庭年收入

调查中,以家庭年收入6万元为限,低于此标准者达到64.40%,其中有近30.00%的家庭收入还在2.5万元以下,处于相对贫困阶段(以上海人保部门公布的最低月工资1620元(2013年)计,若夫妻两人工作,年收入就应至少为3.888万元);而高于此标准者也占到35.55%,其中年收入高于12万元的家庭占到14.74%。收入上两极分化、生活上贫富悬殊的社会现象也不可避免地反映到中职生的生活上来。

表1-4 家庭年收入

2.5万元以下	2.5～6万元	6～12万元	12万元以上
29.17%	35.27%	20.81%	14.74%

综上,在接受调查的上海中职生中,多数人生活在一般的工薪家庭,其父母文化程度以中学学历为多;家庭年收入多在6万元以下;住房大致以商品房和新村公房为主,呈现出城市工薪阶层的生活条件与特点。

观察二:上海中职生家庭关系与亲子沟通情况

正常的家庭人际关系、儿时的生活成长环境,对于中职生的成长与发展,尤其是性格养成与人格完善,具有重大的影响力。

一组与父母关系的调查数据显示,多数受访者对自己的家庭关系尚为满意。他们与父母一起生活(71.27%),享受着完整家庭的和睦氛围;与父母关系融洽,"亲密,像朋友"(63.47%)。

但这一群体也存在一些问题。一是仍有近30%的受访者缺乏完整的家庭生活结构,逾20%的受访者只与父母中的一方居住(父10.90%,母9.99%),还有7.85%的人与其他亲戚一起生活。根据其他相关研究和资料,究其原因,有的是父母一方亡故,有的是远离父母、投靠亲友,但更多的是因父母离异造成了单亲家庭。二是即使生活在完整家庭里,也有27.61%的受访者认为在家庭生活中与父母的关系很"严肃,有隔阂",甚至还有8.92%的人与父母"很疏远、不沟通"。

表2-1 与家人居住情况

父母亲	父亲	母亲	其他亲戚
71.27%	10.90%	9.99%	7.84%

表 2－2　与父母亲的关系

亲密,像朋友	严肃,有隔阂	很疏远,不沟通
63.47%	27.61%	8.92%

稳定的家庭结构、完整的家庭生活、和谐的家庭氛围,是中职生身心健康成长发展的重要条件,也是培养中职生乐观向上、积极心态的重要基础。反之,父母缺位的家庭、与父母关系紧张的家庭,都会给孩子带来某种焦虑与不安,会影响其生活的态度与人际交往的能力。

(一) 亲子沟通的形式

调查显示,在亲子沟通形式方面,对于尚处在性格养成期的中职生来说,还因其与生俱来的青春叛逆期的性格特点,更易产生种种问题。

1. 关于与父母沟通的频率问题

感到与父母关系亲密、和谐,可以"随时"沟通的受访者不足四成(38.16%),觉得与父母明显沟通不畅,只是"偶尔"为之的也要接近同样的比例(36.48%),再加上有近 1/4 的人"很少"或"从不"与父母沟通,总体来讲,调查数据不容乐观。

表 2－3　与父母亲沟通、倾诉的频率

随时	偶尔	很少	从不
38.16%	36.48%	17.58%	7.78%

2. 对于父母细心照顾、精心安排生活程式做法的评价

多数受访者对于父母的"精心安排"并不持乐意的态度,半数以上的人时会感到厌烦(52.39%),或常会感到厌烦(22.79%);受访者中,对父母的建议能安心接受、言听计从的不到二成(18.98%),而多数人的态度是只能部分地接受家长的意见(72.67%)。此组数据可给予家长一个思考。父母亲在"我是为你好"的观念下行使的种种关心与指导,是否真正让孩子得到了自身发展中的快乐?他们更需要的是什么?

表 2－4　对父母亲精心安排生活程式的不满程度

经常会	有时会	很少会	不会
22.79%	52.39%	16.32%	8.50%

表 2－5　对父母亲建议的态度

几乎言听计从	部分接受	几乎不采纳	感到厌烦
18.98%	72.67%	5.12%	3.23%

3. 在与父母发生矛盾后处理方式的选择

选择"默不作声"与"回避"的受访者最多,占到 45%以上(31.06%,14.76%),

其次是选择“据理力争”(39.39%)，选择“争吵”的最少(14.78%)。基于年龄弱势与在家中的地位，多数中职生在父母生气发威时，只能选择沉默与回避，实是一种无奈之举。但与孩提时代不同的是，这种压抑不会自然转移、消失，而是会愈加沉入内心、备受煎熬，进而会变得更加沉默寡语。

表2-6 与父母亲发生矛盾后的做法

和他们吵	据理力争	默不作声	选择回避
14.78%	39.39%	31.06%	14.76%

4. 对独生子女一代感恩意识的评价

数据显示，受访者中认为“绝大多数”或“半数左右”的学生会持有感恩意识(73.97%)，他们对感恩意识的理解与评判要优于对亲子关系的评判；但也有近二成的学生认为，独生子女中“少有”或“缺乏”感恩意识。

表2-7 对独生子女感恩意识的评价

绝大多数都有	半数左右具有	少部分有	严重缺乏
36.32%	37.65%	19.05%	6.98%

综上，在亲子关系中，多数受访者认为还存在比较多的问题，有近二成的人的亲子关系甚至还处于比较严重与对立的状态，表现为沟通少、互不理解、消极回避或激烈争吵。这样的家教方式、家庭关系与亲子关系的种种问题，会给中职生在生活态度、待人处事和人格发展、目标追求方面等带来较大负面影响，甚至会影响其学业的完成和人生道路的选择。

（二）亲子沟通的内容

在亲子沟通的内容方面，也存在一些问题。数据的分析，有助于我们进而了解父母与子女各自关注的重点，或可在其合理性与差异性中探索寻找新的解决方案。

1. 家长和孩子最关心的事

在孩子心目中，家长最看重的是什么？在10个选项中，分列前五位的是身体健康(76.95%)，学业成绩(66.47%)，将来的工作(55.30%)，品行习惯(25.26%)，情绪变化、内心想法(18.79%)。那么，孩子又是怎样期待家长的关心的呢？同样10个选项，分列前五位的是身体健康(55.72%)，情绪变化、内心想法(47.73%)，兴趣特长(34.64%)，将来的工作(34.44%)，学业成绩(25.66%)。两者相比，除了“身体健康”列为首选，是亲子沟通中的共识之外，后几项排序的变化呈现出一个规律，即父母更关心学业、就业等人生的阶段性目标，持外向型、目标型的发展观点；而孩子更希望父母关心自己的兴趣特长、情感世界和内心想法，持内向型、心理型的发展观点。

表 2-8　父母和子女关注的重点

职业	身体健康	学业成绩	将来工作	情绪变化内心想法	品行习惯	情感问题	兴趣特长	学费	随便我	其他
认为父母最关心的	76.95%	66.47%	55.30%	18.79%	25.26%	11.73%	6.01%	4.40%	2.72%	0.51%
希望父母最关心的	55.72%	25.66%	34.44%	47.43%	22.44%	25.56%	34.64%	2.79%	5.45%	0.65%

两种关注点都有存在的理由。问题在于,研究者们应怎样引导家长,在帮助孩子关注学业、就业等人生阶段目标时,不要忽视甚至要投入更多的精力,去关注孩子的内心。确实,对于处在青春期的中职生,其心灵的沟通、心事的了解、心绪的释放和心情的调适,应该成为亲子沟通中的重要内容。

在目前的家庭教育现状下,学校还承担着开设家长学校的重任。要善于指导家长以有效的方法做好亲子沟通。这也就是教育系统近年来大力推进学校心理健康教育指导课程与网络建设、大力推进家长学校建设的用意所在。

2. 心里话,对谁讲

调查数据显示,中职生最愿意交流的对象,首选是同学朋友(49.38%),其次是父母(24.91%),第三是写日记与博客(6.94%),与网友交流(6.92%),而选择与老师或师傅交流的,仅排在末位(3.42%)。那些天天见面、教书育人的老师,在中职生的眼中,其愿敞开心扉的认同率还不到一个虚无缥缈的网友的一半!令人扼腕。

表 2-9　心里话愿意对谁讲

父母	老师(师傅)	同学、朋友	网友	其他长辈与亲人	写日记博客	其他
24.91%	3.42%	49.38%	6.92%	3.17%	6.94%	4.33%

应该说,学生与老师并不是天然的敌人,"良师益友""亦师亦友"也一直是中国文化传统中师生关系的最高境界。事实上,近年来,上海高校也出现了一大批优秀辅导员和就业咨询师,他们以各自的真情和沟通技巧,获得无数学生的爱戴。

在中职学校,如何通过制度创新和政策引导,培养出一批为学生所欢迎的"传道、授业、解惑"的"良师益友",改变目前的师生关系,已成为能有效帮助中职生发展的一个重要的建设课题。

观察三:上海中职生对学校的评价情况

学校,是中职生仅次于家庭的重要社会环境。一个对学校的学习环境具有认同与好感的学生,其学习态度会是怎样的?结果不言而喻。

1. 喜欢学校的程度

从调查数据看,"喜欢学校"的受访者只占 42.00%,而评价为"一般"和"无所谓"的占到 47.77%;约一成的人则明确表示"不喜欢"(10.13%)。受访者中,对于学校喜欢程度的评价不高。

表3-1 喜欢学校的程度

喜欢	不喜欢	一般	无所谓
42.00%	10.13%	42.98%	4.89%

由此可见，如何积极了解与研究学生的内在需求，帮助学生乃至家长克服世俗偏见、消除中考落榜的消极心理，同时又建树起良好的学校校风与专业价值，会是中职学校一项重要而艰巨的工作。

分类评价各有侧重，或许可以从中一窥中职生们内心的需求。

2. 最看重学校的什么

依据统计排列，前五位分别为“学校环境”(62.19%)，“就业率”(42.03%)，“社会口碑”(29.52%)，“专业特色”(28.96%)和“同学”(23.98%)。

3. 学校最欠缺什么

排在前五位的是：“周边环境”(34.20%)，“学校环境”(25.96%)，“实训设施”(25.31%)，“各类机会”(22.03%)和“杰出校友”(19.12%)。

表3-2 最看重学校的特色

	学校环境	社会口碑	就业率	杰出校友	专业特色	师资	同学	周边环境	实训设施	各类机会	其他
最看重的学校特色	62.19%	29.52%	42.03%	10.76%	28.96%	21.37%	23.98%	14.69%	11.39%	8.54%	1.47%
最欠缺的学校特色	25.96%	18.72%	16.60%	19.12%	15.48%	16.41%	11.97%	34.20%	25.31%	22.03%	3.61%

4. 最希望学校为你提供些什么

受访者的选择分别为“良好的专业技能教学”(60.93%)，“各类社会实践”(40.05%)，“企业对口实习与就业机会”(37.23%)和“良好的校园环境与文化”(27.03%)。

表3-3 最希望学校提供的特色

良好的专业技能教学	各类社会实践	企业对口实习与就业机会	良好的校园环境与文化	其他
60.93%	40.05%	37.23%	27.03%	1.35%

观察四：上海中职生对社区资源与社会活动的认识情况

在中职生的眼中，社区资源是否足够丰富？是否对他们的学习生活构成帮助？他们又是如何认识与利用好社区资源的？

1. 社区对学校教育的参与度

在调查中,受访者对社区参与学校教育给予了较高的评价,认为参与度“高”与“很高”的,占到52.02%;认为参与度“一般”的,也占到40.02%。可以认为,社区资源进学校、为学校教育开拓空间的做法得到了中职学生的普遍认可。

表4-1　对社区参与学校教育的评价

很高	高	一般	很低
21.89%	30.13%	40.02%	7.96%

2. 社区资源对中职生学业的帮助

关于社区资源对于中职生学业上的帮助,受访者也是持肯定态度的为多,认为“很有帮助”和“有帮助”的占到60.63%,认为“一般”的占到29.17%;但也有约一成人持“没太大帮助”和“没有帮助”的评价(6.92%,3.28%)。

表4-2　对社区参与学校教育的评价

很有帮助	有帮助	一般	没太大帮助	完全没有帮助
26.26%	34.37%	29.17%	6.92%	3.28%

3. 参与志愿服务与社会实践活动情况

在问及受访者是否有参与过志愿服务与社会实践活动时,持肯定意见者达到50.20%,这表明志愿服务与社会实践活动已经有了比较普及的基础。还有相当一部分人虽“没有参与、但很想参与”(35.44%)。究其原因,可能一是受访者中有低年级学生,尚未进入社会实践阶段,二是限于活动的名额或机会,学校可能还难以顾及每一个学生,三是也有部分学生个人积极性、主动性不够。但对于14.37%的人“没有参与,也没有想过要参与”的现象,学校应给予足够的重视。

表4-3　参与志愿服务与社会实践活动情况

参与过	没有参与,很想参与	没有参与,也没有想过要参与
50.20%	35.44%	14.37%

在问及参与了志愿服务与社会实践活动哪些组织类型时,调查的结果颇有意味。其中,以“学校组织的,比较个性化的”活动最多(47.94%),其次是“全市性的,层层号召、动员参与的”(21.79%),“社区组织的,自愿参与的”(16.27%),“自己主动寻找,适合自己心愿的”(13.99%)。这些数据,显示出学校在开展志愿服务和社会实践活动中的主动性,以及其强调的中职文化与专业技术上的针对性,从而成为一个良好的指标。而“全市性活动”,通常是指党团活动或行政布置的大型活动,有政府资源与财力的支撑,是正面教育与培养学生健康发展的重要载体。两者的结合,达到69.73%,形成了“规定动作加自选动作”的完美做法,在主旋律教育实践中

起到良好的推动作用。另外，虽然后两者做法所占比例不高，但就培养中职学生的自主探索精神和创新精神来说，这种“自愿”与“主动”的行为，可能更有价值，也更值得教育工作者予以关注、研究与倡导。

表4－4　参与志愿服务与社会实践活动的组织类型

全市性，层层号召，动员参与的	学校组织的，比较个性化的	社区组织的，自愿参与的	自己主动寻找，适合自己心愿的
21.79%	47.94%	16.27%	13.99%

综上，社区资源与学校教育的互动已形成规模，政府推动与学校创新的操作模式均得到体现，且在中职生的感受层面产生积极的影响。但在参与者的发动面与培养独立自主、鼓励探索创新方面，尚需继续努力。

4. 社会实践与学业关系

一项关于社会实践活动内容与所学专业相关性的调查数据表明，受访者对目前学校开展社会实践与其专业关联性的评价不够高。认可“相关”的为32.08%，评价“一般，有一点关系”的为44.77%，评价“无关”的为23.14%。结合中职学校专业性强的特点来看，尚有改进提高的空间。

表4－5　志愿服务、社会实践与学业的联系

相关	一般，有一点关系	无关
32.08%	44.77%	23.14%

我们认为，一方面，社会实践不应该等同于专业实践，还有更多教书育人和认识社会的综合因素在内；另一方面，又需注意专业性服务与社会服务的结合。这既能通过专业技术服务强化学生凭一技之长服务社会的职业荣誉感，也能为学生今后的职业发展作好铺垫。

5. 社会实践的收获感受

在问及“你觉得志愿者服务工作或社会实践活动有收获吗”问题时，受访者中认为“收获很大”、“有收获”者达到九成以上(37.23%，53.55%)，说明这项活动是得到多数中职生的认真参与和高度认同的。持否定态度的人仅不足一成(9.22%)。据对“最大收获”的统计，依次排列为“社会经验的丰富”(60.88%)、“交往能力的增强”(54.92%)、“专业能力的成长”(45.98%)、“意志品质的磨炼”(44.96%)和“团队合作意识的增强”(41.68%)。这些评价和选择的比例，都比较完美。

表4－6　对志愿服务、社会实践收获的认识

收获很大	有收获	没有收获
37.23%	53.55%	9.22%

表4-7　志愿服务社会实践的最大收获

专业能力的成长	社会经验的丰富	意志品质的磨炼	交往能力的增强	团队合作意识的增强	其他
45.98%	60.88%	44.96%	54.92%	41.68%	0.98%

由此可见,从总体上讲,中职学校积极推动中职学生参与志愿服务与社会实践活动的工作,起到了积极的作用,达到了设计的初衷。

调查中,中职生"最喜欢的实践活动",排在前列的依次为"实训基地"(50.36%)、"文艺活动或社团兴趣活动"(39.67%)、"参观企业"(33.50%)、"公益劳动"(30.87%)、"创新实践学习活动"(31.73%)、"教育基地"(30.41%)。分析可见,中职生们印象深刻、体会尤深、兴趣盎然的社会实践活动,往往具有他们所关心、所看重的专业性(实训基地、参观企业)、趣味性(文艺活动或社团兴趣活动)、创新性(创新实践学习活动)和服务性(公益劳动)的特点;而须引起关注的是,学校花费很多精力且已形成规模的学工、学农、学军(军训)活动,却不能引起中职生们足够的兴趣(15.13%,14.95%,19%)。

表4-8　最喜欢的社会实践活动

实训基地学习	参观企业	参观教育基地	文艺活动社团兴趣活动	社会公益劳动	社会考察或调研	创新实践学习活动	学工	学农	军训
50.36%	33.50%	30.41%	39.67%	30.87%	21.44%	31.73%	15.13%	14.95%	19.00%

对此,需要深刻反思多年来行之有效且意义深远的"三学"活动,何以在中职生里变得不受待见?须认真研究已有社会实践活动的内容与组织形式,不断创新发展,以学生喜闻乐见的形式来重新设计包装好的活动。

观察五:上海中职生对新媒体的认识与使用情况

媒体作为信息传播的重要手段,一直在青少年成长中起着舆论引导、思想启蒙和文化熏陶的重要作用。而在当下,新媒体快速发展,互联网所开拓的数字生活新空间迅猛崛起,更对青少年产生了前所未有的颠覆性的影响。

调查表明,在中职生里,互联网络(46.17%)与手机(30.31%)已成为独占鳌头的新媒体代表,不仅传统的报刊媒体(4.82%,2.77%)被远远抛在后头,就连图文并茂、声像丰富的电视节目(15.93%)也已退居二线、风光不再了。

表5-1　媒体接触率

电视	网络	报纸	杂志	手机
15.93%	46.17%	4.82%	2.77%	30.31%

因此,关心中职生们如何对待网络与手机,研究他们运用新媒体、参与数字生活新空间的内容、时间和方式,是研究其文化环境影响力的一个重要方面。

1. 手机使用情况

中职生手里的手机在派什么用场？调查数据表明，上网（47.71%）、接听拨打电话（45.94%）、听音乐或其他娱乐（44.66%）占据了前三位；再加上使用实用工具（30.97%）、玩游戏（29.41%）和收发微博微信（27.45%）等，构成了他们手机使用的主要用途。

表5-2　手机使用功能

使用实用工具	接听拨打电话	收发微博微信	玩游戏	上网	听音乐或其他娱乐	阅读手机报或收看移动电视
30.97%	45.94%	27.45%	29.41%	47.71%	44.66%	9.36%

结合中职生们上网途径是以移动终端为主（手机42.32%；平板电脑8.75%）；上网时间则呈现出时间越长、使用者越多的曲线（每天上网者达62.44%；每天上网一小时以上者达62.21%）。

我们几乎可以认定，手机与上网，已经占据了中职生们媒体选择的霸主地位，无可动摇。数字生活新空间已全面占领了他们的日常生活。

2. 上网现象评估

现在，到了我们不得不关注中职生们在互联网上忙些什么的时候了。调查数据表明，位居前三的分别是“聊天、交友”（64.35%），“玩网络游戏”（48.50%），“看电子书、看电影、看视频”（48.94%），而老师、家长所期望的利用互联网来“查资料、做功课”的用途仅排在第4位。这样一种使用情况，理所当然地令老师、家长感到忧虑与不安，以致不少学校与家长采取了简单的禁止措施；而手机与互联网的时空自由度和中职生青春期的叛逆性，又使得这种禁止的效果在“猫捉老鼠、老鼠躲猫”的博弈游戏中大打折扣。

表5-3　上网在做什么

玩网络游戏	下载娱乐软件	聊天，交友	访问博客购物	查资料，做功课	浏览时事新闻	看电子书、电影、影视	收发邮件	其他
48.50%	25.84%	64.35%	18.77%	32.36%	25.42%	48.94%	8.94%	1.47%

当我们清晰地了解到互联网与手机等移动终端的结合以及由此带来的数字生活新空间在中职生中产生了如此广阔与深入的影响时，我们不得不认真地思考，该如何来认识与评价这一现象？这一趋势将会对学校教育和家庭教育带来怎样的影响？

对于老师家长时常关心的互联网对学生学习有否帮助的疑问，调查显示，持“帮助很大”观点的占42.42%，认为“一般”的占37.56%，认为“没什么帮助”的占5.66%。相对多数的学生尝到了利用网络学习的甜头。值得一提的是有14.36%的人持“不一定，要看个人”的看法。这表现出一种冷静的思考。

表 5-4 互联网对学习的帮助

很大	一般	没什么帮助	不一定,要看个人
42.42%	37.56%	5.66%	14.36%

3. 对网络资讯与交流的需求

在网络上,中职生与网友交谈最多的话题,依次排列为:日常生活(48.38%)、情感(34.48%)、学习(29.94%)、人生体验(24.96%)、游戏(24.52%)。在今天中职生中间,网络的交流功能得到充分的发挥,用于传达信息与情感的微信、短信和电子邮件,很大程度上替代了过去的书信与电话,已成为他们日常生活中一个不可或缺的部分。

表 5-5 网上交流话题(限选两项)

学习	情感	日常生活	人生体验	游戏	其他
29.94%	34.48%	48.38%	24.96%	24.52%	1.77%

"你会通过网络交男女朋友么?"这是为测试受访者的网络信任度而设。令人可喜的是受访者中大多还是比较理智、谨慎的("不会"53.41%,"可能会"34.27%),这与学校与家庭的教育指导密不可分。

表 5-6 网上交男女朋友的可能性

可能会	会	不会
34.27%	12.32%	53.42%

"喜欢网络世界还是真实世界"的问题,是测试受访者的迷恋程度。可喜的是多数学生持理智态度("真实世界"65.45%)。但还有 1/3 的人表示更喜欢"网络世界"(34.55%)。这个倾向值得教育工作者重视。

表 5-7 对"网络世界"与"真实世界"的倾向性

网络世界	真实世界
34.55%	65.45%

从"对网络游戏的喜欢程度"的调查中看出,多数学生还是较有自制力的,但对每天都要玩上至少两小时者,仍需加强教育与引导。

表 5-8 上网的频率

每天都上	每周三四次	每周一二次	每月一二次	几乎不上
62.44%	17.16%	14.69%	3.73%	1.98%

表5-9 每天上网的时间

30分钟以内	30～60分钟	1～2个小时	2小时以上
17.60%	20.19%	24.24%	37.97%

网购的统计表明，已有近半数受访者(45.19%)网上购物超过了实体店购物。网购服务的便捷与习惯，将会给他们未来的数字生活带来更大的影响。

表5-10 网购与店购的比例

网购	店购
45.19%	54.81%

在对比上述看似有些矛盾的数据中，我们看到，尽管现在确实存在打游戏、看电影、网聊过度的现象，但在中职生的内心深处，他们并不希望那样，或者说，并不希望仅仅是那样。

比如，出于问计于民、了解中职生的真实需求、开具正面清单的意图，我们设计了"你希望这个平台能提供哪些服务"的问题。调查中，遥居首位的是"提供学习资料"(64.82%)，其他依次是"交友"(44.56%)、"找工作"(43.75%)、"与老师交流"(41.28%)、"与职业专家交流"(38%)、"与同学交流"(37.18%)、"课堂教学视频"(30.22%)和各类活动信息资讯(28.34%)。

表5-11 希望网络平台提供的服务项目

学习资料	游戏	交友	找工作	与老师交流	与职业专家交流	与同学交流	各类活动信息资讯	课堂教学视频	国际国内行业咨询	博客
64.82%	36.30%	44.56%	43.75%	41.28%	38.00%	37.18%	28.34%	30.22%	25.03%	11.76%

这种排列，从某种角度讲，表现了中职生渴望学习、渴望发展、渴望成功的内心需求。分析来看，一是求学的需求(提供学习资料、与老师交流、课堂教学视频)，二是交友的需求(交友、与同学交流)，三是就业指导的需求(找工作、与职业专家交流)，四是获取资讯的需求(活动资讯与交流)。这份清单，应该成为中职学校开展网络管理与教育管理时的一份重要的参考资料。

对上述数据，我们还可以做进一步的分析。

第一，客观讲，求学、交友、就业指导的网上信息浩如烟海，但也良莠不分、鱼目混珠。如何让学生们学会在互联网上寻找搜索正宗、健康、权威的知识网站，为他们提供指导与帮助，这是网络时代里，学校在教学上要积极推进的新媒体素养教育工作。

第二，要实现这样的任务，无论是自编校本网络教材、视频教材，还是推荐优秀网站与资料，学校都要切实为网络课程进校园做好顶层设计和制度安排，培训更多能胜任网络条件下教学的师资队伍。

第三,4G时代、慕课时代,需要一大批有创新精神和充满热情的青年教师探索实践,成为中职生在专业领域里和精神世界里的良师益友。在中职生的网络世界里,“与老师交流”要成为他们主要的交流选择之一。

综上所述,互联网所带来的数字生活新空间,无论在时间消耗上与功能使用上,已经全面进入中职学生的生活,并占据了重要的位置。学校、家庭和整个社会,要对这一新现象予以足够的重视,要充分研究移动互联网时代中职学生生活模式与学习特点,要在思想倡导、文化引导、学习辅导、就业指导等方面探索推动中职生全面发展的教育与管理的新理论、新举措、新经验,营造让他们健康成长的良好的社会环境。

上海市中等职业学校学生发展质性研究报告

——中职生的“心”世界（分报告）

任淑秋　项秉健

导　言

当我们在用“量”的方法，对上海市中等职业学校的学生发展状况进行研究的过程中，研究者与被研究者的内心“仍有距离”的感觉十分真切。

为了进一步了解中职生内心的真实想法，我们又采用“质”的研究法，试图最大限度地弥补这种“缺憾”。为此，我们先后走访了5所中职校，与26名学生进行了面对面、累计时间超过8个小时的访谈。

接受访谈的学生，来自中职校“三年制”和“四年制”不同学制的一年级、二年级、三年级和四年级；涉及金融会计、汽车营销、汽车修理、国际货运代理、计算机软件开发、物流服务与管理、机电、化工、会计、行政、护理和日语强化护理12个专业；有男生、有女生，有上海本市生、有外地生，有健全家庭子女，也有单亲家庭子女。

8个多小时的访谈，最终形成了大约13.1万字的原始资料。在此基础上，我们根据本次研究的目的，对其进行了系统化、条理化处理，然后用逐步集中和浓缩的方式对原始资料进行提炼，最终将研究成果按照上海市中等职业学校学生发展评价指标进行了归类呈现。

一、思想品质

1. 理想信念

(1) 爱国情感

爱国，就是不放弃自己、不做社会的败类！

◇ 国家，对于现在还小的我们，感觉太不具体了。学校举行周一升旗仪式时，我曾发言，主题就是爱国教育。然而让我记忆非常深刻的，就是那时我一直在想，作为中职生怎么去爱国，难道还是要像抗战时期那样披上战袍去冲锋陷阵吗？我参考了网上的一些意见，觉得像现在的解放军战士，在边疆保卫国土、保护我们的安全，这是他们的爱国方式；像奥运会，中国体育健儿摘金夺银、为国家争得荣誉，这是他们的爱国方式；再如我们的老师，这样辛勤地培养我们，希望我们成为祖国未来的接班人，这也是他们的爱国方式。所以，我觉得中职生的爱国方式就应该是不放弃自己，努力实现自己的价值；认真读书，多关心国家的时事新闻，就从这些小事去爱国。

◇ 成为国家栋梁，为国家作出很大的贡献，这在我们学生中所占概率微乎其微。但我们通过认真学习，用自己的能力在社会上找到一些能够立足的工作，就可以减轻国家对社会的一些援助，让国家更有精力去对付企图破坏和平的其他国家，这也是爱国。

◇ 我觉得心里爱国就可以了，也不用拿着什么小红旗啊、高唱国歌啊，好像一定要做点什么特别的事才叫爱国。

◇ 我觉得爱国，在你出国后就会特别有感触。今年暑假时，我去了一次韩国，当时在一个店里，看到我们中国人在那儿大声议论着什么，还乱扔垃圾，然后，我就听到韩国人在悄悄地说"中国人素质很差怎么怎么的"，我心里就感觉很难受。我就在那儿想，中国人又不是所有人素质都差。

◇ 爱国就是不要做社会的败类、不给国家添负担。

(2) 人生理想

梦想，既迷茫又现实

◇ 我是因为中考没有填好志愿，才落进中职校的。刚开始，我觉得反正是进了中职校，估计自己也不可能怎么样了。当时选金融会计专业，是因为对它有些兴趣。我这个年纪，对梦想这个概念是很迷茫的，有很多东西都不能深入地去了解，不知道自己到底喜欢什么东西，又怕自己选错了梦想，走错了路什么的，所以不能肯定一个梦想去勇往直前地实现它。因此，对于现在的我来说，目标就是在学校里做得好一点、多学点知识、多积累些社会经验，因为校学生会能够让我们学到很多社会经验。对于未来的道路，我觉得还是需要等待一个机遇吧，现在心里是没有一个目标、没有一个确切想法。

◇ 我现在的梦想，就是希望毕业之后可以找一份好一点的工作，既让父母放心又可以多帮家里分担一点经济困难。

(3) 价值取向

靠劳动赚来的财富最宝贵！

◇ 现在父母在乎的是一张文凭，他们认为文凭能说明一切。（*有学生插话：*但是现在更重要的是技能啊，如果你只有文凭，没有技能，工作单位也不会要你。*又有人反驳：*但很多人都在乎文凭，包括家长。）

◇ 说得难听点：一张文凭，读一下夜大或者说像现在很多的富二代，如某某、某某，花点钱要这种、那种文凭，一切都靠着父母这样子，我觉得这种人的人生其实很可悲，也是很可笑的。自己的财富是要靠自己的劳动、双手（*有学生插话：*要靠自己的能力、奋斗）赚来，这样的财富才是最宝贵的。我们毕业后，考上一个大专或者说是二本，可能会比那些考进高中后上大学的人辛苦一点，但我觉得这种辛苦是值得的，会比那种工作时从头开始学习技能的人好很多。

◇ 我觉得靠父母的那种富二代，他们的生活很无趣，没有精彩。而像我们中职生，可在毕业之后选择自己的去路，可高复、可直接就业。如果我们像他们那样，凭着家里的关系得到一些东西的话，会觉得它根本就不值得你去珍惜，反而是你通过自己的努力、失败之后再成功这样来得到的话，会觉得更有意义、会更珍惜它。很多用人单位不选择大专生、大学生，是因为这些人认为自己的文凭够了，他们想跳槽就跳槽，而中职生走上工作岗位后，他会觉得这份工作来之不易，是自己好不容易争取来的，会好好地去珍惜它、会努力地让它变得更好、更精彩。

“我崇拜的人”

◇ 有两位老师是我特别崇拜的，一位是以前初中的体育老师，他知识面非常广，他几乎是我们学校里那种万能的人，他可以为语文老师代课、为数学老师代课，甚至英语老师的课他也能代。他还特别乐天、向上，所以我现在性格比较像他，就是比较乐天的。第二个对我影响比较大的，是这学期刚认识的一位老师，她教我们的财经法规课。她跟我们说，她以前是一个企业的CEO，虽然完成了在社会上需要实现的梦想，但她没有完成自己的梦想，所以她抛弃了每年上百万元的薪资，来当一位教师。她认为老师能满足她心里那个愿望，就是(其他参与访谈的学生抢着说：教导学生、培养学生，成为祖国未来的接班人。大家一起笑)，呵，给你(指替他讲这话的同学)机会。我崇拜他们，是因为他们敢于追求自己的梦想，也能为了追求梦想付出实际行动，甚至肯舍弃现有的一些财富和地位。

去年教师节，我回到初中学校。当时，我买了 6 束花，5 束花是送给自己初三时的 5 门主课(语、数、外、物理、化学)老师，第 6 束花是打算送给体育老师的。但是我去了以后，有老师告诉我，体育老师又去完成他的另外一个梦想——去浙江一个山村支教去了。我顿时对这个老师更崇拜了……

2. 健全人格

(1) 自尊

进中职校，让父母失望了！

◇ 进入中职校后，我最感动的，就是班主任和我爸妈说了这样一句话，他们说：其实那个(此时这位说话的女孩很激动、很感动，声音颤抖、哽咽，并在努力地克制着自己的感情，旁边的学生关切地说“怎么了、怎么了，别哭呀”，另有学生说：“真情流露、真情流露”。大家都在说“等她一下”。)她哽咽着说，我父母当初非常希望我考进高中，可我让他们失望了，因为考得不好，中考成绩出来时，我哭了一天，觉得非常对不起父母。但是后来进了中专之后，老师说：“你们不要以为自己比高中同学差，你们从中职校出来呢，还是可以一样跟他们在社会上竞争。”回到家时，我爸妈也没有怪我没考进高中，他们也是这样说的。所以我觉得这条路，父母和老师的引导很重要(这句话，她是痛哭着说的，而且是其他同学帮她补充完整的)。

◇ 中职校给社会上的印象(包括家长、初中生、高中学生)是：中职校是比较乱的。但是我觉得中职生(其他学生插话:我们还是有目标的,我们还是跟所有人一样,都是有梦想、都是有目标的),嗯,对。

◇ 我爸妈经常就说:你看看人家高中,你看人家学习到多晚多晚。

◇ 家长觉得考不上高中,就可以放任了。觉得已经在中专了,管与不管已没有什么要紧了。

◇ 希望社会、父母、老师给我们一个机会,而我们自身也是不想让父母、让老师、让社会失望。

中考的那条分数线,将我们分成了“好”和“坏”

◇ 一天,我跟妹妹一起玩,妹妹现在是初中二年级,学习任务挺重的,我阿姨就跟她说“你姐姐现在是中专生,不要一直跟她玩……”我听了,哭了很长时间。

◇ 我觉得人们不应太在意这条分数线,很多同学是因为偏科,这种就不让我们进高中,就因为一个分数线的原因,我觉得这实在是屈才。只因为一门功课有一点点偏差,就觉得我们不是一个好学生,这种观念不大对。我们这里有很多偏科的学生,这门好、那门差。好学生的概念,不能在于你每一门都很好、每一门都很优秀。每个人都有自己的优点和缺点啊,这一门是你的长项,那一门是你的弱项。老师不能只看你的弱项而无视你的强项。而且,像在国外的话,如果你有一门专长,老师会去挖掘你的这个长处(有学生插话:亲,我们在国内!)。

◇ 中考这条线不是很重要(其他学生插话:很多同学只是偏科),因为到哪里学习都一样,反正最后还是要踏上社会的。我只希望老师或者是同学,或者是家长对我们有一种认可,不要认为中职生就比高中生差。

◇ 对,我很认可这个观点。因为我们家族里有几个哥哥、姐姐,我是家族同辈中最小的一个,现在哥哥姐姐都考上了大学,还有的是公务员,他们的家长有时会轻轻地飘过一句,“你看呀,你什么都不好,以后怎么比得过他们”,这话就让我特别的伤心。虽然他们可能是无意中,或者只是抱怨一句,但是对我来说,就感觉他们对我放弃了一样。所以,我觉得改变一下他们的观念,并不是高中一定好,中职就一定不好。我觉得这一点是略微可笑的。

◇ 对啊,但现在还是有这样的现实问题啊。进了中专的同学才知道:中专有中专的优势,高中也有高中的好处,问题是,现在社会普遍都不知道啊。

◇ 我觉得最重要的还是在于我们的教育体制。因为教育局或政府的人宣传,现在人人皆知:高中好,中专不好。在初中时,老师要求我们学习,告诉我们:你们要考高中,高中好。我们所有人都是这样过来的,所以造成了我们同学和家长这样的认识。现在光靠我们这些人去讲,说中专好,其实大家基本上是不相信的,因为政府才是权威嘛。我们在想,怎样让全社会的人对中职生有一个拓展性的认识,我们应该从哪个点出发,让教育局做这样的宣传,直到各个初中的老师。因为我们那个时候面对的就是班主任啊。我们是不是从整个教育体制往下面宣传,包括初中的校长、班主任,是不是能合理地帮我们解释一下中专和高中的区别,然后,再按照我们每个人不同的、就像我们同学说的扬长避短，告诉谁适合进什么，谁适合进什么，让我们找到更适合自己的那条路。“不进高中就没前途”，这个观念是要否定的，应该多加宣传，特别是对家长。

还应该强化自己的选择。就像中专一样，到三年级时你可以选择实习，也可以选择高复。初中时，如果没有这条分数线，就相当于你可以选择去学专业的知识，将来早日踏入社会；如果觉得自己的文化需要加强，你也可以选择去读高中。

(有个学生很激动地接话)说：但是这里有一个问题，就是我们在初中时，完全不知道中职校是怎么样的，一点都不了解。我们看看那本书(指填报志愿的指导书)，什么专业、什么专业，我们连学什么都不知道，根本没有一点知识。

家长为了自己的理想，给我们施加压力；老师则告诉我们：高中好、高中好，你们考不上高中就没有未来。所以，更多的学生去选择高中。但是根本没有人或政府跟我们宣传：中专有什么好处，中专里面能给我们带来什么，能教会我们什么，只跟我们说中专不好、中专不好，那个时候也没想过未来，我们怎么知道中专好不好？所以，政府和社会应该更多地给家长和老师进行一些中专学校的介绍，让家长了解中专，让初三的学生找到最适合的路，在填志愿时有所选择，没必要因为分数高而选择高中。

◇ 如果家长、单位都不太在意文凭的话，其实不管高中还是中职，出来都会很好。

可是文凭已经不是学校和学校之间的事情了，而是整个中国的事情，这个问题不会因为我们而改变的。

◇ 我们当然在意父母的看法，他们是我们最重要的人。我们有自己的价值，这点需要家人、朋友的认可。如果家人都不认可你的话，那我们会觉得自己做一些事情已变得很没有意义。此外，我们也是需要动力来支持自己完成一些看起来不可能完成的事情。

老师“先入为主”给学生的“伤害”

◇ 很多老师不会去想这个孩子为什么去犯这个错误，他心里当时是怎么想的，他是怎么认识自己犯的这个错，他自己的想法认为是对还是错。老师根本就不会去追究这个孩子的想法，只会认为你做错事情了，你就必须受罚，你就必须用心找到你错的根源，而不是你为什么会犯错。”

(访谈者插问)“老师找错误的根源，不就是想知道为什么犯错吗？”

“他知道根源，但是不问孩子犯错时的想法。”

“就是没有关注犯错学生的想法。”

“老师可能会去关注，但老师可能有自己的思维，他可能会主观臆断地说‘你就是这种想法’，不给我们解释的机会。当我们解释的时候，如果他的臆断十分强烈的话，就会感觉你在狡辩(有学生插话：你就是在狡辩，做错事，不肯去承认。)，所以会给这个孩子很大的打击。这个孩子可能是好心办坏事，但是因为老师的误解，他会认为：噢，我做好事你们也不理解，做错了，你们又怪我，那我能怎样？他就可能形成一种消极心态（参与访谈的学生都赞同地点头说：'嗯'）。"

"因为老师是成年人。成年人对是非黑白是非常明确的。但是像我们初中或者是小学这些小朋友根本不知道怎么做是对的、怎么做是错的。根本没有正确的是非黑白观。（有学生插话：有时只是因为好奇。）但是我觉得这个时候，老师就应该起到一个正确引导的作用。不能像这样，就是用成年人认为的黑白来衡量，'做错就是做错了'，应该告诉学生怎么样是错的、怎么样是对的，应该往哪个方向走，这才是正确的引导的。（有学生插话：其实那个阶段，孩子更多的是因为好奇心才会犯一些错误吧。）而那些好奇心反而可能就是以后孩子成才的关键。但那个时候老师就会说：你是错的，你必须改正，你不应该这么做，就只是一味地说你是错的，就会打击孩子的一种好奇心嘛。他以后就会想，'我以后不应该好奇做一些事情，这样子我就会犯一些错误，到时老师会批评我，家长也会批评我'，所以这个孩子的好奇心就会这样被磨灭掉。"

（有学生接话）"我觉得这一点其实在中国这个、整个（笑，感觉不好表达）在学生方面是蛮可悲的一点，真的可以用'可悲'二字来形容的（有学生接话说：但是我们都是这么过来的，没有办法。），比如说，中国的教育机构给老师灌输的思想，就是你要把孩子怎么样怎么样，你只要抓他成绩、抓他的纪律，（有学生插话说：我们让他们做或不做，而不是让他们自己去想应该怎么做。）而在外国，你可以选择很多专业，你的文化课成绩并不用特别好，只要达到一个水平线就可以了，但你擅长的、手工之类的、创新方面的都会受到重视（有学生插话：这就是中国为什么还是在发展中，知道吗？笑！），国外更注重孩子的特长。"

（2）自立

升学还是就业，真的很纠结

◇ 我到底该选择升学，还是选择就业？如果我选择了就业，那么是不是就终身保持这样一个学历状态，或者说有一个局限性在这边。将来从事一个职业，我是学软件的，会不会因为学历而受到一定的影响。如果我选择升学的话，觉得局限性可能也比较大。因为三校生高考只能选择一些大专类的院校。像软件专业，据我了解本科类是没有的。如果说我选择了大专的话，课程可能与现在所学是重复的，那我可能就要浪费三年时间，只为得到一张文凭，这样做是不是值得的，存在这样一个问题。

三校生高考备选的学校和专业是非常少的。如果参加成人高考，因我在中专的这四年，对文化课的学习并没有像高中生那样去拼命、去备战高考，那我到底能不能考取自己心仪的学校，这也是一个问题。我现在是二年级，所以我的选择，是等到第四年再看一看，三校生高考到底有没有放开更多的学校、更多的专业。

老师的意见是先参加工作，因为一些大专类院校的课程与我们现在学习的内容大致相同，除非我进本科类院校学这个专业，才能得到深造。中职和大专是属于职业类培养，就是说同样是开发软件，如果我对设计类的、包括一些研究类的东西比较感兴趣的话，那我就没有办法选择这块了。

◇ 像我们外地学生，在上海是没有升学、高复机会的，只能选择就业。因为去考别的有点难度，如果三校生高考开放的话，我们考进去会容易一点。主要是想在全日制高校学习，因为氛围好。

（3）成长性

我们渴望的教育环境

◇ 希望它能扬我们的长处，能让我们的长处更好地发展。

◇ 我觉得最重要的，是不要打击我们的积极性，让我们有发挥自己特长的时候。

◇ 我希望能在中职校建立一个很健全的教育信息公开透明的平台。比如，像现在我们正面临着三校生高考，但我们不知道那些大学或者是大专学校的那些专业到底意味着什么，所以才会出现很多人在选择专业之后，还要转专业。这就是对专业的不了解。

◇ 我觉得我们所缺少的，就是一种释放自己才能的机会。

实践活动吸引人

◇ 我特别希望能够通过各种实践活动来提高自身的能力，所以在校三年中尝试了很多很多的社团和社会活动，比如当志愿者，还有一些兼职等，试图从中发现、找到自己喜欢的东西。

◇ 我来中职校后，发现自己变化很大，开始理解父母了，我帮他们干活，比如拖拖地板，等等，以前这些都是他们干的。我觉得自己长大了。

◇ 我更乐于去参与各种各样活动。比如最简单的，我在学生会写过简报，熟悉一些写作格式等，正好家里要写一份材料交到外面去，我就可以把最基本的格式、内容写出来，这时我就感觉很开心。

【思考与建议】

从访谈中不难看出，中职生对于爱国、理想等进行深度思考的并不多，脑海中存留的多为成长过程中日积月累的朴素而自然的情感。这可能与他们长期以来，“为学习而学习”的单一目标有关。但他们一心向好、渴望理解和认可的意愿倒是显而易见的，比如，他们崇拜、敬佩乐天向上的老师，念念不忘对他们继续抱有期待并为他们打气的家长、老师，甚至每当谈起这些，都会流下感恩的泪水。这也是每次访谈，说到中考之事都会引发热议的重要原因。

与此同时，他们又是那样的无助与无奈，面对“高中好”“中职不好”这种“人人皆知”的现实，他们觉得自己实在太渺小、太无能为力了。在应试教育造成的、以“学习成绩”作为衡量学生“好”与“坏”唯一标准的大环境下，他们既感到委屈，又十分敏感、自卑，一次次默默承受着家长、亲人、老师，以及社会不同人群那种心照不宣的评价带来的伤害，有的家长甚至对孩子说“你怎么不去死啊，垃圾”。压力之下，进入了中职校，才了解了中职校的中职生，大部分人的内心仍在努力向好。

建议一：尽快将中小学职业启蒙教育落到实处，并以此引导、带动教育者及学生家长改变“为学习而学习”的观念，让“知识改善生活”“知识创造奇迹”这种能够点燃学生内在学习激情、激发他们创新能力和个性化发展的观念深入人心、形成共识，让尊重知识、尊重技能、尊重个体差异的风气逐步形成。

建议二：在基础教育中，加大对中等职业教育的宣传力度，尤其是对初中学校的领导和班主任。他们应该既了解职业教育，又懂得宣传职业教育，同时能够正确引导学生们自主选择适合其发展的教育，每一种选择都存在着发展的弹性，犹如中职校毕业，即可升学，又可就业一样。

二、学习与发展能力

1. 自我认知

(1) 自信程度

我们是一群有特色的人

◇ 我们是一群有特色的人。这些特色可能不是成绩特别好、品德特别优异，而是有自己的想法、有一定的技能。

◇ 入学这一年来，我参加过学校大大小小很多的活动，我真的很想知道，我们学校是怎么为我们开创出这么多活动的。这些活动，不光挑战了我们的社会能力、社会工作认知，更加为我们开拓了视野，让我们吸收到各个方面的知识和能力。

◇ 我们中职生的成长是有起伏的，我们的生命画卷上是有色彩的，而不是只有黑白两种颜色。

◇ 现在有很多分数还不算低的同学，明明可以进高中或者说是民办的高中，但他们都没进，进的是我们这样的中职校。他们还是对我们未来的中职生的发展很看好的(几个受访学生一起说)。

◇ 同样是三年嘛，我们所学的东西(专业技能、为人处世……)比高中生更多、更有意义。

◇ 我们走出去，如果不说自己是中职生，相对于一些高中生来说，我们还更加容易被人家所接受。

◇ 有学长跟我们说过，他刚工作时，就怕人家知道他是中职生，其实单位领导一听××学校出来的，人家都很认同，因为在这个行业，我们学校的毕业生占很大的比例，而且我们出去还更肯做事，很少有眼高手低等现象。

中职生对社会评价的思考

◇ 我思考过，为什么社会对中职生有这么多负面的评价，以及中职生自身为什么会存在一些自暴自弃的情况。我觉得原因有两个：第一，假如一个人初中毕业了，他考上了高中，哪怕读的只是一个民办的普通高中，只要能参加高考，他就有考取一本的机会，就是说只要他学得好，就什么都有可能，那是一种有希望的感觉。而中职生呢，我觉得在社会中可能有一个情况，就是中职生就业可能普遍是填补了一个基础的、服务性岗位，甚至是干所谓的体力活。这样的话，大家就觉得：你高中没有考上，那你将来的生活一定是属于那种工人阶级，甚至于更低。即使我们参加三校生高考，可供我们选择的，最多也就是三本类的一些院校，而且是一些不太热门的专业，或者说是那些民办、公办的大专之类的院校。就是说，大家会觉得大多数中职生可能没有一个较好的发展前景。当然，中专生中比较成功的例子也是有的，但那毕竟是个例，就是说，我们没有听说过哪个中职校学生毕业以后80%的人都身价多少多少，或者说取得了怎样的一个社会地位，可能我们只听说过这个学校的哪几个人取得了怎样的社会地位、生活过得很好。第二，就是因为有了这样一个大环境在，我们中职生进了学校以后，包括我身边的同学就会有这样一个情况：反正也就这样了，中考失败了，我可能也成为不了那些比较辉煌的个例，那我是不是只能在里面混日子了，不像高中，大家头绑带子奋斗高考，我们没有那样一个氛围了。而且，的确会有一些问题青少年，进入中专这个环境后，可能老师不会像初中时那么严格地去抓，尽管我们的老师还挺负责任，但也不可能再像看孩子一样地天天看着你，老师进办公室后，这些人可能就会在外面做一些不太好的事情，像抽烟、晚上泡吧这种情况。一个两个有了，那么是不是就会带动身边更多人参与到这个群体中。我觉得，这些人可能就与那些所谓的好学生渐行渐远。这个路偏了，以后老师可能会对他们进行挽回，但是因为有这样一个大群体在，我觉得老师的努力也很难看到一些效果。我们这个年龄段的人，毕竟也不像成人那么成熟，觉得现在十几岁，将来还有很长的路，可以花个几年时间耗在这里，于是被别人看到，就会产生负面的影响。我在酒吧门口，看到过穿着中职生校服的人在里面。大家对中职生的印象不那么好，就是这样子的。这部分学生大约占20%或30%吧。

◇ 为什么人家对我们的印象差，就是因为有的时候我们有些人学好了技术或是没有学好技术，但身上还是带有自然的那种不太好的腔调。人家感觉你玩世不恭，感觉你放弃了自己，或者是走了歪路，等等。

◇ 可能因为学习没有那么忙啊，比较放松了，所以有些人有松懈的感觉，过的日子有点浑浑噩噩，感觉走一天算一天，有些人确实是这样子。但是一般的同学其实还是感觉跟初中差不多的。

如果没有中考那条线

◇ 那我肯定还是会上现在的学校。我选择卫校，第一就是对专业挺感兴趣的；第二是觉得高中作业好多，觉得很累，因为我是那种比较懒、不太想写作业的人。

◇ 从满足虚荣心来说，我想上高中。如果考很好的高中，又觉得拼死拼活学了那么多年，进了大学还不一定能找到工作，那上了它也没有什么实际用处，确实有很多知识以后在生活中不一定能用到。

◇ 我觉得中职的教育模式是比较合适的，我不能代表群体，可能比较适合我。我觉得高中的模式属于应试教育，每天读书是为了考试。如果没有这种"好"和"差"的区分，肯定是中职更好一些。因为这条线拿掉了，中职方向一定会有更多的路可以选择。为什么这么说？因为有相应能力的人进来了。

◇ 我觉得还是会选择高中，因为父母会逼压着。

(2) 自我期许

人，不可能生来就是向恶的

◇ 人，不可能生来就是向恶的，他不可能进了中职就要称霸称王、就要做社会败类，我觉得这种情况绝对不会有。每个人都是向好的，那为什么会有一部分学生自暴自弃，我觉得可能就是他的路走远了，机会就真的就没有了。考上了高中，会有很多路可以走，但进了中专，路少了，再加上不努力学习，前面就没有路了，他就没有办法了。

◇ 到幼儿园就是做义工，哄小孩子睡觉什么的，还有帮他们整理物品……每次我们要走的时候，他们都说哥哥姐姐不要走，拉着我们，真的是特别可爱。那时，我们感觉自己很有用、被人需要。犹如别人有困难时，我们可以去搭一把手，予人玫瑰手留余香，这种被需要的感觉很好。

◇ 如果自己够努力的话，将来成为一位护士长。家里人有什么事可以来找我，我就能帮他们。工作中，有人说这个护士很好、很勤奋、很努力，那我心里就会特别爽。我不是学日护(日语强化护理)的嘛，以后如果有机会，可以去日本学习，回来后能帮助一些人(指患者)，那感觉就好像自己在奉献、感觉自己还是很有用的。

2. 学习能力

(1) 学习自觉——

促人上进的学习环境，令人留恋

◇ 如果说你在一个班级里，成绩达到前几名了，没有人再去超越你了，你就会没有动力再继续往前学了，我觉得这个问题还是较大的。可能我是这个班级学习成绩比较靠前的学生之一，也没有人能追上来，那我就保持下去，每年都能拿到奖学金，老师对我的印象也挺好，那就没有继续学习下去的动力了，可能我完成的就是一个中专的课程。刚进中专时，我曾想过提前读一些比较深的一些东西，但是如果在这样的环境下，没有一个人与你分享这些东西的话也没有意思，就像两三个人跟你一起看一本专业书，看完以后大家一起讨论，很有意思。而你一个人跑到那边去看，人家就觉得你很另类、很奇怪，你也就没有兴趣再看下去了。

◇ 没有一个人说我生来就不羡慕任何东西，我觉得这不存在。因为有了这样的想法，我才会有努力向前的动力。我为什么要好好学习？因为羡慕别人的什么什么；我工作后，为什么要努力往上爬，因为羡慕别人的什么什么，肯定会有这样的情况。比如，一个工人过着平凡的日子，下班后回家喝一点啤酒，觉得今天过得还是很幸福，是有这样的情况。但是我相信，他总有某个时候会觉得，比如，他看新款苹果手机又发布了，因从来没有过智能手机，它是什么样的一种感觉，很想体验但又没这个实力，很多时候会觉得自己处于力不从心的状态。传统眼光会对这件事情有这样一个评价，因为大多数的人觉得这样是不会幸福的。再如你是一个CEO，可能别人认为你比较幸福，事实也并不一定。也就是说，普通人眼光觉得他幸福，他不一定幸福；但普通人眼光觉得他不幸福，他可能还是幸福的。

◇ 需要老师和家长的鼓励。因为我了解下来，中职校老师的鼓励是有的，但是家长那边就欠缺很多。这样下来，我们老师再怎么努力，他不可能每一个同学都这样去鼓励，而且同学也不可能一经老师鼓励，就一下子醒悟，然后发奋努力学习呀，这也是不太现实的。

团结与目标

从初中到中专，发生巨大改变的，就是我们每个同学的心态。初中时，我们最主要的目的就是学习，班里的同学非常团结，因为大家的目标是非常一致的，就是要考高中。但是到了中专呢，就有了非常大的变化，在中专，学习并不是非常主要的，一方面是锻炼自己的技能，还有最重要的，就是要锻炼自己的社会实践能力，好像集体并不是那么重要。因为我们大家的目标不一致嘛，有的同学可能想：毕业了去考大专、大学；有的同学想：我对学习没有兴趣，毕业了只能去实习，就是同学们的想法都不一样，所以对于团结就少了一些积极性。

(2) 学习倾向

学习，不再局限于书本

◇ 初中时，每个时间段都有统考。让我觉得，在初中的学习就是为了考试而考试的。但中职校这里是学习技能，让自己将来能有一技之长，我觉得这是初中与中职校最大的一个区别。此外，初中时比较忙碌，没有办法关注自己的兴趣、爱好，或者能再学些其他的东西。那中专的话，因为排课比较松，有了很多业余时间，所以我能去学些自己感兴趣的东西。

◇ 不是学习语、数、外就是学习，做人也是学习、体验也是学习。什么是学习？问100个人，会有100种概念、100种不同的答案。学习没有固定的模式，我是这样想的。我觉得其实不管做什么事情，哪怕我们去做志愿者、做兼职，或者是做学生干部都是一种学习，都是在学习。比如，我想做好学生干部，可我不敢当众发言，那我就利用暑假去练习、去看一些相关的书，或用手机拍下比较好的图片等，这些其实都叫学习。再如我现在工作了，想应聘总经理这个职位，岗位要求你能跟外国人交流、你要看懂业务涉及的一些英文。那时，英文就显得很重要，如果我一定要做总经理，那我就要下苦功去学英语，这也是一种学习。我认为学习是各式各样的，甚至有时学校里面落实工作要开会、讲一些东西，那也是一种学习。

(3) 学习与创新能力

实践中，开始关注他人的需求

进入中职校后，很多活动都是我们自己策划、自己完成的。现在再搞活动，我们就会提前想到一些细节，比如，我们在大冬天里搞一个活动，同样是给前来参加活动的领导每人一瓶水，但我们有些学长就会建议，把从超市里买来的水在温水里面泡一下，然后旁边再摆一个杯子，有些不喜欢喝茶的领导是不是就能喝上温的矿泉水。即使不喝，他们一拿到手就会感到温暖，那种懂得别人需要什么的感觉特别好。

3. 文化修养

手机的影响不可避免

◇ 说实话，自从智能手机融入生活后，我们有很大一部分时间用在了手机上。比如，同样是看金庸的小说，我为什么不看电子版的、为什么不在手机上看，因为人家设计的软件，就是让你简单、方便，更快速、更明了地收到你想要的一些信息。对于我们来说，有些书还是看的，但是对有些学生来说，可能除了课本就是手机，甚至娱乐都不想去。有些人是很无聊时拿手机来玩，有些人可能一打游戏就是很长时间。

◇ 像我们出去聚会嘛，我们会专门找一把椅子，把所有手机都堆在上面。然后，我们会约定，谁第一个动手机，在付费时谁就付大头，这个大头大概是一半或者说60%、70%这个样子。所以，这时大家都顶啊、使劲顶，有电话也不肯去接……

【思考与建议】

进了中职校才了解了中职校的中职生们，敏锐、欣喜地发现了中职校的好，比如，在学习课本知识之外，学校组织开展了各种各样的活动，这些不仅锻炼了他们的动手能力、组织能力，还提高了他们的自主能力、生活能力、思考能力和创新能力等。他们觉得自己在完成学业的同时，有了关注自己兴趣、发展自己特长和能够做自己想做之事的时间。学习—实践—再学习—再实践的教育模式，让他们的身心得以舒展，让他们为自己通过努力所拥有的能力与一技之长而自豪。正如中职生对自己下的定义，他们是一群有特色的人。他们能冷静地思考社会对自己的评价，懂得人不是生来就向恶的道理，特别是因参加志愿者活动，使他们体验到被需要的感觉，发现了生活的价值和意义；他们深切感悟到学习并不只限于书本，只要想学，生活中处处有机会。他们主动将初中的学习生活与现在中职校的生活进行比较，发现共同的目标，是集体团结的重要因素；适当的竞争也是发展、进步的原动力。他们确切地认为，如果没有社会的偏见、没有中考那条分数线，他们中很多人一定会选择中职校，因为这种学习方式适合他们，而且所学的知识实用；同时他们也担心学校的课程安排过松、自己的“路”有局限性等。

建议一：加强中职校办学特色和教学质量建设，可以通过与名企或中外合作办学的方式，通过参加各种有意义的社会活动的方式等，不断开阔中职生的眼界，增加他们对中职校人才培养模式的信任度；同时也让他们清醒地看到，无论到哪里，都不要放弃自己，每一个人都有属于自己的独特的长处，只要努力就能找到属于自己的发展道路,中职生的生活会同样精彩。

建议二:中小学应与社会、家庭建立起广泛的联系并形成合力。因为,对于学生的培养,学校、家庭和社会都有责任,而且这种责任是不能互相替代的。家庭对于感恩等养成教育负有不可推卸的责任,而社会也必须担起让学生了解不同的职业、不同的分工、不同的要求等相关责任;必须转变教育负全责这种不合理的认识。

三、职业素养

1. 职业认知

职业规划

引导和职业"阶梯"更重要

◇ 其实我觉得,对于同学们的心态,最重要的是从初中到高中升学这个过程,要有一个正确的引导。我记忆特别深的,就是我们学的那个"职业规划",光听名字,觉得它很有用,但经过学习,我发现一些问题,就是它给我们灌输的概念太多了,都是条条框框的东西,正确的引导反而好像少了一些,应该教我们怎么做,然后让我们自己去领悟、自己去想未来、前途。如果有正确的引导,我们就会有正确的行为、正确的心态。我们这个年纪的同学不可能自己主动去想:啊我应该怎么样怎么样,应该有一位年长的人,或者是比较有权威性的东西,来告诉我们、慢慢地引导,让我们心态慢慢发生改变。

◇ 像中专的话,要证明我这个专业学得很好,可以考高级工、工程师,一级一级往上考。但矛盾在于:我考高级工,有学历方面的要求,还有工龄限制,这些都是有道理的。但是如果除了本科和大专之外还有第三种选择多好。比方说,就是专为职业化的,像我选择了软件开发,那这第三种选择,就是对这个软件一个继续的深入学习,就是对这个职业的一个培养。因为我觉得,可能包括本科的课程里,也有一些不太实用的东西,如数学或其他语言类的。我的意思,就是说对这个职业有一个更深入的探索。这样获得的这个特殊学历,也应该是受到社会认可的。

◇ 中专还会带来发展方向的限制,比如,我现在学的是软件专业,可我最大的理想是成为一个医生。现在我进了中职,专业里没有医类的,那我参加三校生高考也考不了医类专业,这样,我想当医生的理想就中断了。就是说,有些职业我永远没有办法去做。中考前,我想成为什么,但进了中职校,我就也没有办法通往那里了,就相当于开往郊区的火车,不可能把我带回那个城市,就是这样的感觉。

2. 职业道德

职业伦理

发现"地沟油、皮革奶"现象后,不同的反应

如果发生这件事,我一定会去举报;但如果他们是自己吃,我会拍桌子走人。

举报的话,太没有公德心了,这样子说人家。我们可以在微博上点一下名,说这家食品厂的东西有点不太卫生。

向大众宣传，告诉大家最好不要去买。

万一他们反过来咬你一口，说你造谣怎么办？

那可以让人去查呀。

那还不是起到一样的效果。

我们本来不想去害他们的，但如果让人去查的话，他们有可能被判刑什么的。

万一有人不知道，去他们那边吃东西，吃出了毛病呢？

还是用网络比让人去查好。

可你忘记了一个前提，那时可能你是他们厂里的员工哦？

我可以辞职。

但现在这种不道德的事已经非常普遍了，在各个行业。

说到根本，这么多事、这么久才被曝光，就是因为一批一批的人为了掩盖这个事实造出更多的假象。为什么会有那么多人愿意呢？他们也是不愿的，但是他们为了自己的工作，也是无奈之举，真的那个叫无奈之举。

如果是我，我不是说了吗！

你是员工，你就是他们这个单位的员工。

我就是员工，我也会举报。

因为这是社会普遍现象，我只能做到不随波逐流。因为我不可能举报完这个，再举报那个。不知你们看没看过《中国合伙人》这部电影，剧中的陈冬青说，很多人想去改变世界，但结果他们都被世界改变了。陈冬青没有被世界改变，他还是凭着自己的原则去做事。所以，我觉得自己能做到的就是不随波逐流。

这是电影。

但是确实是有这样的人啊。

说实话，如果真的是在自己公司里面发生这样的事情，我是员工的话，我真的不会去举报或者怎么样。

说真心话就是真心不会。做到最极致，就是跟老板说，你最好不要再这样做，万一被查到怎么样，还是提醒一下。如果老板实在不肯，我只能要利益而背着良心做事，我是不会辞职的，因为这是实话，现在找工作真的很难，真的是实话。但是如果他真的做到已经无法让人容忍了，像三聚氰胺害了那么多小孩的话，那我肯定会辞职的。

碰到这种事情，我也做不到"辞职不干"。

现在找工作真的不容易。父母很辛苦，我们蛮多人都出去接触过社会，真的觉得很辛苦，钱赚来是很不容易的。所以像同学刚刚说的，你是那种正义感爆棚的人，在我们社会上就是少数，即使说你是这种人，但在社会这个大染缸的长期熏染下，你能确定不会被各种颜色染到吗？即使你说"不会"，但是我绝对不相信。我觉得只能是个"程度"的问题。

你知道这样东西不好，然后你就不去吃这种东西，你去吃安全的，但别人都吃的是不安全的，假如说我做这种事情的话，我是在吃自己的良心。你不吃自己做出来的不安全的东西，你还会去吃别人做出来的东西，相信我，你一定会吃到的（指不安全的东西）。

你一个人的力量是微薄的，你没有主席那么高的位置。

难道这个社会里面有一个小小的漏洞，我们就不去改变？亡羊补牢你不知道？

这个就是社会啊。

那就没有人去改变，那一定改变不了。

没有问题的，那不叫社会。

但是每个人看法不同，你也不要那么去讲。

一个人的力量确实是微小的，但是如果每个人、每个商家都是有良心的，那每一份微小的力量聚集起来就是非常巨大的。

但是你们都这样去想，没有人去改变，只有少数人去想。

整个社会都吃垃圾食品，好吃吗？

因为你现在没有想到未来工作的问题。你想到工作的问题后，就不会这样想了。

中职生脑中老师的那些事

◇ 初中老师，是我挺不想提起的一个话题，因为在我的记忆里，初中的风气就是那种以成绩看人，成绩好就是三好学生，什么都好；你成绩差，班级有点问题，班主任肯定是盯着你骂。当时我进初中时，我妈妈是花了一定的钱的。所以，我在那所学校的成绩是比较差的，到后来，老师一直骂、一直骂，我就一点信心都没有了。说实话，那时我每天上学是最痛苦的事情……

直到进了中职校，我的老师在看我军训时，发现我很不自信，就问我为什么，我说了初中的一些遭遇，然后他就开导我、鼓励我，让我加入学生会。老师从不以成绩看人，这让我很感动。虽然我仍有做错事的时候，但在老师的教导下，慢慢地、慢慢地，我觉得自己找回了最初的自信。这是我进中职校最大、最大的改变。我以前看到人都不敢讲话，现在虽然有点紧张，但是起码讲话还是很流利的，整个人气质、心态都好了，各方面也都提升上去了。

◇ 我有个同学（初中同学），在初三第二学期辍学了。他跟我说，现在的老师教育理念已经变了。他说，幼儿园时老师跟我们说过一句话：要想学习，先得学做人。但是现在的老师不是啊，现在很多学校是：你这个班级出的高分多，就给你多发奖金。这些老师只会专注于“我要你成绩高，不要你的品德（有学生补充道：是看轻了你的品德，而不是更加关注你的品德而已）”。但是因为老师的不注重（指品德），班级里很多同学有抄袭现象。

抄袭现象发生后，老师有时会知道，但他会针对某些同学。要知道，并不是某些所谓的好学生就不抄袭。我们以前有个同学，不是贬低他，他就是特别会装，他能把作弊做到极致。他上课会听讲，但他不肯自己做作业。所以他每次抄袭以后，就有同学去举报。这时，我们老师会批评举报的人，却不去批评他。因为在老师的印象中，他是个爱学习的好学生，“他怎么会抄袭，肯定不会。反倒是你们，学习不好还说别人。”（有学生插话说：知道为什么他们会抄袭吗？因为老师只喜欢成绩好的同学，不喜欢成绩差的同学，所以他们为了得到老师的重视或者是让老师更加关注他们，所以只能去抄袭呀。）

因为老师的精力只有这么多，他不可能每一个人都去关注，那么他关注同学的标准线，就是你的成绩好与否。我们家有亲戚是做老师的，他就很直白地跟我们说，他们的工资是与学生的成绩挂钩的。那他们为了自己的工资，因为他们也要养家糊口，这也怪不得他们。所以，他们就关注成绩金字塔顶峰的那几个。老师永远不会骂那些金字塔顶端的，只会骂下面的。他们有时可能都不明真相，就直接骂了（有人插话：不能一概而论，也有好的老师）。

我是深受迫害。我在初中的班级里，是略正直的一个。有时看到班级里有些人“正大光明”地去作弊，然后我就会给老师一点小小的提示，当老师懂了，他的第一反应，不是批评那个同学，而是批评我。

其实，作弊不能怪老师，很多同学都有一种从众心理。他作弊了，得到了老师的喜欢，那我也作弊（有学生插话：有那种侥幸心理。又有人插话：那还不是因为老师喜欢成绩好的呀。其他学生接话：你说为什么有些同学不愿意学习，就是因为老师觉得他学习不好，老师就渐渐对他关注少了，所以同学就觉得反正老师不关注我，我就这样子），就是这样子。

我初中时有一个同学。他学习好、成绩逐步上升时，老师就鼓励、鼓励，他觉得一直生活在光环里。等他好到一定程度，成绩不再上升了，老师就会对他感到不满，就会训斥他，等他成绩稍微有点起伏，老师就开始批评他，“你分数怎么这么低呀？是不是最近又怎么了……”这样，同学就会感到一些压力，这时，有一些思想比较“猥琐”的同学就会跟老师说：老师，其实他以前就有作弊行为。这时老师也不去明是非了，就会对这个同学十分地失望，感觉好像看透了这个人，就会对他彻底失去信心。而这个学生原本是有希望、有能力考进高中的人，但是因为老师半年或三个月的放松，他就错失了进高中学习的机会。

◇ 我也遇到过好的和不好的老师。小学时，我成绩特别差，老师都不愿意正看我一眼。我到办公室跟老师说：“老师，那个好同学欺负了我。”老师则说：“如果你不去惹他，那个好同学怎么会欺负你呢。”老师的理由永远是帮着好学生的。但是，我初中有位老师特别好。一开始时，我数学 20 多分进初中，但老师根本没说我，只是跟我妈商量过，把我带回家，对我进行辅导。到我初中毕业时，数学分数在一百三四十分以上。我觉得，一个老师不能在乎学生成绩的好与坏。

◇ 因为英语老师，我从小学四年级开始就再没有上过一节英语课。原因是这样的：刚上四年级时，我们上英语课都是懵的。老师就把上课时很吵的那几个学生叫到办公室抄单词，后来又几次叫来家长。开完家长会后，大家都怕了，那节英语课就上得很好、很安静，大家都用心在听。下课时，老师说“这节课大家都表现得很好,但我还是要找一个表现最差的去办公室抄单词”。我听了,心里就在想:大家表现都很好,为什么还要找一个人去抄单词呢！于是我叹了一口气,他就叫我去了。从此,我就再也不上他的课,而且所有英语老师的课我都不去了,所以,我是严重偏科。我的中考成绩:数学是 148 分,物理、化学是 140 分,语文是 137 分,英语才得 26 分(该生是由爷爷、奶奶带大的)。

【思考与建议】

人们对社会的认识以及自身的诉求,总是与他们接受的教育或自己的经历分不开的,中职生也不例外。他们现在存在的敏感、缺乏自信等现象,都与他们曾经的境遇有着千丝万缕的联系。这也是我们为什么会把中职生所谈的一些初中时的事呈现出来的原因。此外,他们也在寻求应试教育产生的大专、本科之类文凭以外的、能够衡量自己学识并可阶梯发展的“第三种东西”。

建议一:中职校的教师应该关注学生的成长经历,精心保护他们那种向好的心理,以恰当的方式增强他们自信心。因为这种不自信的心理已成为他们职业发展的障碍,记得我们到一些企业对中职毕业生进行跟踪访谈时,企业的领导几乎一致认为:中职生的业务水平、技术能力都很理想,但就是缺乏自信心和职业自豪感。

建议二:对中职生增加明辨是非方面的指导和对不良现象作斗争的方法。中职这个阶段,正是人的人生观、价值观形成的时期,学校应将更多精力投入到学生的职业道德和心理健康成长方面。正如一位参与访谈的学生所说“现在有很多孩子受不了压力,会选择一种很极端的方式来告诉社会,其实他们过得很累,我觉得这样子真的是很无奈的一种状态。”此外,没有道德底线的社会,也许真的是处处有陷阱的悲惨世界。

建议三:有效传递一些来自职场的,可自行选择的职业成长通道。例如:要想成为一名专业的潜水员,首先要成为开放水域潜水员(OW),需学习在开放水域的潜水技巧、与潜伴潜水时的安全知识等。在成为进阶开放水域潜水员(AOW)并学习了紧急第一反应救援(EFR)后,再通过考试就能成为一名救援潜水员(Rescue),之后的第一个潜水职业资格门槛是“潜水长(DM)”。“潜水长”除了对体能方面进行测试外,还要求潜水员有“60 潜”的经验,从而能简单应对一些水下情况。成为“潜水长”后,可以通过考核逐步成为开放水域潜水教练(OWSI)→专长教练(SI)→名士潜水教练(MSDT)→教练发展课程参谋教练(IDCSTAFF)→教练长(MD)→课程总监(CD)。如此这般的信息传递,可使中职生明白,学习不会因走出校门而终止,在职业发展的过程中充满学习的机会,要想取得好的职业前程,就需要一辈子学会学习。

四、身心健康

1. 体育锻炼

体育锻炼,增强了体质、提升了自信

◇ 我小学时很胖,后来开始健身,喜欢一些球类运动,如篮球什么的,现在体质越来越好，不会经常生病。到了我们学校后，我成为体育部的人。我们经常举行一些篮球比赛。篮球比赛结束了，我们又推出了一个羽毛球比赛……这个学校的体育活动很多。

我们现在还有“阳光体育节”。阳光体育节，是全校参与的，是比较大型的活动。篮球赛就是每个学期都搞，一个学期篮球、一个学期羽毛球或者是乒乓球什么的，这样穿插着来。

◇ 我是女生，但在小学就是田径队的，大概练了三四年。体育锻炼对我整个人生影响蛮大的，它让我的自信得到很大的提升，让我学会了坚持；现在主要是跑跑步、打打羽毛球，或去攀岩，上海不是有马拉松比赛吗，我也会去报名参与一下。我觉得体育锻炼是非常有必要的，对人的身体都很有益处。

2. 心理健康

(1) 有积极、健康的心态

找中职校的优势，以调整心态

◇ 进中职校，原因是一样的——中考失利。一开始，父母都觉得上不了高中是一件很羞愧的事情。但我进了学校后，觉得这个学校比在初中那些只上文化课的地方好很多，像学生会，就发挥了我们最大的潜能，就等于半只脚进入了社会，而且我们的专业课也比高中生那些文化课更有用。现在有很多大学生找不到工作，反而是我们这些中专生凭着自己的专业、一技之长找到了工作。所以我觉得，大家认为高中生比中职生好很多这个概念是错误的。

◇ 从初中开始，我们就只知道：只有上了高中才有未来、才可能有出息。家长这么认为、社会也普遍默认高中是一个初中生往上升的一条应该走的路，所以很多学生就觉得，我们初中时的努力就是为了考上高中，然而，到最后没有考上，进了中专，中职生们会觉得：哦，初中那么多年，我那么努力、那么付出，结果就是一个中专而已，而且中专在社会和家长的眼里，就是一个没有用的东西，所以才会给一些中专生一种打击。

◇ 你是为自己而活，又不是为了别人而活。

◇ 我以前觉得遗憾，因为就差半分就可以进高中了。现在我觉得，即使进了普高，以后也不一定能考上大学，即使考上大学出来找工作也很难。读了卫校，出来我就可以当护士，至少有一个职业、有一个工作可选，以后如果还想转行的话，可以靠自己的努力考大专、再专升本。考上去之后，有能力了再换别的专业也可以。

(2) 有良好的人际关系

同学间友谊的分量

◇ 初中是我们每个人人生当中最灿烂的一段时光。很多人都认为初三特别累、很无趣，但是我觉得初三特别好。那时，你会很珍惜身边的每一位同学，因为说不定某一个时间段他们就会离开你。上课时会觉得很无聊吧，每天学习都是主课，但是无聊时，一想到他们就很开心。

◇ 很多同学在初中毕业时会吃散伙饭，但是我们那届没吃。因为我们认为，虽然毕业了，我们还是一个集体，而且我们初中这个集体很团结。比如，一个同学被其他班同学误会了，全班同学都会帮他去跟那位同学解释清楚。初中的友谊很单纯，不会因为你是班级干部或者你家里有什么关系才会跟你好。只是因为谈得来，觉得你很好才会和你做朋友，而且初中的友谊是天长地久的，到现在为止，初中同学基本上都是随叫随到的那种。自己有什么心事，一般情况下跟现在的同学会说得少一点，会打给初中的那些好朋友，而且和初中同学在一起，你不会计较说我给你买一样东西，你必须再买还给我这种事。

◇ 染头发什么的，不一定是坏孩子，我觉得小姑娘爱漂亮很正常。她们就想放松一下，人是好的、心是好的，就是太爱漂亮了，我是可以理解的，也愿意和她们交朋友。

选择朋友，有自己的标准

◇ 我选择朋友的话，两个字——“正直”就够了。不管他是学习好，还是学习差，因为就算学习好的人，他心不正直，也会逐渐走上歪路。但如果你有一颗正直的心，即使你不能改变很多东西，至少能把周围的人改变，只要正直。

◇ 我觉得作为一个朋友，应该互相了解，并且应是善意的、有共同的爱好，我觉得这样就够了。

◇ 我是需要一个包容又不太过现实的人。

◇ 我只要“真诚”。我以前有两个朋友，他们两个也认识，不可思议的是，他们曾对我说过同样一句话，就是“我跟他做朋友，只是要利用他，也就是说我在需要他时，他要出现。”我听了，当时有点……现在想想确实是非常现实、非常正常的。但我，只要真心、真诚的朋友，其他的靠我自己改变就可以了。

◇ 我有一个从小玩到大的朋友，是从来没有吵过架的那种。我觉得朋友，就是那种：有时候面对面，也不说话，都会知道彼此心里是怎么想的。而且，朋友不是那种在危难的时刻弃你不顾的人。对于那种把我当一个可利用的工具或者是棋子的人，我是不会把他当成朋友的。朋友是要用真心对待的。

◇ 成绩不是最重要的，重点还是人要好，品德、品质要好。以后出去工作，单位不是只看你成绩，人总是要看内在，你成绩很好但心很坏，那也没有用啊。

【思考与建议】

尽管承载着来自父母、老师乃至社会的偏见与压力，难能可贵的是，他们没有受功利观念的影响、没有被“高中生好、中职生不好”的偏见所左右，宁可选择不与“大人”沟通，也会坚守“正直、相互了解、真诚、包容、不离不弃”等这样的择友标准。他们珍视友谊，也显示了他们在这一方面的理智与成熟；同时他们也在努力调整自己的心态，选择以锻炼身体等方式提升自信心。

建议：教育者应及时发现并肯定中职生做得好的一面，鼓励他们积极面对人生；应从他们是国家的未来这一高度出发，促使他们健康、茁壮地成长。

中职生思想、行为现状分析

——以上海市南湖职业学校为例(专题报告)

芦秀兰、朱清清、陈辞、杨柳、汪小燕

【摘要】随着经济的发展,社会呈现多元化。社会在变,学生也在变,职业学校德育工作面临着许多新情况、新问题、新现象。为此,我们对我校中职学生思想、行为现状进行了调查,并选取典型案例进行分析,探索中职生教育的有效策略。

【关键词】中职生　现状　成因　策略　案例

中职生思想、行为现状描述

一、自我认知

中职生的自我认识充满矛盾性。一方面,随着年龄和阅历的增长,他们的自我意识开始变得张扬;另一方面,由于中职生这一群体的特殊性(学习有困难者、初中阶段易被忽视或低看的弱势群体),他们内心深处又深深地隐藏着不自信。两者的矛盾使得中职生的自我认知呈现不稳定性和模糊性。

1. 自我意识张扬

如果说自我意识的张扬是这个年龄段青少年共性特征的话,中职生另有其特点:他们在追求个性张扬的过程中,对应有的尺度不能正确地把握,不加分析地蔑视权威,把纪律当成束缚个性自由的东西,看不起老师和家长,不屑于学校的规章。因此,中职生较多出现违纪违规甚至轻微违法的行为。

2. 自我肯定度低

由于在以往的人生经历中,中职生接收到的大多是一些负面的评价,曾经的学习经历,学校、社会的评价尺度在他们的心目中留下了深深的烙印,给他们带来了难以抹去的心理阴影。因此,他们大多自我肯定度低,内心不自信,对自己的优势、潜力没有正确的认知。

二、人生目标

由于自我认知的矛盾性和模糊性,大多数中职生对自己的人生目标和规划没有清晰的设想,导致在学习、生活、参与社会活动等方面表现消极。

1. 目标茫然

根据相关调查,大多数中职生对未来生活没有明确的目标,且期望值不高,对成功的渴求不强，对未来自己的发展存在着“走一步看一步”的想法，对未来不乐观，甚至存在着与其年龄不相称的悲观、失意、消极、迷惘。

2. 行动消极

目标的茫然直接导致中职生行动上的消极。学习目的不明确、学习自觉性和主动性差，厌学情绪严重；兴趣爱好仅仅停留在唱歌、看电影、逛街、打游戏等层面；参与社会活动的积极性不强，在活动中接受实践锻炼的意愿性不强等。

三、道德认知与行为

1. 道德认知度较高

与大众的看法不同，中职生有着较高的道德认知。一份有关学生道德观的调查结果显示：当前中职生高度认同奉献精神和社会责任感，能正确看待个人与国家、社会的关系。在关于当前中职生最崇尚的品德的回答中：诚信、公正、友善分列前三位。

2. 行为与认知分离

但是，与较高的道德认知度相矛盾的是，中职生的行为所反映出的道德水平却是相对低下的。尽管诚信、公正和友善是中职生公认的高尚品德，但在实际中，许多学生都有过考试作弊或是辱骂他人、打架斗殴的行为。同样，中职学生追求爱情的美好，但因为“无聊”“好奇”“攀比”“炫耀”“玩玩而已”等原因而谈恋爱的学生也不在少数。

知与行的分离是中职生身上存在的一个棘手问题，也给学校教育带来了很大的困扰。

四、人际交往

1. 重视人我关系

中职生重视人我关系。和谐的人际关系、得到他人肯定和接纳是中职生一种重要心理需求，他们已认识到集体、他人对于个人的重要性，普遍认同“多一个朋友多条路”的观点，因此，除了同学关系之外，很多中职生都有自己的好友圈，并进行频繁的交流与聚会。

2. 交往情绪化

中职生的人际交往存在着很强的情绪化。表现其一：排斥学校、教师对自己的教育。许多学生在初中阶段就没能与学校、教师建立一种良性的关系，厌屋及乌的惯性殃及中职学校的教师，因此他们不能正确对待与老师的交往与沟通；表现其二：狭隘的小团体观念。大多数中职生很讲义气，为了小集体的利益甚至会损害他人的利益或是不惜违背法律法规；而同时也会出现这样的情况：再好的关系也会因一言不合或是不确定的传言而分崩离析。

五、网络运用

1. 网络依赖

网络是现在中职生不可或缺的工具,其上网较为频繁,上网时间较长。在手机的使用中,上网功能的使用也比较频繁。在对家长的调查中,有很大一部分家长对孩子上网时间过长表示出担心和恼怒,但却又表现出束手无策。也有部分学生因为经常上网到深夜而影响到正常的学习。中职生对网络的自我控制能力较差。

2. 偏重网络游戏、娱乐、聊天功能

在网络学习、游戏、交友、购物等功能上,学习的功能在中职生的网络使用上只占极小的部分。女学生上网主要是聊天、购物或是观看视频等,而男学生则偏重于网络游戏,鲜有学生使用网络来开展资料查阅、阅读和研究等学习行为。

中职生思想、行为现状的成因分析

一、家庭因素

家庭是孩子的第一个活动场所,家长是孩子的第一位启蒙老师。家庭教育对人的影响是长远的,甚至是终身的。家庭中的各种因素直接影响到孩子的思想行为状况。通过对调查数据的分析和与家长座谈,我们认为大部分中职生家庭教育还是比较成功的。但我们也发现仍有部分中职生的家庭教育存在问题,主要包括家长的心理素质、文化素质、思想品德、教育素质、家庭生活方式等。

1. 家长的心理素质直接影响着其子女的心理健康状况

家长的心理健康与子女的心理健康相关度很高。通过调查,我们发现有一半以上孩子的行为问题直接与其父母心理健康状况不佳有密切关系,特别是母亲的心理素质对孩子的影响更紧密。如果母亲性情平和、做事民主,那么孩子就会养成亲切、直率、有活动能力、善于合作等性格;如果母亲过分严厉,那么孩子就会形成逃避或反抗,胆怯或残暴等性格;如果母亲态度反复无常,那么孩子就会养成撒娇、放肆、神经质、自以为是、缺乏责任心、没有耐力等性格。

2. 家长的文化素质是影响子女思想、行为的重要因素之一

父母的文化素质虽然与其文化程度不能等同,但是有着密切的关系。我们认为,文化程度高的家长,其文化素质也相应较高。家长文化素质除了包括家长所掌握的自然科学、社会科学、人文科学知识与家长获取运用这些知识的能力,还包括尊重科学、追求真理的科学精神。而文化素质体现在其运用智力的教育过程中,决定着父母的理想、情操、道德水平、教育能力和教育方式的运用。父母的文化素质不可避免地对其子女产生影响。

3. 父母的思想品德在子女品德形成中起着奠基的作用

父母的道德素质决定着其为人处世的方向和原则,对孩子的思想品德发展有

着深远的影响。父母的道德判断和价值取向直接影响着子女的道德判断和价值取向。在家庭中，父母的品德素质以及由此决定的对子女的品德教育，是子女思想品德形成的基础。一个人从降生到独立进入社会，有三分之二的时间是在家庭中度过的。婴幼儿时期，人的意识极为单纯，行为习惯也不固定。加之其在生活上特别是在心理上对父母的依恋和爱慕，就使得父母的行为举止、思想品德容易在子女心灵上留下深刻的烙印，逐步形成善与恶、真与假、好与坏、是与非的最初概念，而这个时期的基础打得如何，将决定他们成为怎样一个人。在实际教育工作中，我们深刻体会到，父母在道德判断和价值取向方面对孩子的影响远远超过老师对学生的影响。

4. 家长教育素质对其子女思想、行为的形成有着直接的影响

教育素质是父母的“专业素质”。主要包括教育观念、教育方式、教育能力等。我们认为父母教育素质的缺陷，正是产生家庭教育误区的直接根源。

第一，教育观念。有什么样的教育观、人才观，就会有什么样的教育导向，就会有什么样的教育方式，就会有什么样的家庭教育氛围。过于重视文化教育的家庭，父母对孩子的学习成绩要求甚高，孩子的学习压力也很大；重视孩子全面发展的家庭，父母对孩子的教育较能体现民主性。

第二，教育方式。家庭教育方式对孩子成长有着重要的影响，不良教育方式是导致孩子思想品德缺失和行为不良的主要原因之一。父母对孩子采取什么样的教育方式，直接关系到孩子在家庭中所受教育的效果。

第三，教育能力。教育能力包括了解孩子的能力、评价孩子的能力、自我约束的能力、协调亲子关系的能力、保护孩子的能力、指导孩子的能力等。父母的教育能力通常是在自身学习和运用家庭教育知识的实践中提高的。孩子对家庭的体验是积极还是消极，主要取决于父母是否尊重孩子的意愿、是否侵犯孩子的隐私、是否经常打骂和威胁孩子以及是否欣赏孩子等因素，而这些正是父母教育能力的体现。

5. 家庭生活方式对其子女思想、行为的形成有着深刻的影响

家庭生活方式，表现为家庭成员在一定的家庭生活条件制约下形成的稳定的生活行为，实质上表现为一定的家庭文化。它对孩子的生活态度和思想品德的形成有着深刻的影响。家庭生活方式的形成依赖于一定的价值观和家庭生活条件，价值观不同，家庭经济基础不同，其家庭生活方式也就不同。家庭生活方式对孩子发展的影响有文明与野蛮、先进与落后、科学与愚昧之别，有西方式与东方式之别，有消费式、休闲式、交往式、娱乐式之别。通过调查，我们发现部分中职生家庭由于收入比较低，为了生存，家长疲于外出打工挣钱，无心教育子女，使得孩子处于近乎无管教处境。

二、社会因素

社会是红橙黄绿青蓝紫的综合体。中职生正处在“半成人”的尴尬时期，可塑

性大，出现独立性和依赖性、成熟和幼稚、知与不知错综复杂而又矛盾的动荡性。

1. 市场经济的迅速发展冲击着中职生的价值取向

我国现在正处于社会转型时期，改革开放以来，特别是在市场经济的刺激和推动下，中国传统的道德观念正在发生历史性的变化。讲求实效、公平公正、义利并重、自立自强、开拓进取等观念逐渐成为中职生思想道德观念的主流，并使他们展现出蓬勃向上的道德精神风貌。但是市场经济带有一定的功利性和竞争性，当这种功利性和竞争性渗透到人们的社会生活中，在一定的程度上就会诱发出恶劣的贪欲，使个人主义、拜金主义、实用主义等价值观念侵蚀人们的心灵，再加上市场经济体制本身发育的不完善，政治体制改革还有待进一步加强，新的道德体系没有完全构建，教育相对滞后，从而导致这些错误的观念对中职生的影响极大，并在一定时期、一定范围和一定程度上造成中职生价值观的畸变，甚至造成部分中职生理想和信念的危机。

2. 中西文化交错的格局模糊了中职生的道德观和价值观

改革开放使得中国出现了多元文化的局面，中国传统文化讲求国家、整体利益为重，西方文化则更多地强调个体利益的存在。中西文化交错，使青年学生活跃的道德认知活动和薄弱的道德修养之间形成差距。首先表现为双重价值体系。他们一方面对他人的自私自利表示不满和愤慨，一方面在日常生活中又过分注重自我。其次，道德认知和道德实践脱节。在理论上认同的道德规范，常常不能变为实实在在的道德行为。再次，是学生在道德评价方面多采用双重标准。只考虑自己，不乐于助人；只讲求权利，不愿尽义务；只希望别人尊重自己，却不能以礼待人；对社会要求高，对自我要求低。

3. 网络文化的快速发展影响着中职生的价值观念

网络是一个“天使与恶魔同在、鲜花和陷阱并存”的世界，对于中职生的思想、行为形成也是一把双刃剑。互联网技术的广泛应用，对活跃中职生的思想、丰富其知识、拓宽其视野等都产生了积极的影响。同时，互联网上的信息良莠不齐，网络文化的无序，使得缺少阅历又易被吸引的中职生在自觉或不自觉中受到了感染。如网上的色情信息严重危害着正处于青春萌动的学生尤其是中职生的身心健康；网上游戏对自控能力较弱的中职生而言，过多的沉溺其中，就会带来学习成绩下降、旷课、逃学等危害，严重者甚至走向违法犯罪。网络中一些消极、迷信、黄色的内容势必造成学生是非观念模糊、道德意识下降、道德情感的冷漠和价值观的冲突与迷失、积极向上的人生观和价值观受到弱化等不良影响。

三、学校因素

学校是学生学习、生活的主要场所，学生的大部分时间是在学校中度过的。因此，学校生活对学生的思想行为影响很大。学校因素主要有学校环境、师生关系、同伴关系等。

1. 学校环境

学校环境可以分为物质环境和心理环境两大类，这两种环境对中职生的思想行为发展都起着熏陶作用。从物质环境来说，校园的一草一木、每一个角落都应给人以美的感受，使学生从中得到教育和心灵的净化。学校心理环境包括良好的校风、班风以及校园文化建设。良好的校风和班风催人积极上进，使人际关系和谐。这样的环境能使学生的思想行为状况得到改善和提高。

2. 师生关系

教师是学习活动的发动者、组织者，同时也是学生学校生活重要的交往对象。教师的职业道德、责任感、情绪情感、个性和意志品质等，都对学生起着感染作用。所以，师生关系中很关键的因素是教师的素养。好的教师对学生的成长具有强烈的责任感，无论是班主任还是科任教师，教师还是行政人员，都应以建设和营造有利于学生思想行为健康发展的环境为己任，注意自己的言行并承担相应的责任；好的教师能接纳学生的行为，尊重学生的人格，能进入学生的内心世界，分享学生情感体验，能理解学生，能以良好的师生关系引领学生成长。

3. 同伴关系

同伴群体是指在学生中，由有相近或相同的年龄和共同的兴趣爱好、或对某种事物有情感共鸣、或从事某种活动利益一致而相互吸引的学生自发结伴而成的非正式群体。由于同伴年龄都相近，且有着同样的兴趣，所以他们在思想和行为上有着极大的相互影响力。

研究表明，在青春期，个体与同伴一致的需要和行为增加得相当快。首先，同伴群体能够使职校生走出自我中心的圈子，体会他人的多元性。正所谓："独学而无友，则孤陋而寡闻。"而互相接纳的同伴群体能使个人体会他人的丰富性，从而接纳他人的不同。其次，同伴的接纳会使个人产生归属感，与他人融洽的关系使群体成员维持愉悦的心境，产生积极的情感体验。最后，同伴群体还能帮助提高个人的社交技能，使个人更容易适应社会环境。

同伴群体的消极影响也是不容忽视的，由于职校生的心智尚不成熟，一些不良的观念、想法和行为较容易在群体中传播和相互影响。主要表现为两种形式：一是同伴压力，二是负面的相互促进。研究发现，越亲近的朋友圈往往会对职校生的思想和行为产生越重要的影响。群体成员之间互相强化不恰当的思想和行为。职校生非常强调自主的行为和发展自己的想法，其中不乏无益的想法和行为，对这些行为和想法如果不及时制止，他人就会效仿和跟从。

四、新媒体因素

这里的新媒体是指，一种依托网络技术、通信技术、数字技术的新兴的具备价值的信息载体，例如微博、博客、手机报、手机信息、电子邮件、楼宇电视、车载电视、户外大屏幕等。相对于书信、电视、广播、报纸杂志等传统媒体而言，新媒体形式多样、内容多元、手段灵活，涵盖了社区媒体、校园媒体、舆论媒体、手机媒体等互动网络媒体终端机，通过多种媒体形式进行信息传递与交流。

新媒体集中出现，爆发式增长，将中职生带入了一个全新的领域。据调查分析，目前我校学生的手机持有率达到了94.60%，而在拥有手机的学生中，绝大部分的学生开通了手机上网服务，基本能够做到随时上网。凭借手机这一媒介，中职生可以实现"互联网、掌上终端、数字报刊、移动电视、博客、拍客、微博"等新媒体的使用。

在中职生的生活中，新媒体已经逐渐展示出相对于传统媒体的优势。但是，新媒体技术也是一把"双刃剑"，在给中职生的"新"选择带来积极影响的同时，也带来了一些消极影响。

1. 新媒体传播内容的共享性影响部分中职生对我国主流德育教育的认同与选择

从社会的角度上来看，网络上铺天盖地的一些负面信息，不可避免地给中职生带来了负面影响。一是道德意识弱化。网络是一个信息的百宝箱，同时也是一个信息的垃圾场。街头随处可见的网吧和家庭逐渐普及的电脑降低了信息化门槛，带来了高科技享受，同时也把中职生置于一个毫不设防的虚拟世界。二是政治观念淡化。在网络世界，一切都呈开放状态，单一的教育权威受到挑战，从而导致中职生丧失应有的思想政治观点和立场。三是民族意识虚化。中职生易受西方资产阶级自由化思潮的影响，盲目地认为"西方的一切都要比中国好"，从而产生民族虚无主义倾向，对民族的前途和命运漠不关心，中国传统文化和民族精神正在渐渐淡化。

2. 新媒体传播主体的多元化和个性化弱化了中职生德育的人际交往和文化价值的判断

调查表明，学生在闲暇时间，更愿意将时间花在网络上，而非与真实存在的人沟通与交流。他们生活在一个网络编织起来的世界之中，并且逐渐体现出与人沟通的能力的缺乏。新媒体环境下不同的意识形态、价值观念汇聚碰撞，西方发达国家更是利用其先进的网络通信技术，极力宣扬资产阶级的人生观和价值观，竭力将自己的意识形态凌驾于别国之上。部分中职生面对多样文化的冲击，往往以好奇的心态，不加分析鉴别地对待西方文化。

对中职生思想、行为偏差矫正的德育改革建议

一、根据中职生思想、行为现状，改进学校德育工作格局

在调查中我们发现，虽然从大的方面来看，中职生整体的思想、行为状况是好的，但是对照中共中央、国务院发布的《进一步加强和改进未成年人思想道德建设

的意见》的要求，我们觉得在中职学校德育工作方面，还得改进学生思想道德建设的格局，形成以书记校长为核心，政教处、班主任为骨干，科任教师和学校其他人员都参与的学校德育工作群体；形成以德育学科教学为主，各种活动为辅的德育工作渠道；形成以爱国主义教育、法纪教育、职业道德教育、心理健康教育等为主线的德育内容体系；形成以正面教育为主、各种活动潜移默化为辅，目标层次递进的德育工作方法体系。通过构建一个全员参与、全程管理、全方位渗透的德育工作格局，使中职学校的思想道德建设工作更具针对性和实效性。

二、构建德育工作的长效机制，将学校德育工作渗透到学校工作的方方面面

学校要努力完善和构建德育工作的长效机制，对中职生的成长过程展开全程管理，实现德育工作的高效化。重点要抓好以下几个方面的工作：

1. 抓好细节管理，注重养成教育

学生的良好思想品德的培养，要从大处着眼，小处着手，从养成教育开始，从一点一滴抓起。所以，学校应发动全体教职员工齐抓共管，从新生一入学开始，就着手抓文明行为的养成。要让学生知道企业对职工有哪些行为规范，从习惯入手抓养成教育，制定学生的一日常规，某个时段着重解决某个问题，纠正其不良行为习惯，这样方能使养成教育工作系列化、阶段化。

2. 抓住一切可能的契机，将德育工作渗透到课堂教育中

很多教师认为，德育工作是班主任和政治、语文等文化课教师的事，与其他专业课教师无关。其实不然，中职教师要结合各专业课的特点，充分挖掘教材内容，找准切入点，结合身边的实际和社会的热点进行分析，重点培养学生吃苦耐劳、一丝不苟、精益求精的职业道德品质，增强德育的实效性。

3. 定期开展心理健康教育

学校和教师是中职生心理健康教育的主要责任人，学校和教师应充分认识中职生心理健康教育的重要性和必要性，采取一切手段加强中职生心理健康教育。

（1）举办讲座，对学生进行集中的心理健康教育。内容不仅是普及心理卫生知识，还要矫正学生不健康心理认知结构。讲课要有针对性，可以与学生就心理问题进行交流、讨论，有的放矢地解决他们存在的心理健康问题。

（2）将心理健康知识贯穿于教学内容之中。各科教师在教学过程中，应结合教材内容，不失时机地对学生进行心理健康教育。教育学生自信自强，学会交往，学会合作，学会发展，让学生潜移默化地接受心理健康教育，形成良好的心理品质。

（3）开办心理咨询室，有针对性地进行心理辅导。学校的心理健康教师应对个别学生的个别问题进行个别辅导，可以讲故事、问问题、聊心事，从而解除学生心理上的疙瘩。

4. 根据中职生专业特色，强化职业道德教育实践

中职生从迈进职校的大门起，就选定了某一专业，而这一专业又和毕业后所要从事的职业有着密切的联系。因而，在职业学校的德育工作中，要以具体的某一职业的职业道德教育为切入口，通过实实在在的职业道德教育，深化职业道德教育的实践，引导学生沿着职业道德——社会公德——家庭美德的主线，沿着学习道德认知——感受道德情感——培养道德意志——进行道德实践德育工作规律，在具体职业环境的氛围中，进行有效的思想道德教育，使中职学校的德育工作更具针对性和实效性。

5. 举办法制教育系列活动

每学期学校有计划地请司法、公安、交警等部门的同志到校给学生做法制教育讲座，围绕学生的切身利益，传授实用法律知识，教育学生学会依法保护自己的权益；以举行"珍惜生命、远离毒品""校园拒绝暴力"签名活动、法制知识竞赛、学生模拟法庭、公演普法小品等活动来增强学生的法律意识。

6. 全程扶助，致力就业指导

学校应定期对学生开展职业道德教育和职业指导，把在事业上取得一定成就的历届优秀毕业生请回学校做讲座，让他们将当代企业的用工要求和企业对员工的管理向学生做介绍，以便学校有针对性地开展就业教育，以此促使学生形成效仿并付诸行动，让学生体验成功，让成功成为学生成长的动力。

三、加强德育队伍建设，发挥骨干力量作用

一是学校要建立一支以党政干部、共青团干部、班主任和德育课教师为骨干力量的思想道德教育工作队伍。在组织协调、学习生活指导、德育课教育教学等方面，既分工负责，又紧密协作。全员参与、齐抓共管，共同对学生进行思想道德教育。

二是加强班主任、德育课教师队伍建设。选聘思想素质好、业务水平高、奉献精神强、身心健康的教师担任班主任。同时加强班主任培训、考核工作，将班主任工作业绩作为教师聘任、职务晋升的重要依据。学校要按照德育课要求开足德育课、配齐德育课教师，认真督查教学环节的落实。同时重视德育课教师培训工作，创造条件，不断提高德育课教师思想道德修养和教育教学能力。"什么样的将军带什么样的兵，什么样的教师教出什么样的学生"。这就要求教师要在日常工作中、与学生交往中的细节行为上都做出示范，以具体的行动来影响、感染学生，滋养学生的精神生活。

三是加强学生组织建设。学校应加强学校共青团、学生会和学生社团工作，充分发挥中职学生自我管理、自我教育、自我服务在思想道德教育工作中的作用。学生组织要针对学生特长、专业特点、兴趣爱好，在学校统一指导下开展生动、有效的思想道德教育活动。

四、充分发挥校团委、学生会、学生社团的职能作用，创新活动形式，开展丰富多彩的德育活动，用先进的道德文化占领学生的思想阵地

共青团、学生会、学生社团是学生自我教育的重要组织形式，可配合学校积极开展适合中职学生自身特点，为大家喜闻乐见的、健康有益的各项活动。如开展文体竞技、知识技能比拼、团队协作体验之旅、环保护绿公益活动等。可积极搭建同龄人的个性舞台，让每一个人展现自己的个性和特长，使他们感悟到“活着是很有意义的”，启示他们能成为一个对他人、对社会有用的人的良性道德体验。特别是对于中职生，他们经历过太多的失败，以至于对自己缺乏起码的信心，如能在活动中使他们养成有明确目标、积极心态、良好习惯、坚韧毅力的品质，那将让他们一生都受用无穷。

五、改革德育评价方式，建立德育积分机制

德育评价是德育工作的重要手段，中职学校应积极探索德育评价创新之路，树立综合性、过程性、全面性和灵活性的德育评价观。

一是中职学校德育应该把德育评价列入学生在校综合素质发展的评价系统，构建一套包含专业基础学分评价，专业实训学分评价和德育综合积分评价的大德育评价机制。学校可制定《学生综合素质评价手册》，让学生对评价内容了如指掌，使德育评价做到有章可循、全面可控、有规可依。

二是中职德育评价应注重多元性评价改革，对学生德育评价不只局限在纪律、行为表现等狭窄的、片面的评价，而是把学生在校学习、生活、活动过程中，呈现出的思想、道德、情感、人际、兴趣、个性、特长、心理、情绪等全方位表现都纳入评价范围，使德育评价更加真实和多元。

三是中职德育评价改革要牢固确立学生在评价中的自主性，改变以往评价只是教师的权利，树立学生既是德育活动的主人，又是德育评价的主体，学校应通过“学生民主生活会”“学生干部自治会”“学生个体自评”等形式，让学生参与德育评价工作，努力实现学校在德育工作中自我参与、自我管理、自我评价、自我教育和自我提高的教育目的。

六、营造良好的大德育环境，使学校教育、家庭教育、社会教育形成有效教育合力

学校、家庭、社会是相对独立的实体，但彼此又有割不断的联系，在教育学生的过程中都各有优势。只有将三者有机结合起来，才能有效地发挥教育功能。在三者之中，学校是主体、是纽带，家庭是配合，社会起组织、领导、协调作用。只有相互配合，互为补充，才能形成良性循环。

一方面学校要与政府职能部门配合，采取“关、停、转”等手段取缔学校附近的

娱乐场所，如网吧、歌厅、游戏厅等，为学校教育学生营造一个良好的周边环境；另一方面加强学校与家庭的联系，优化家教，实现双向配合，充分发挥学校和家庭两方面的积极性，主要措施有：一是召开问题学生家长会，交换信息和意见；二是开好家教经验交流会，及时总结、交流家教经验，树典型，立榜样，带动其他家长；三是建立学生成长记录册，记录学生在学校和家中的表现，以便双向沟通，为教育帮助学生提供依据，使之更具有连续性和科学性；四是和双差生的家长签订教育协议书，双向配合共同转化差生；五是学校建立家访制，规定班主任到学生家中访问等。

最后，要把校园文化建设作为学校德育工作不可缺少的重要内容来抓，加大对图书馆、电子阅览室、文化走廊等设施的建设，使学生在良好的校园文化氛围中健康成长。同时让学生通过参加各种有益的活动得到实践锻炼，养成良好的道德行为习惯，达到知行统一、言行一致的目的。

通过以上措施，可以有效地将学校、家庭、社会三方面有机结合起来，形成强有力的德育教育合力。

典型案例

案例一

案例介绍

姜某某，女，上海户籍，1996 年 4 月出生，我校物流专业学生。父母离异，法院将其判给母亲，后母亲再婚，与继父一起生活，家庭经济情况较困难，属于低保家庭学生。该生头脑灵活，鬼点子多，行为举止像一名男生。平日不思进取，对学习毫无兴趣，经常迟到或无故旷课；且逆反心理强，在校期间经常会出现不服从教育，顶撞、辱骂老师等不良行为，情绪易冲动，爱打架惹事。平时交友不慎，经常与社会上不良闲杂人员密切接触，夜不归宿，有轻微违法行为。2012 年 9 月初与同班另两名女生吕某某和张某某共三人被校青保老师发现在校有吸烟行为，给予校纪处理。同年 9 月底，该女生与同班另两名女生夏某某、张某某以及邮轮专业周某某共四人合伙偷窃了会计专业袁某某的手机并去四川北路百脑汇变卖销赃，共获得赃款 500 余元且当场四人平分。学校得知后将事件调查清楚给予了严肃校纪处理。在处理过程中，四名学生家长还因为要减轻各自子女在此事件中的责任彼此之间发生了争执。

案例分析

从这个案例中，我们可以看到该生：

1. 自我意识张扬

案例中的姜某某头脑灵活，鬼点子多，行为举止像一名男生，逆反心理强，在校期间经常会出现不服从教育、顶撞、辱骂老师等不良行为，情绪易冲动、爱打架惹事等表现都反映了其有张扬个性，但不能把握应有的尺度，不把学校的规章制度放在眼里。

2. 人生目标不明确，行动消极

该生平日不思进取，对学习毫无兴趣，经常迟到或无故旷课体现了其对未来生活没有明确的目标，学习目的不明确、学习自觉性和主动性差，厌学情绪严重。

3. 行为与认知分离严重

该生有顶撞、辱骂教师的行为，爱打架惹事。平时交友不慎，经常与社会上不良闲杂人员密切接触，夜不归宿，有轻微违法行为。还有吸烟、特别是合伙偷手机变卖这些行为都是校纪校规和法律规范所不允许的。

4. 交往情绪化，小团体观念严重

具体表现在排斥学校教师对自己的教育，不能正确对待与老师的交往和沟通，所以经常会出现不服从教育的偏激行为。另外，狭隘的小团体观念严重，为了小集体的利益甚至损害他人的利益或不惜违反法律法规。案例中该生经常与社会上不良闲杂人员密切接触，在小团体中吸烟，甚至合伙偷手机变卖都是体现了这一点。

该生识别能力差，从小缺少关爱，缺乏正常的家庭教育，对未来茫然，没有目标。

成因分析：

1. 家庭因素

家庭的变故。家庭缺乏温情，家庭经济比较困难，母亲和继父对她关心不够，这些使得该生具有较强的自卑感，意志消沉。反映到学习上就是不努力，常迟到旷课；自我要求不严，通过小团体寻求关注，把物质和精神上的刺激作为主要追求。这样就易于产生各种不良行为。

家长的教育方式也对姜某某的成长产生了较大的影响，平时不关心，做错事没有承担责任的担当。

2. 同伴因素

在这个案例中，同伴群体的消极影响体现得淋漓尽致。由于在家庭中得不到应有的关心与温暖，转而在同伴中寻求关注。由于其本身心智不成熟，社会上不良闲杂人员的一些不良观念、想法和行为较容易影响到她，从而产生更多的不良行为。

3. 社会因素

当今的社会环境对学生思想行为的影响很大。案例中姜某某的个人主义、拜金主义思想特别严重，道德观和价值观模糊，这和社会的影响密不可分。尤其科技发达的今天，新媒体的出现也对学生直接具有影响作用。特别是一些不良网站充斥暴力的内容，很容易左右学生的判断，如果不加以正确的引导，他们很可能会走上违法犯罪的道路。

4. 自身原因

该生的大多数不良行为是与其学习、生活、交往等活动紧密联系的，属于思想认识问题。其实她的不良行为早已形成，在进入本校时仍未转变。她貌似大人，内心却很幼稚，生理与心理发展很不平衡，使她易于行为冲动，易于受坏人教唆和“朋友”引诱，在打击和挫折面前易于失望和消沉等。由于环境的改变，她也想改变以前的状态，想要获得朋友的友谊、家长的关爱、教师的重视，只是她不知道该怎样去做；而且本身定力就不够，再加上其他不良因素传染，往往使不良行为有增无减。

以上几个因素相互掺杂，影响着该生的成长。家庭的变故，对该生心理影响最大。后来，受到的一些不良影响，面对复杂纷呈的社会现象和各种思潮不能自持，随风倒，甚至把那些消极和腐败的东西当作正确的目标去追求，这使得该生处于恶性循环中不能自拔。

教育策略

碰到这样的学生该怎么办？严厉的训斥批评、一再的惩罚意义不大，关键还是在心理上指导，行为上疏导，智力上帮扶。

职业学校的大部分学生，具有较强的自卑感，总觉得低人一等；再加上生活中受到的重大挫折，如家庭变故，在生活的重重压力下，不可避免地要积累一些不良情绪。如果这些情绪得不到宣泄，那就很可能使人陷入心理障碍，易走极端。

中职学生正处在一个心理非常敏感的年龄，一旦陷入思想心理的重重压力之下，若没有外界的帮助是很难从自我封闭中走出的。根据观察，在这种情况下易出现两种极端行为：一是进入自我封闭的心理障碍中不能自拔，最终对生活失去足够的信心；二是突然从自我封闭中走出来，放得很开，抛弃自我，在性格上仿佛一下子变成了截然相反的另一个人。他们实际上也是在自暴自弃，像案例中的姜某某。这两种情况都是我们不愿看到的，但却真真实实地存在着。

一是教师要将“做人”的思想渗透到教学之中。遇到这些学生，教师在教育过程中，不能仅仅简单地以训斥、请家长、停课、送政教处等形式来处理，结果造成他们的情绪逆反和产生更多的不良行为。教师要善于因势利导，借助对学科知识的传授，对学生所面临的压力，所遇到的困难进行疏导，健全学生人格。

二是教师要放下架子，与学生平等相待，做学生的知心朋友，让学生觉得教师不是在说假、大、空的话，而是在与他真心交流，给他安全感，走进他的心灵。当发现有的学生处于心理压抑状态时，教师应用循循善诱的方法，把他们埋藏在灵魂深处的问题疏理出来，给予正确的引导，对症下药，达到标本兼治的目的。

三是个别问题个别解决，一把钥匙开一把锁。教师一旦发现个别学生存在问题，应及时疏导、教育，将其控制、解决在萌芽状态。如果对学生的问题，仅作片面的评价，只采取命令或过度强制办法，这不但不能解决问题，反而会使矛盾激化，引起对抗，使学生走向极端。

四是和家长及时沟通，取得良好配合。想转化案例中姜某某这样的学生，需要调动一切积极因素。学校教育与家庭教育是育人的“两条腿”，离开了家庭的支持与配合,学校教育永远只能是"一条腿走路"。因此,对于姜某某,教师非常重视和家长沟通,多次家访,以便了解更多的情况,对症下药,以便达到转化的目的。姜某某由于缺少父母的管教,有很多不良行为,作为教师,要主动担负起教育转化的担子,要花功夫,有耐心,最大限度地挽救、教育她。所以在姜某某和同伴合伙偷手机变卖事件后,学校教师没有放弃她,一如既往地关心、教育、尽可能地和家长多沟通,争取最大程度地取得家长的配合。该生最后也得以顺利毕业。

案例二:

案例介绍

郑某某,我校职二(1)班学生,父母在她上小学三年级时就离异,她一直跟着母亲生活。她身高1.62米,长得也很漂亮。她平时爱说爱笑,大大咧咧,为人也很热情,乐于为班级和同学们做事,是班里的一个小干部,人际关系较好;学习成绩中等,没有厌学情绪表现;积极参加学校组织的各项社会实践活动,在学校中属于总体表现较好的学生,但对毕业后的职业选择没有什么打算,只想找一个轻松点,收入高点的工作。

但郑某某本学期表现异常,累计无故旷课达37学时、期末考试有4门课程总评不及格。与同学关系较以往疏远;开始经常不穿校服,化浓妆,着另类服装;上课不注意听讲,不是看着窗外发愣,就是拿着小镜子东照西照,热衷于打扮自己;常把书桌当化妆台,要么整整衣服,要么拿着手机玩个不停。原来她和隔壁班的一个男生已恋爱半年多了,两人不时逃课去龙之梦购物中心玩。

案例分析

1. 人生目标不明确,自我要求不高

尽管该生在学校表现较好,但自我认知不清晰,不清楚自己的优点和缺点,对自己将来的工作生活也没有什么具体的设想和打算,只想能有一份轻松点、工资高点的工作就可以了。

2. 重视人际交往,个性开朗,人际关系和谐

该生个性开朗,是班里的小干部,乐于助人,重视人际关系建设,有好友圈,除了学校内的交往外,还经常在课余参加朋友聚会,加强感情联系。

3. 不能理智对待青春期异性交往,未形成正确的恋爱观

该生青春期萌动,不能正确把握与异性交往的度,与隔壁班男生早恋,行为上产生很大变化:违反校规,不穿校服,浓妆艳抹,经常旷课外出游玩,人际交往圈缩小,心理波动大,情绪化较为严重。这也表明,该生的道德认知不稳定,出现了道德认知与行为的分离。

成因分析

表面看来,该生谈恋爱改变了她的行为方式和道德认知,其实这只是一个集中的爆发口,背后有更深层次的原因。

1. 家庭原因

该生来自单亲家庭，在成长过程中父亲角色的消失，造成她渴望来自异性的关怀与爱护，因此很容易陷入早恋，并且有如飞蛾扑火、不顾后果的行为产生。同时，由于文化层次、经济条件和社会地位的限制，她母亲在教育观念、教育方式上都存在着很大的问题，没有足够的教育能力去引导孩子确立正确的人生观、价值观、恋爱观和发展观等，同时由于忙于生计，也疏于对女儿的管教与情感交流。所以该生呈现出没有人生目标、道德认知与行为分离、过早恋爱的状况。

2. 同伴因素

该生重视人际关系的建设，同学关系好，并有自己的交友圈。同伴年龄都相近，且兴趣大致相同，所以他们在思想和行为上有着极大的相互影响力。这种影响有好的作用，也会产生负面的影响。根据职校现状的调查，大多数学生在校期间都有过"恋爱"的意愿或经验。因此谈恋爱在他们眼中是一件常见的事情。在这样一个普遍的氛围中，郑某某与隔壁班男生在交往过程中也就少有避讳，公然逃课出去约会。

3. 青春期心理

这个阶段的年轻人正处在青春期萌动的阶段，加之网络、电视等信息传播渠道的快速发展，各种良莠不齐的恋爱观、性观念充斥在他们周围，更加搅乱了他们的心绪。同时由于人生目标和规划的缺失，他们很容易陷入"热恋"的情绪中，而把正常的工作、学习搁置一边，自我意识的觉醒与张扬又使得他们听不进老师、家长的劝阻，产生过激的行为。

教育策略

1. 开展家长家庭教育系列活动

学校要制订家庭教育计划，有系统、有主题、定时间开展家庭教育活动，帮助学生家长树立正确的教育观，改善家庭教育方式；加强家长委员会建设，争取家长的配合，发挥家长的智慧和社会资源，共同开展家庭教育研究和实践；借力社区、警署、街道等公共机构，发挥社会、学校和家庭三位一体的教育合力。

2. 加强青春期性观念和恋爱观指导

学校要加强学生青春期心理健康教育，开设专门的心理健康课，帮助学生通过正规渠道学习正确的性知识，建立正确的爱情观和责任意识；要配备专门的心理教师，同时要保证一定的师生比，有效开展学生的心理咨询活动。

3. 开展丰富多彩的校园活动

学校要开展丰富多彩，形式多样的校园活动，同时要加强学生社团建设，培养学生广泛的兴趣，帮助学生正确自我认知，提高生活品位。

4. 开展个性化帮教计划

应以班主任为主体，制订个性化帮教计划，重视对该生进行情感上的感化、生活的关心、职业发展的指导以及心灵的沟通，帮助学生尽快走出人生观、价值观、爱情观上的迷茫，回到正常的生活学习轨道上。

案例三

案例介绍

唐某某，我校电子商务专业学生，家住在虹口区虹镇老街。该生是单亲家庭，父母在他很小的时候就离异了。他跟随父亲生活，母亲现居国外，时常有联系。父亲是出租汽车司机，自身能力有限，因此该生的相关事宜大多数是姑妈做主。

该生进校时中考成绩200分多一点，是在班中分数是最低的几个学生之一。一年级第一学期时经常不交作业，老师多次催促仍然不交。上课经常有迟到早退现象。后来发展到旷课，欺骗老师和家长，期末因考试作弊并因连续旷课一周以上，受到学校行政警告处分。还曾将因享受城镇居民低保而返还的2000元学费在未经家长同意的情况下全都用于吃喝玩乐，挥霍一空。该生出手阔绰，上学从来不坐公交车，来回都是坐出租车。他不止一次地对同学老师说："吃喝玩乐是我的人生目标。"

他经常串班，与学校一些行为规范偏差的学生是好朋友，甚至还结交了一些社会上的不良少年。

案例分析

1. 厌学情绪严重，违反校纪校规

该生中考成绩只有200多分，且经常迟到，不交作业，对老师的一再督促也置之不理，表现出严重的厌学情绪，后发展为连续旷课、考试作弊，严重违反校纪校规，受到学校纪律处分，存在较为严重的行为偏差。

2. 存在道德认知和道德行为上的偏差

该生在人生观和价值观上存在较严重的问题，考试作弊、欺骗家长和老师，不守诚信；骗取助学金用于挥霍，贪图生活上的享受，爱慕虚荣，妄想不劳而获。

3. 交友不慎

该生喜欢结交问题学生和社会青年，经常身处不健康的集体中，不良习气的相互影响，阻碍了他的正常成长。

成因分析

1. 家庭原因

该生来自单亲家庭。父母离异，虽然法院将其判给了父亲，但其主要由姑妈负责照顾教育，因此他的家庭教育处于不正常的环境中。心理学研究表明，父母亲的生活陪伴与教育缺失，容易导致孩子安全感的缺失，从而影响孩子的个性发展。另外，其母亲在国外打工，经常给他寄零用钱和一些国外新奇的东西，容易养成他爱慕虚荣、不劳而获的思想。同时，父亲、母亲与姑妈之间的沟通较少，对他的教育各自为政、不统一，造成了他价值观上的混乱，也容易养成他钻空子、撒谎的习惯。

2. 生活环境

该生家住虹镇老街，这块区域是上海市治安管理出了名乱的棚户区。在这样的生活环境中成长，耳濡目染，很容易养成一些不健康的习气，结交一些不合适的朋友，造成人生价值观上的偏差。

3. 同伴因素

由于该生的朋友多是一些和他一样存在行为偏差的年轻人。在缺乏正确引导的情况下，这些年轻人很容易相互影响，相互效仿和跟从，强化群体成员之间不恰当的思想和行为。同时，这些年轻人基本都是家长、老师眼中的另类，在正常的环境中很少得到肯定，在这样的团体中他们能够实现自我肯定，得到集体的认同，因此在教育上，劝说或强制他们离开这样团体的难度是非常大的，而且很容易引起他们的反感。

4. 青春期逆反

像唐某某这样的年轻人正处在青春期逆反期，自我意识张扬但道德认知与行为上又存在偏差，所以很容易做出一些出格甚至违法的事情，同时也听不进老师、家长的劝阻。

教育策略

由于该生已经产生了较为严重的行为偏差，学校要重点对其开展专门性的帮教活动。除班主任外，同时还要指派专门帮教教师（青保或任课教师），共同做好该生的转化工作。

1. 开展专门家庭教育指导

针对该生的特殊情况，对其父亲、母亲、姑妈共同开展家庭教育指导，结合其在校、在家的行为表现综合分析该生的个性特点，改正以往的教育过程中存在的问题和错误，采取有效的教育措施。

2. 加强逆反期心理关怀与疏导

在对该生的教育中，要注重在“不经意”中潜移默化地转变他的人生观、价值观和行为方式。首先，是要求老师要有十足的耐心和爱心，对该生进行大量情感的投入。“亲其师，信其道”，只有获得该生的信任，才有可能开展接下来的转化工作。其次，要培养他正确的兴趣爱好，在分散他过剩的精力和提高自信的同时，提高他生活的品位，引导他慢慢脱离低级趣味。再次，要为他多创造参加社会活动和实践实习的机会，帮助他在实践中积累经验，从而提高社会认知和分辨是非的能力。

3. 开展同伴教育

要发挥班级干部和同学的作用，从同龄人的角度关心他、帮助他，让他感受到学校、班级的温暖，找到学校生活的乐趣，从而脱离不健康的小团体，重回正常的生活、学习环境。

4. 开展学习帮扶

成绩落后，学习跟不上也是他频频逃离学校的重要原因。因此，帮助他改善学习状况也是帮扶的一项重要工作。但鉴于他的学习基础很差，在采取个别辅导时，要对他开展学习成绩上的个性化和过程性评价，帮助他重拾学习的信心，改善学习习惯，提高学业成绩。

推动中职生发展的德育改革实践研究

——以上海市大众工业学校为例(专题报告)

高　康、彭茂清、黄　巍、金玉林

行为习惯和偏差差异化、自我认同度偏低、情感丰富、不喜说教、"娇""骄"不爱劳动是中职德育对象的典型特点。为切实推动中职生发展，上海市大众工业学校进行了德育改革的探索与实践，以"不盲目拔高、不随意降低"，"大处着眼、小处着手"的德育思路，以富有成效的行为规范教育、文体活动展开富有中职生特点的德育教育，力争让每一个学生在身体、心理、技能、道德水平上得到全面的发展，为学生的终身发展打下良好的基础。

一、行为规范教育引导细小行为的改变

行为规范教育中，秉承"行为规范无小事、行为规范无大事"的理念，将"把平凡的事情做到极致"。

1. 行为规范教育制度化

学校根据不同阶段学生的认知特点及成长规律，分别突出日常文明礼仪行为、职业行为规范的养成为教育重点，形成"知而行—事而行—知行统一"为递进式的行为规范教育工作体系，使每位学生的行规养成建立在内源性发展的基础上。学校制定、不断完善《学生手册》，明确对日常文明行为规范、实训规范与安全操作规范的各项要求。

一年级以熟知日常礼仪行为规范为主，通过宣传、考核、军警示范等他律措施中完成行为规范的纠偏、强化发展，即让"被要求"做的过程中知道"怎么做"；二年级以职业行为规范为主，巩固日常礼仪规范为辅。让学生通过参与自主管理、多平台的活动、实训技能操作自觉体验"应该如何做""为什么如此做"，并落实在行动中；三年级行为规范教育以职业行为规范为主，学生在真实的岗位情境中，经过长时间的巩固、再强化，将行为规范达到习惯化水平。

为了行为规范的具体要求为师生所熟知，学校向学生人手发放一本《学生手册》，供自我对照、自我学习。通过新生军训、入学第一天教育、《学生手册》知识竞赛、教学部学生大会、德育课、班会课、实训课等渠道进行宣传；在教学楼道张贴《上海市大众工业学校学生文明礼仪好习惯》；在实训车间墙壁、过道中张贴《安全操作规程》，在实训设备上张贴《设备操作规范》，让行为规范要求实现目视化。另外，学校以班级考核为抓手，学校严格行为规范的检查与反馈，做到"时时有检查、天天有

反馈、月月有表彰”,加快师生对行为规范要求的自我体认。学生良好的行为素养为学校德育品牌的创建铸就了厚实的基础,也为教学质量的提高奠定了底色。

2. 关键期的行为规范教育常态化

学校特别关注五个关键期的行为规范教育:

(1) 军训中的行为规范教育。在新生军训时,及时将日常行为规范要求结合起来,让学生从军训时便形成对行为规范要求的认知和体验。

(2) 入学教育中的行为规范教育。在新生入学教育及学期开学教育中,从班级、教学部、校级层面加强对学生行为规范的要求与检查。

(3) 做好9个“第一次”的行为规范教育。9个“第一次”是指第一次进校门、第一次升降旗仪式、第一次午餐、第一次午间活动、第一次自行车排放、第一次乘校车、第一次晚自修、第一次寝室内务整理、第一次大扫除,在“第一次”开展前强化行为规范要求,过程中加强监督检查,确保大多数同学“第一次就能做好”。

(4) 节假日留守学生的行为规范教育。外地学生节假日留守学校。学校安排好丰富多样的文体娱乐活动,避免节日期间的行为规范管理出现真空。

(5) 顶岗实习前的行为规范教育。第三学年为学生的校外实习年。学校在学生面试岗位前期、顶岗实习前期,进一步强化学生的日常礼仪行为、职业行为规范教育,尽可能缩短学生的适岗期。

学校除做好法制教育、交通教育、禁毒教育、青春期教育、逃生演练、消防演练、一二·九纪念活动等专题教育外,专项教育实现了常态化运作。如在法制教育中针对后进同学开展专项帮教,组织“法制教育六个一”活动,专项开展低成就女生心理辅导与研究,专项开展校外实习生思想道德教育等活动,使行为规范教育更有针对性和实效性。

3. 行为规范教育载体化

(1) 提升精气神的集队教育。学校开展每日4次集队,即集队——升旗仪式进退场、集队——降旗仪式进退场、集队——午餐进场、集队——实训进场,让学生在活动中体验集队教育的“昂扬气质”“团队精神”,以此培养学生良好的行为习惯、自信整洁的仪表、昂扬的精气神,学生的“精气神”在日复一日的耳濡目染中大幅度提升。

(2) 体验劳动光荣的劳动周。中职学校要培养学生成为企业生产一线的技术工人。这样的培养定位决定了学生毕业后不能像他们和家长想象的那样有坐在办公室里,动动嘴、喝喝茶的轻松工作等着,一线工人的工作性质决定了他们必须能够吃苦,能够克服工作环境的各种困难,并具备一种战胜困难的精神。因此,学校建立了劳动周制度。

学校将劳动周纳入教学计划,并确定了餐厅、绿化、楼道卫生、厕所卫生、卫生督察、服务、礼仪接待等岗位的工作内容和要求。以班级为单位参加,每周轮换2个班级。如今学生承担了除实训中心打扫和垃圾处理之外的全部卫生工作。在劳动周服务中，学生锻炼了劳动光荣的精神和吃苦耐劳的能力，也让学生明白整洁环境的来之不易，从而培养学生劳动观念、服务意识和自主管理能力。

二、文体活动提升学生自我认同度

针对中职生好动、乐于参与活动的特点，学校加强活动载体建设，并在活动中充分释放学生能量，提升自我认同度。

1. 社团活动中发展兴趣特长

学校加大力度开展丰富多彩的学生社团活动，给学生一片属于自己的天空，让学生充分发挥自己的兴趣爱好和个性特长，从而达到培养创新实践人才和实现人的全面发展的目的。各级各类学生社团 40 多个，遍布校园，涵盖了科技、艺术、人文、公益、体育五大领域。每周三下午固定的社团活动时间、固定的活动场所、固定的师资保障，为社团活动的蓬勃发展、学生的兴趣与特长发展奠定了基础。

2. 文体活动中培养自信

每学期开展体育节、艺术节等大型文体活动，组织校内开展爱心义卖、运动会、“大众好声音，我的艺术梦”歌会活动、集队进场风采展示比赛、“璀璨星光”校园文化艺术节、校园篮球比赛、踢毽子比赛、排球比赛、长绳团体比赛等活动与比赛。周周有活动、月月有大奖，以丰富学生的校园生活，提高学生的综合能力。学生在活动中取得的成绩记入学分。

3. 志愿活动中体验奉献的快乐

学校每个班级均有“红十字会”志愿者服务队，每月深入社区、福利院等地点开展“向雷锋学习”“重阳敬老日”“关爱特殊同学”等主题活动，并评选出优秀志愿服务者。学生在长期热心公益、乐于助人、奉献社会的志愿服务过程中，密切与社区、敬老院的关系，培养“奉献、关爱、感恩”的道德情操。

4. 心理活动中解放和滋养心灵

尽管学校建立了德育体系，尽管学校组织了丰富多彩的活动，尽管学校能够做到周周小表扬、月月大表扬，但是仍有一小部分学生不能够融入正常的校园生活中。他们由于各种各样的原因存在或轻微或严重的心理问题。学校成立了“心语小屋”和“心理社团”，开展心理教育和心理健康活动。为增强心理教育的亲和力，学校在各班设立了心理委员，让心理委员成为心语小屋的宣传员，动员同学以正确的态度面对心理咨询，与班主任一起做心理有问题同学的工作，让他主动接受心理咨询；在学校组织的各项活动中，心理社团也积极参加。通过努力，学生的抵触情绪逐渐消失。

学校对各班的心理委员进行培训，把心理委员和心理有问题的同学召集起来上团康课，心理委员成为学校心理工作的核心队伍。学校为有自卑、狂躁症等心理疾病的同学开展了心理老师和学生一对一的心理咨询，对新生进行团体辅导以克服进校不适应和同伴交往困难的问题，对行为偏差的学生开设抗情绪辅导班。学校还对受到过处分的学生提供心理辅导,让他们明白自己只是一时的犯错,还有改正的机会。心理工作的开展为德育工作开创了一片不一样的天空。

三、环境育人提升学生个人修养

1. 诗情画意中陶冶情操

校园文化是学校一张无形的名片,也是学校对学生德育的无声方式。因此学校力图打造具有大众特色的校园文化,作为德育的特别内容,以丰富学生的情感和心灵,激发学生对真善美的向往。任何一项资源得到充分合理的利用,都能成为教育资源,就连文明如厕都能成为学生养成现代文明素养的组成部分。

学校发扬"鱼文化""厕所文化""鸟文化""板报文化""宿舍文化"的环境育人作用。校园处处都有鸟语花香,各个角度都有花圃,专门建立了养鸟的小花园,各个教学楼摆放了金鱼缸。每幢楼编号、各教室及办公室均有指示牌,师生身处其中便能感受规范与整洁。价格昂贵的石雕、树雕别具一格地放在实训中心,体现劳动光荣的匠心。将鱼儿和耐阴植物引进厕所,并附上说明,引导学生与动物、植物和谐共处。校门口树立"德塑人生、技行天下"的景观巨石,绿地建设进一步扩大,诗情画意和鸟语花香中构成了美丽的校园环境。师生在参与过程中认同学校、认同文化,实现自我体验、自我教育、自我养成,既规范了行为,又陶冶了情操。

2. 企业化实训中渗透职业素养

学生在生产化的环境中进行实训,必须营造企业化环境。学校参照企业生产的规章制度和操作规范,在实训中心建立相应的制度和反映企业特色的企业文化。教学环境仿真企业,包括实训场所(工艺室、车间)的设置规格,设备设施的布置摆放,原料、产品、人员流向通道设置等硬环境;车间(工艺室)相应之处设置操作规范、规章制度、安全警示、目标口号等仿真企业文化的软环境。实训教师在实际教学过程纠正学生的操作,提醒学生坚持安全、规范的操作,让学生在耳濡目染中习得职业行为规范。

学生实训前实行晨会制度、早中班中间不休息制度。为使学生提前适应生产岗位制度,打破学校一节课休息十分钟的作息制度,与企业一样,实行持续工作,除了吃饭时间,其余时间不休息的做法,以缩短学生的岗位适应期。实训车间采取7S管理,无论是刀具、量具的摆放都有具体的要求。这都是培养学生职业情感、认同企业文化的重要手段。

四、学生自主管理推动自我发展

学校以学生会为平台,学校及教学部在两个层面开展招新活动,随后开展面试与笔试,着重针对学生行为习惯进行考核,择优录取。针对新组建的学生干部,学校层面统一进行辅导和《学生手册》强化练习,目的在于提高学生干部的行为习惯。此外,充分发挥"以老带新"的示范引领作用。学生八支自主队伍全方位参与校园管理。

同时,学生参与实习顶岗管理。在实习学生中挑选小组长担任联络员,由班主任专门负责培训及强化,负责片区学生的管理,并要及时将学生的实习行为规范动态反馈给班主任老师。"教"是为了"不教",通过"被管"到"自己管"的角色转换,学生自我管理、自我教育、自我服务,提升了自信心,激发了自我责任意识,规范了行为习惯,从而学会"做人"。

学校建立校级、企业与实习学生之间三级管理网络体系,充分发挥三个不同层面的特点和积极性,互相协作,取长补短,实时跟踪校外实习生的动态,使校外实习学生的管理工作更加规范有序。

五、系统的德育评价强化品行积累

1. 德育学分"积善成德"

学校认为,合理的德育学分能给学生一个公正的评价。像知识学习一样,品德的发展同样可以用学分积累。

学校制定了《学生德育分评定办法》,建立了详细的评分细则。每一个新生被赋予80分的德育基本分。在同一起跑线上,学生做好事便加分,发生违纪行为和处分情况便扣分。加分上不封顶,而分值小于60分,学校便要对学生进行帮教。而一旦分值小于40,学校便需要与家长联系,共同进行教育。

为了发挥德育学分对学生的约束作用,学校将德育学分与学生的就业推荐联系起来,让德育真正成为评价学生是否合格的标准。在学生进入顶岗实习的阶段,学校将三年级每一个学生的德育分数交到市场部,由市场部按照分数的高低进行工作的推荐,分数高的同学能够得到优先的推荐机会和好的工作单位,而差的学生只能先看着机会被别人拿走。一方面,德育学分迫使学生管好自己,不做违纪行为;另一方面,依据德育分数进行推荐,也能让企业看到学校对学生的培养是真正落实了校训"德育为先会做人,技能为本会做事",让企业相信大众工业学生的素质水平,让他们愿意录用大众工业的学生。这是学生素质的最佳证明。

2. 奖励为主、奖罚分明

为了让学生改变过去"失败者"的自我印象,激发学生自尊自爱的心,学校建立了奖励为主、惩罚为辅、奖惩分明的制度。学生只要在某一方面表现好,都有可能得奖,就连自行车摆放也设置了"自行车摆放奖",实现了"周周小表扬,月月大表扬"。文明班级、示范班级、标兵班级、"阳光学生""温馨教室",劳动周先进班级、先进个人,集队、广播操优胜班级,文明寝室、星级寝室等奖项的颁发激励学生看到自己的闪光点、同时也能对比发现自身的不足。从正面帮助学生树立了信心,形成一种对生活和学习的积极向上的态度。当然,对违纪行为,学校坚决予以处分,但又留有余地,满足条件可以撤销处分。

六、推动学生发展的德育改革思考

1. 德育切入点：从“高高在上”到“触手可及”

对于普通说教已具备免疫力的中职生来说，过高的目标、过于单一的活动缺乏吸引力。中职阶段的德育只有摈弃“高高在上”的说教姿态，去充分掌握、透彻分析学生的心理状态与需求，并以此为基础设定德育目标，创设德育载体，才能提高德育的针对性和时效性，才能真正推动学生发展。

为此，德育必须选择小的切入口，贴合中职学生的实际行为状态、心理状态，选择学生喜闻乐见的活动形式与手段，从一点一滴的改变和正面强化开始，让学生感受进步的“触手可及”，循序渐进，不断发现和发展学生的“最近发展区”。

2. 从“小德育”到“大德育”：从课堂走向校园

德育的主阵地在课堂，但是它绝不能够只囿于课堂。德育作为学校教育的底色，必须渗透到学校的方方面面。而当学校的德育从教育目标变成了一项工作，建立了班主任和学生处的工作体系之后，其他教师便有了推卸德育责任的借口。相反，通过全员管理体系的建立，让老师人人都必须成为学生的行为典范，“身正不令而行，身不正虽令不从”，教师只有在学校以身作则，才能够对学生具有说服力，让学生听从教师的教育。全员管理让德育真正成为学校教育的底色，还原了学校教育目标，完善了教师的教育天职，让德育从班主任负责变成了全校教职工负责。

学校的德育也不只是从班主任走向了全体教师，更是从德育课走向了教学的全过程。教师们还原了德育的职责之后，在自己的日常教学中便会有意无意地渗透德育的内容，教学部德育主任和德育助理的设立，更是强化了教学中渗透德育的意识，此时的德育已不再局限于德育课这片小小的天地，而是走向了整个学校的核心部分——教学这片广阔的天空。此外，厕所文化、寝室文化、教学部文化等文化的建设，也让学生每时每刻浸润在校园文化的熏陶中。

当德育成为全体教职员工的工作内容之后，德育又走向了学生。一批批学生自主管理队伍让学生活跃在自己管理自己、自己促进自己品德发展的一线。学校给学生创造了道德自我发展、自我提升的舞台和空间，让学生的品德发展从依赖教师教育到实现自我教育，学生真正成为德育的主体。

德育从班主任走向全校教职工，从教师走向学生，从课堂走向整个校园，学校实现了从“小德育”到“大德育”的飞跃，还原了德育最本质的样貌。

3. 从“管理”到“教育”：从管理体系到德心结合

德育，重在“育”，是要诉诸学生内心的，要寻求学生内心的变化才能实现行为的变化。而“管理”将注意力投放在行为的约束方面，或多或少会抹杀对学生心灵滋润的关注。一时的约束并不是德育的最终目标。德育的最终目标是要实现学生能够自觉地表现出道德行为。因此，从“管理”转向“教育”，“育”才是德育的根本。

“周周小表扬、月月大表扬”的激励，“心语小屋”的温情，学生自主管理队伍的自我约束，让学校成功地从“管”向“育”迈出了坚实的步伐，让学生从心灵深处就能受到触动，实现转变，实现品德的发展。

中职生发展变化规律研究
——以上海信息技术学校为例(专题报告)

邬宪伟　周　健　张　勤　赵冬梅

在中国经济发展进程中,三次产业劳动力文化程度低下与产业结构调整严重不相适应,一直是制约发展速度提升的阻力。麦肯锡全球研究院 2012 年发布的《全球劳动力报告:35 亿人的工作、薪资和技能》显示,中国在未来 10 年至 20 年将面临高技能劳动力短缺的困境,结构人口红利将取代总体的数量人口红利继续推动中国经济发展。中职生的知识技能与产业结构升级的要求更加契合,大大改变了原产业工人文化程度不高以及技能不足的状况,从根本上打破了这一阻力。中等职业教育肩负着面向生产、建设、服务和管理第一线需要的高素质技能型人才的使命,为高技术产业的发展和用高新技术改造传统产业提供了良好的人力资源基础,为中国经济的腾飞、为中国制造提供强有力的支撑。

当今社会是一个竞争激烈的社会。伴随着经济、社会、科技和中职教育自身的发展,中职毕业生面临的竞争态势日益严峻。中职院校在人才培养过程中,不仅应让学生掌握一技之长,具有岗位适应能力,实现顺利就业,而且还要让学生在未来的工作中具有潜在的发展后劲,成就自己的事业。这就要求,中职校不仅要强调学生的充分发展,即学生的潜能得到最大程度的发挥和应用,还要强调学生的可持续发展,即在教育领域内不断地学习、训练和提高,从一个阶段向更高的阶段上升和发展,为适应未来的社会奠定可持续发展的基础。

鉴于此,我们必须首先对中职生发展能力变化规律有一个客观、充分的认识,并将其运用到实践教学中去,才能帮助学生树立良好的思想道德素质,掌握必要的文化基础知识、过硬的职业技能、一定的审美意识和审美情趣,以自信、自尊、积极向上的精神风貌接受社会和用人单位的检验。然而,目前对于中职生发展能力变化规律的研究并不多见。在参阅大量文献资料并进行充分的实证考察的基础上,笔者认为,中职生发展能力由思想品质、自我认知、学习与发展能力、职业素养四个结构要素构成(如图 1 所示),从时间维度可以分为充分发展能力(职校在读期间潜能最大程度的发挥)和持续发展能力(毕业生就业的综合表现)。本研究通过对我校优秀中职生和全市中职生发展变化规律进行差异比较,探讨优秀职校生充分发展能力和持续发展能力变化的特点和规律,为中职校的人才培养过程提供一定的借鉴和参考。

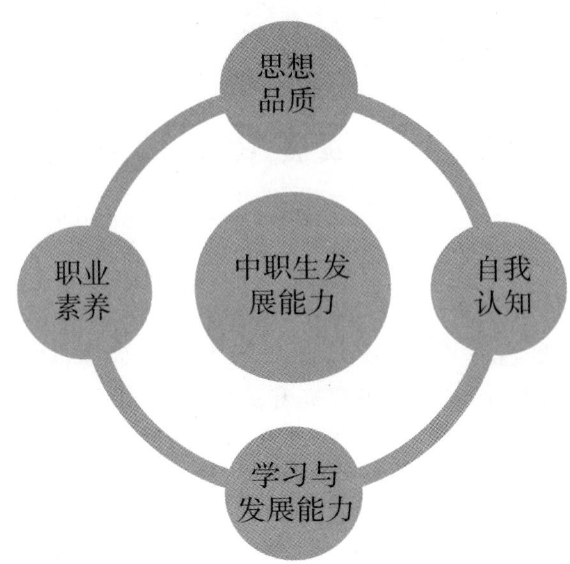

图1　中职生发展能力的结构要素

一、研究设计与方法

1. 研究工具

本研究采用由上海市教育委员会设计发布的《上海市中职生发展状况调查问卷》，共有135题，包括思想品质、学习与发展能力、职业素养、身心健康、社会及家庭生活五个部分。

2. 研究方法

本研究以全市中职生发展变化规律作为基准，通过对我校优秀中职生和全市中职生发展变化规律进行差异比较，从前中职期（成长轨迹的追溯）、中职期（在校生的现状调研）、后中职期（毕业生情况的跟踪研究）三个时间维度，探讨优秀职校生充分发展能力和持续发展能力变化的特点和规律。

3. 研究对象

研究对象是国家中等职业教育改革发展示范学校——上海信息技术学校的69名优秀学生，涉及数字媒体技术应用、商务助理、电子与信息技术、物流服务与管理、数控技术与应用、工业分析与检验、软件与信息服务、电气运行与控制、计算机网络技术等专业的学生。其中男生36人，女生33人；一年级13人，二年级21人，三年级23人，四年级11人。这些学生在校考核优秀，且均在中等职业技能比赛中（如“星光计划”等）勇创佳绩。

二、数据统计与分析①

（一）前中职期

1. 学生家庭环境情况

（1）父母职业及文化程度

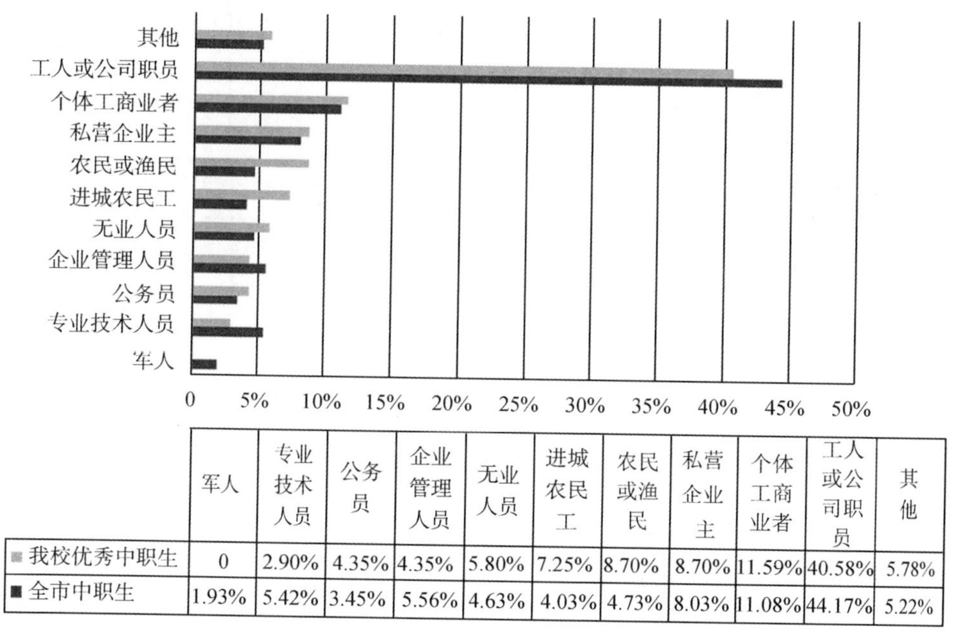

	军人	专业技术人员	公务员	企业管理人员	无业人员	进城农民工	农民或渔民	私营企业主	个体工商业者	工人或公司职员	其他
我校优秀中职生	0	2.90%	4.35%	4.35%	5.80%	7.25%	8.70%	8.70%	11.59%	40.58%	5.78%
全市中职生	1.93%	5.42%	3.45%	5.56%	4.63%	4.03%	4.73%	8.03%	11.08%	44.17%	5.22%

图 2　父亲的职业分布

由图 2 可知：①优秀中职生父亲从事职业人数由多到少依次为工人或公司职员、个体工商业者、私营企业主、农民或渔民、进城农民工、无业人员、企业管理人员、公务员、专业技术人员。②相对全市中职生来说，优秀中职生父亲从事工人或公司职员、专业技术人员的人数较少，而从事农民或渔民、进城农民工的人数较多。

由图 3 可知：①优秀中职生母亲从事职业人数由多到少依次为工人或公司职员、无业人员、个体工商业者、农民或渔民、进城农民工、私营企业主、企业管理人员、专业技术人员。②相对全市中职生来说，优秀中职生母亲从事专业技术人员、企业管理人员、个体工商业者的人数较少，而从事农民或渔民、进城农民工的人数较多。

① 注：在一些统计分析中，因一些学生选择拒答或多选题，百分比总和会小于或大于 100%，不足 100%的选项用“其他”表示。

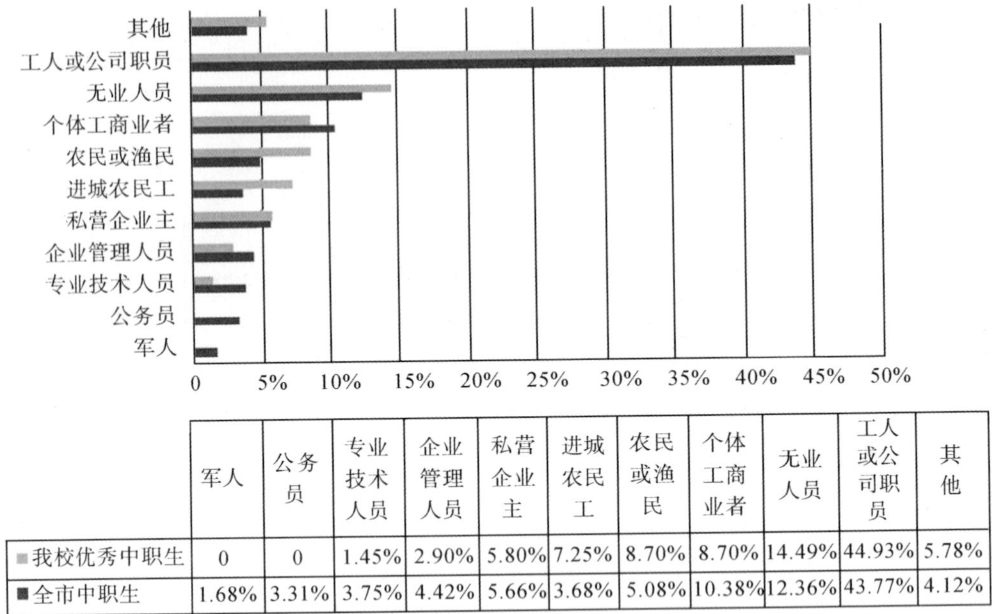

	军人	公务员	专业技术人员	企业管理人员	私营企业主	进城农民工	农民或渔民	个体工商业者	无业人员	工人或公司职员	其他
■我校优秀中职生	0	0	1.45%	2.90%	5.80%	7.25%	8.70%	8.70%	14.49%	44.93%	5.78%
■全市中职生	1.68%	3.31%	3.75%	4.42%	5.66%	3.68%	5.08%	10.38%	12.36%	43.77%	4.12%

图3　母亲的职业分布

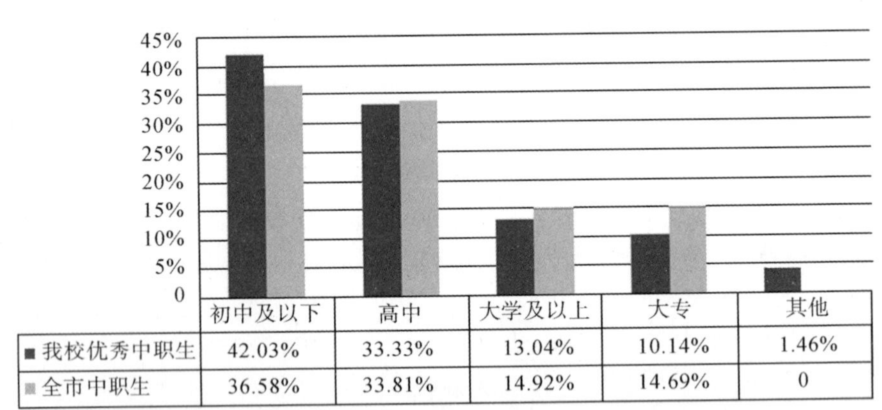

	初中及以下	高中	大学及以上	大专	其他
■我校优秀中职生	42.03%	33.33%	13.04%	10.14%	1.46%
■全市中职生	36.58%	33.81%	14.92%	14.69%	0

图4　父亲的学历分布

由图4可知:①优秀中职生父亲的学历分布由多到少依次为初中及以下、高中、大学及以上、大专。②相对全市中职生来说,优秀中职生父亲大学及以上、大专相对较少,而初中及以下相对较多。

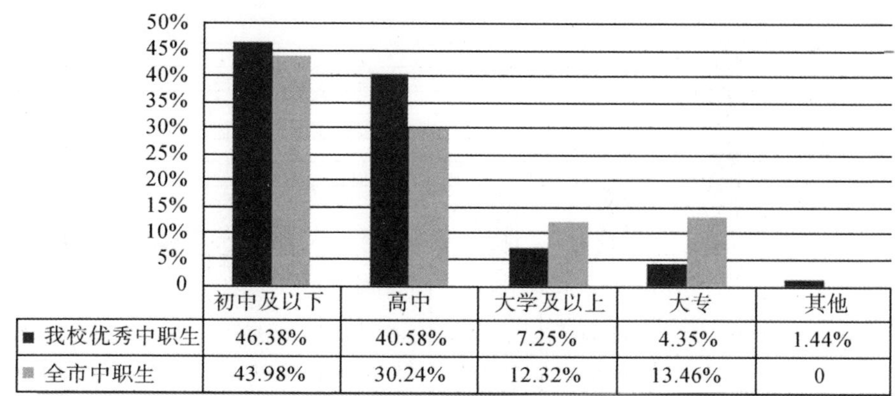

	初中及以下	高中	大学及以上	大专	其他
■ 我校优秀中职生	46.38%	40.58%	7.25%	4.35%	1.44%
■ 全市中职生	43.98%	30.24%	12.32%	13.46%	0

图 5 母亲的学历分布

由图 5 可知:①优秀中职生母亲的学历分布由多到少依次为初中及以下、高中、大学及以上、大专。②相对全市中职生来说,优秀中职生母亲大学及以上、大专相对较少,而高中相对较多。

分析:家长是孩子的第一任教师,即启蒙之师。所以家长对孩子的影响具有早期性和长期性,对孩子的发展具有不可忽视的影响作用。本次调查显示,相对全市中职生,优秀中职生父母的学历文凭较低,从事农民或渔民、进城农民工等职业较多。这表明尽管这部分优秀中职生难以得到家长学习上的良好影响和有效辅导,家长自身的素质、自身的能力水平对中职生的影响是有限的,但学生自身的能动性起着更大的决定性作用。

(2) 家庭经济状况

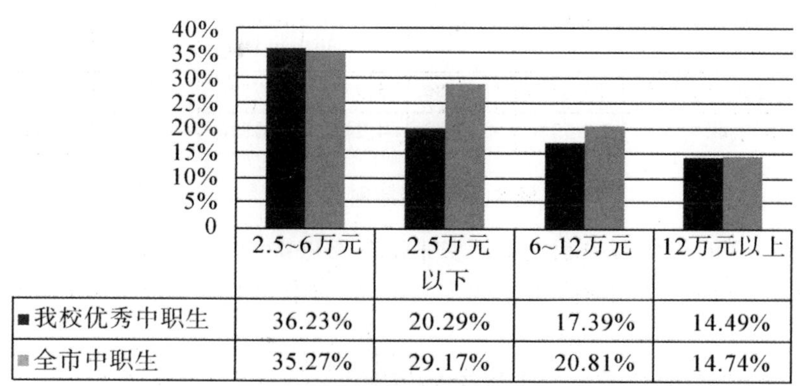

	2.5~6万元	2.5万元以下	6~12万元	12万元以上
■我校优秀中职生	36.23%	20.29%	17.39%	14.49%
■全市中职生	35.27%	29.17%	20.81%	14.74%

图 6 家庭的年收入分布

由图 6 可知:①优秀中职生家庭的年收入分布依次为 2.5~6 万元、2.5 万元以下、6~12 万元、12 万元以上。②相对全市中职生来说,优秀中职生家庭年收入分布在 2.5 万元以下、6~12 万元偏少,在 2.5~6 万元略微偏多。

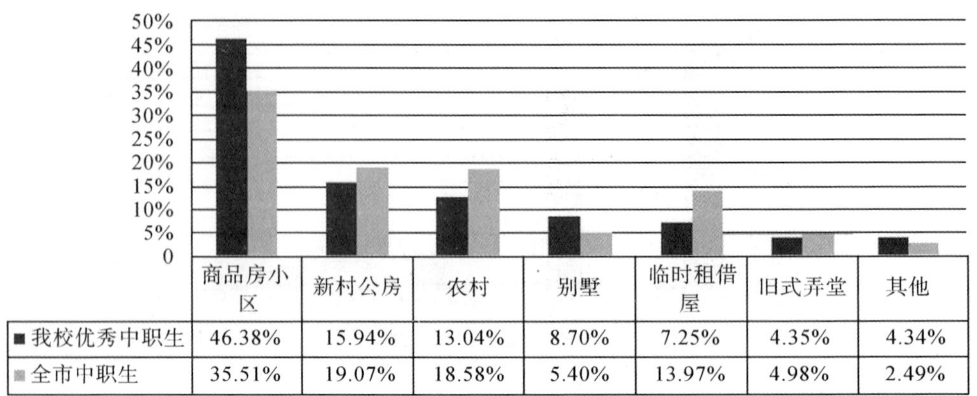

	商品房小区	新村公房	农村	别墅	临时租借屋	旧式弄堂	其他
■我校优秀中职生	46.38%	15.94%	13.04%	8.70%	7.25%	4.35%	4.34%
■全市中职生	35.51%	19.07%	18.58%	5.40%	13.97%	4.98%	2.49%

图7　家庭住房的类型分布

由图7可知:①优秀中职生家庭住房的类型分布依次为商品房小区、新村公房、农村、别墅、临时租借屋、旧式弄堂。②相对全市中职生来说,优秀中职生家庭住房分布中商品房小区较多,而临时租借屋、农村、新村公房较少。

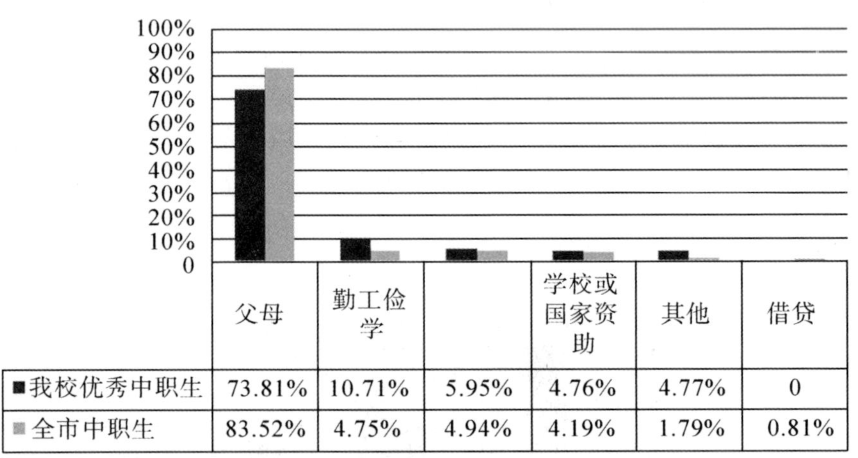

	父母	勤工俭学		学校或国家资助	其他	借贷
■我校优秀中职生	73.81%	10.71%	5.95%	4.76%	4.77%	0
■全市中职生	83.52%	4.75%	4.94%	4.19%	1.79%	0.81%

图8　生活费的来源分布

由图8可知:①优秀中职生生活费来源分布依次为父母、勤工俭学、亲友、学校或国家资助、其他。②相对全市中职生来说,优秀中职生生活费来源分布中勤工俭学较多。

分析:调查显示,优秀中职生更多地从事勤工俭学,更注重培养自己的理财意识及自食其力的能力。学生的学习要以一定的家庭经济条件作基础。家庭经济条件好,就能够满足学生在学习上相应的需求,没有经济上的困扰相应地也就减少了精神上的负担,从而更能安心地学习,并获得学习所需的资源;而家庭经济条件差,学生在校生活就会有一定困难,有的学生学习费用甚至要靠家庭借贷供给,这样很明显会增加学生的精神压力,相应地在学习上也会分心,从而对中职生学习的状况造成影响。

（3）亲子关系

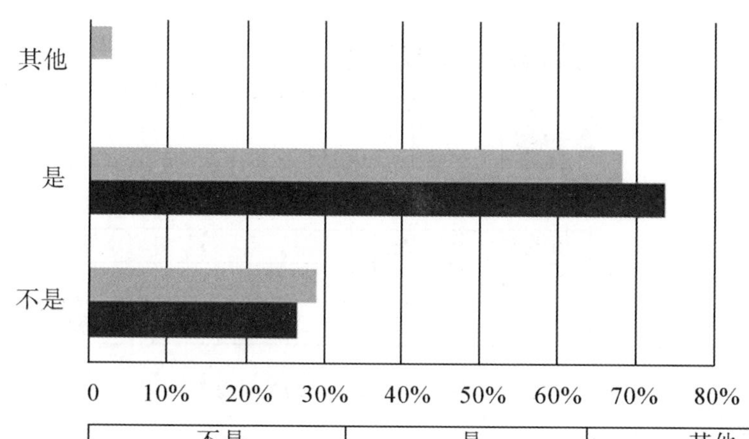

	不是	是	其他
我校优秀中职生	28.99%	68.12%	2.89%
全市中职生	26.47%	73.53%	0

图 9　你从小到大是否一直和父母生活在一起

由图 9 可知：优秀中职生有 68.12%从小到大一直和父母生活在一起，相对全市中职生较低。

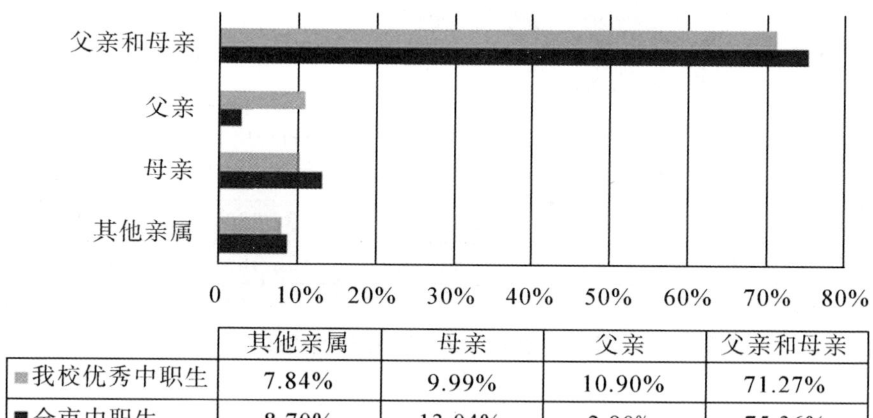

	其他亲属	母亲	父亲	父亲和母亲
我校优秀中职生	7.84%	9.99%	10.90%	71.27%
全市中职生	8.70%	13.04%	2.90%	75.36%

图 10　你目前和谁一起居住

由图 10 可知：①优秀中职生目前依次和父母、父亲、母亲、其他亲属居住在一起。②相对全市中职生来说，优秀中职生和父亲居住相对较多，而和父母及母亲居住相对较少。

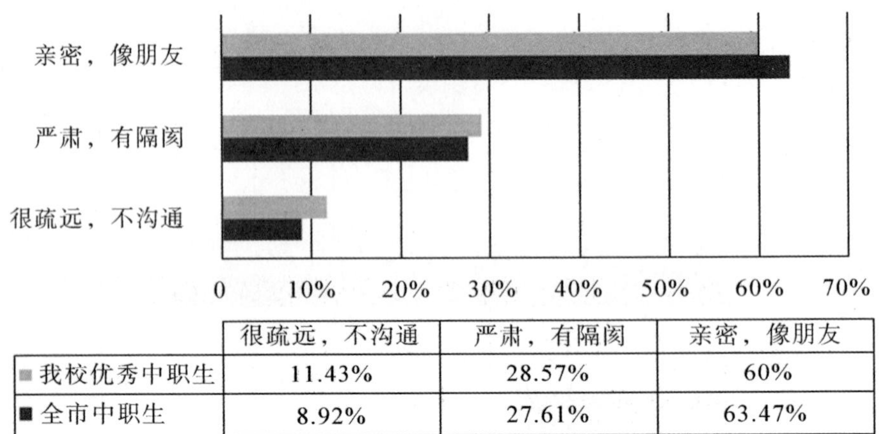

	很疏远，不沟通	严肃，有隔阂	亲密，像朋友
■我校优秀中职生	11.43%	28.57%	60%
■全市中职生	8.92%	27.61%	63.47%

图11　你觉得你和父母的关系怎样

由图11可知：①优秀中职生觉得自己和父母的关系依次为亲密，像朋友；严肃，有隔阂；很疏远，不沟通。②相对全市中职生来说，优秀中职生认为自己和父母的关系是严肃、很疏远的较多，而亲密的相对较少。

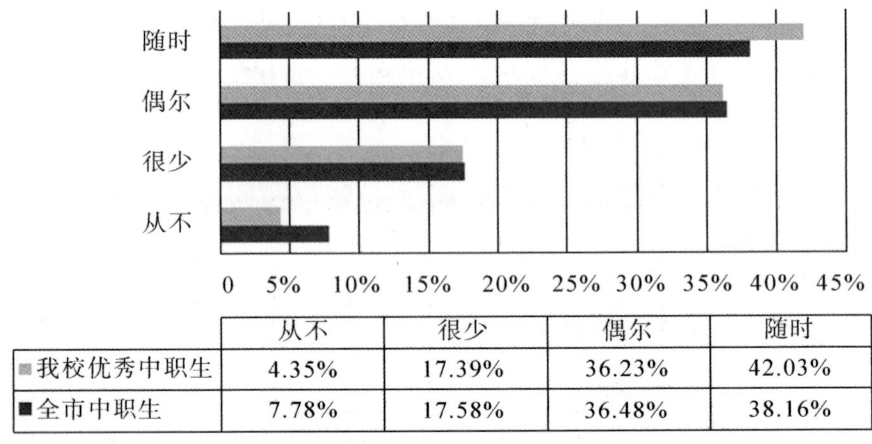

	从不	很少	偶尔	随时
■我校优秀中职生	4.35%	17.39%	36.23%	42.03%
■全市中职生	7.78%	17.58%	36.48%	38.16%

图12　你与父母沟通、倾诉的频率

由图12可知：①优秀中职生与父母沟通、倾诉的频率依次为随时、偶尔、很少、从不。②相对全市中职生来说，优秀中职生与父母沟通、倾诉的频率随时较多。

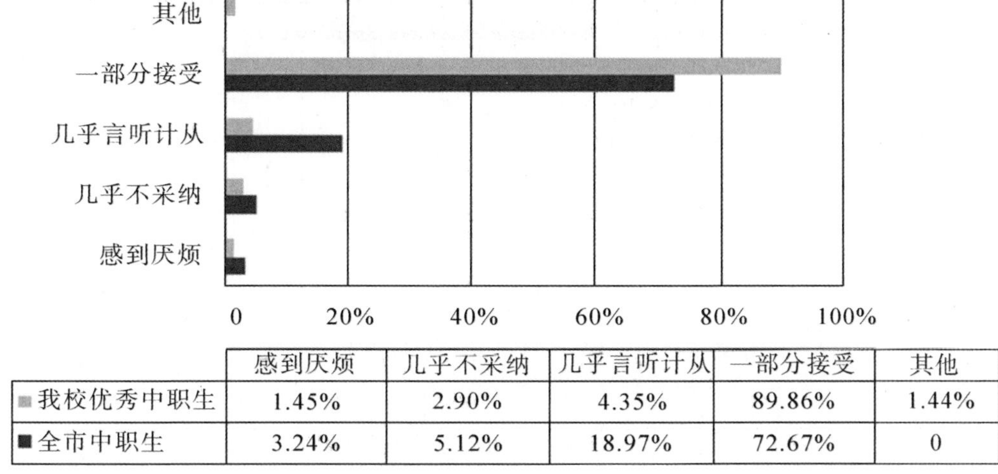

	感到厌烦	几乎不采纳	几乎言听计从	一部分接受	其他
我校优秀中职生	1.45%	2.90%	4.35%	89.86%	1.44%
全市中职生	3.24%	5.12%	18.97%	72.67%	0

图 13　你对父母给你的建议

由图 13 可知：①优秀中职生对父母给的建议接受程度依次为一部分接受、几乎言听计从、几乎不采纳、感到厌烦。②相对全市中职生来说，优秀中职生对父母给的建议接受程度中一部分接受较多，而几乎言听计从、几乎不采纳、感到厌烦较少。

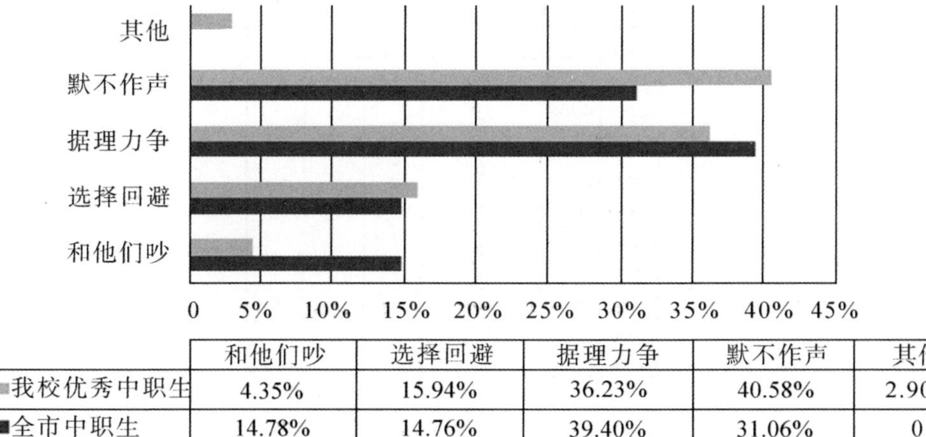

	和他们吵	选择回避	据理力争	默不作声	其他
我校优秀中职生	4.35%	15.94%	36.23%	40.58%	2.90%
全市中职生	14.78%	14.76%	39.40%	31.06%	0

图 14　你与父母发生矛盾时，你会更多地表现为

由图 14 可知：①优秀中职生在自己与父母发生矛盾时的表现依次为默不作声、据理力争、选择回避、和他们吵。②相对全市中职生来说，优秀中职生选择默不作声、选择回避的较多，而选择和他们吵、据理力争的较少。

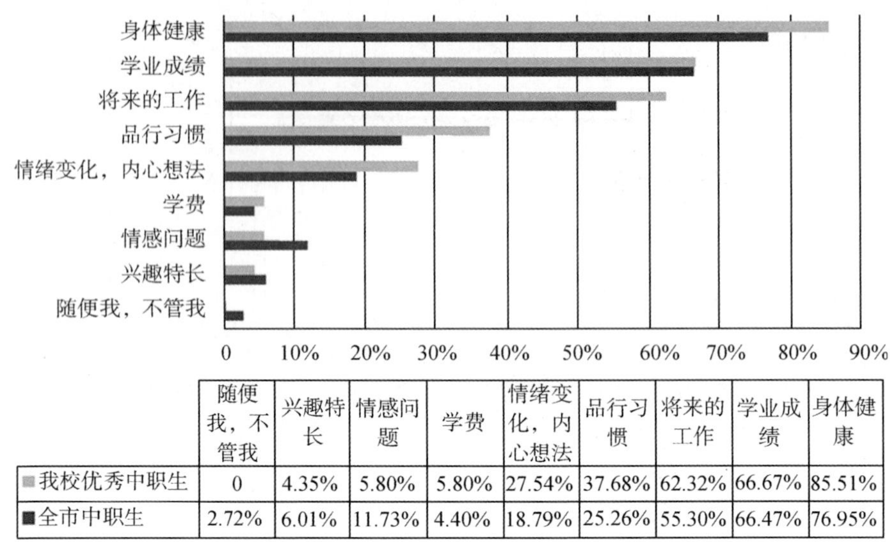

	随便我，不管我	兴趣特长	情感问题	学费	情绪变化，内心想法	品行习惯	将来的工作	学业成绩	身体健康
■我校优秀中职生	0	4.35%	5.80%	5.80%	27.54%	37.68%	62.32%	66.67%	85.51%
■全市中职生	2.72%	6.01%	11.73%	4.40%	18.79%	25.26%	55.30%	66.47%	76.95%

图 15　你认为父母最关心你的是(多选题)

由图 15 可知:①优秀中职生认为父母最关心自己的依次是身体健康、学业成绩、将来的工作、品行习惯、情绪变化,内心想法、学费、情感问题、兴趣特长。②相对全市中职生来说,优秀中职生认为父母最关心自己的身体健康、品行习惯、情绪变化,内心想法、将来的工作较多,而情感问题、不管自己的相对较少。

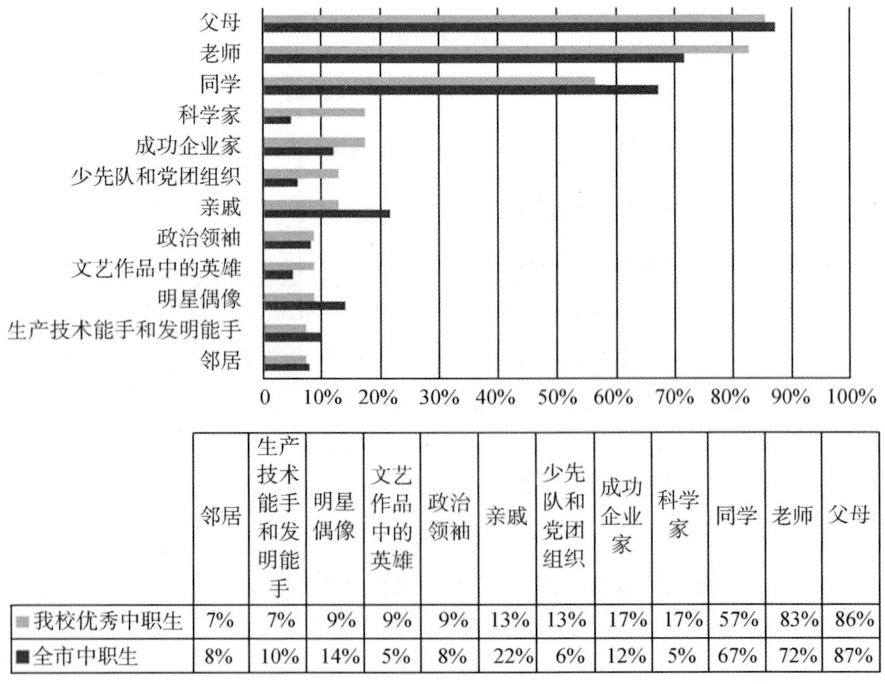

	邻居	生产技术能手和发明能手	明星偶像	文艺作品中的英雄	政治领袖	亲戚	少先队和党团组织	成功企业家	科学家	同学	老师	父母
■我校优秀中职生	7%	7%	9%	9%	9%	13%	13%	17%	17%	57%	83%	86%
■全市中职生	8%	10%	14%	5%	8%	22%	6%	12%	5%	67%	72%	87%

图 16　你认为对你的成长影响最大的是(多选题)

由图 16 可知：①优秀中职生认为对自己的成长影响最大依次是父母、老师、同学、科学家、成功企业家、少先队和党团组织、亲戚、政治领袖、文艺作品中的英雄、明星偶像、生产技术能手和发明能手、邻居。②相对全市中职生来说，优秀中职生认为老师、科学家、成功企业家对自己的成长影响较大。

分析：调查表明，相对全市中职生来说，优秀中职生与父母沟通、倾诉较频繁，并会相对辩证地部分接受父母的建议，在与父母发生矛盾时也会相对理性。家庭环境对学生心理素质的养成有很大的影响。有些中职生家庭不健全或者家庭关系复杂，孩子得不到应有的关心和温暖，无心学习。也有一些家长对孩子的管教过于严苛或过于放任，要么动辄拳打脚踢，要么不闻不问，这都会对学生的成长带来不利影响。还有些家长抱有不正确的教育观和人才观，认为进入职业学校的学生没什么前途，因而对他们全然没有任何期望，还经常把职校生当作“反面教材”，这样一来，中职生的自信心更是进一步锐减，进而也就对学习没有兴趣。

2. 以往学习经历

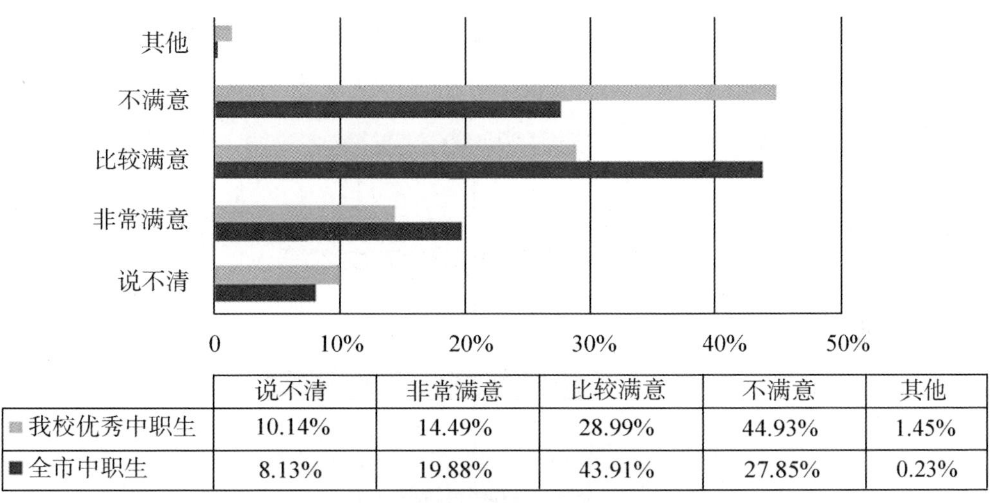

	说不清	非常满意	比较满意	不满意	其他
■我校优秀中职生	10.14%	14.49%	28.99%	44.93%	1.45%
■全市中职生	8.13%	19.88%	43.91%	27.85%	0.23%

图 17　你对自己初中的学习状况是否感到满意

由图 17 可知：相对全市中职生来说，优秀中职生对自己初中的学习状况相对来说不满意。（分析同 2.2.1 的分析）

（二）中职期

中职生的充分发展能力要求学校帮助中职学生寻找适合自身发展需要的专业与职业，个体与职业的匹配体现了个人价值的最大化。只有学生职业生涯有好的发展，职业学校的办学才会有真正意义上的吸引力。

1. 中职生学习现状

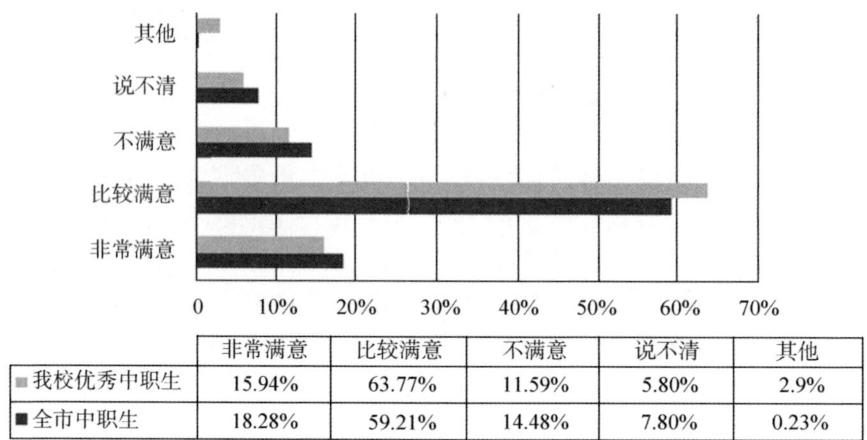

	非常满意	比较满意	不满意	说不清	其他
■我校优秀中职生	15.94%	63.77%	11.59%	5.80%	2.9%
■全市中职生	18.28%	59.21%	14.48%	7.80%	0.23%

图18　你对自己目前的学习状况是否感到满意

由图18可知：相对全市中职生来说，优秀中职生相对来说比较满意。

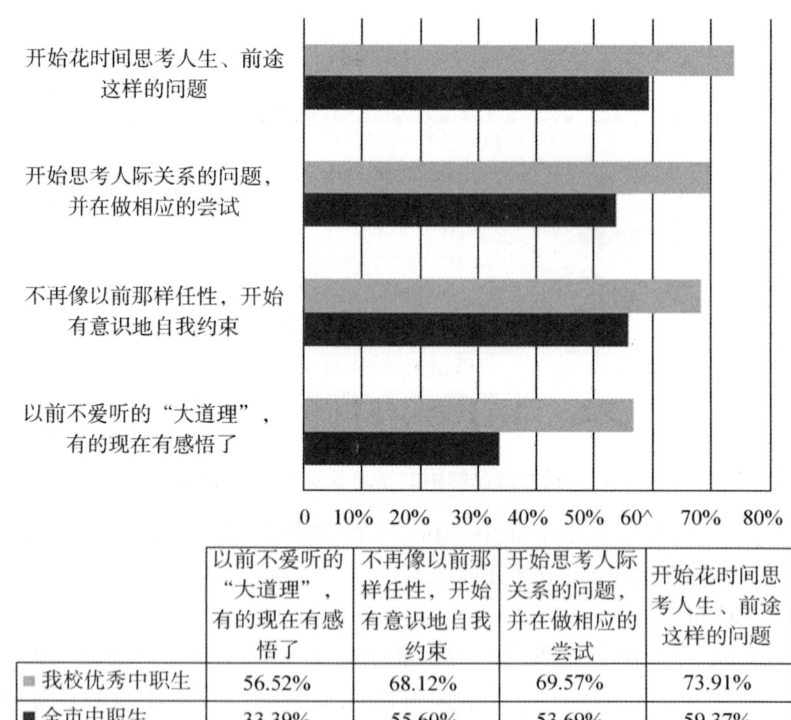

	以前不爱听的"大道理"，有的现在有感悟了	不再像以前那样任性，开始有意识地自我约束	开始思考人际关系的问题，并在做相应的尝试	开始花时间思考人生、前途这样的问题
■我校优秀中职生	56.52%	68.12%	69.57%	73.91%
■全市中职生	33.39%	55.60%	53.69%	59.37%

图19　现在的你与初中及以前的你有哪些不同(多选题)

由图19可知：相对全市中职生来说，优秀中职生比以前更加开始花时间思考人生、前途、人际关系、有意识地自我约束、对以前不爱听的"大道理"有所感悟。

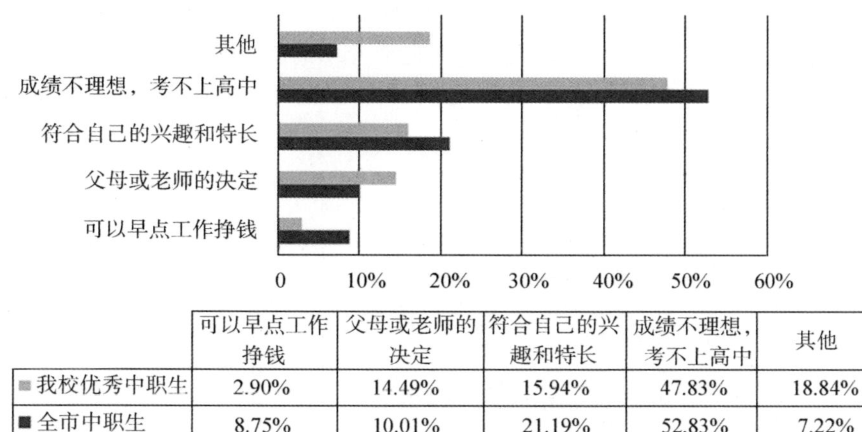

	可以早点工作挣钱	父母或老师的决定	符合自己的兴趣和特长	成绩不理想，考不上高中	其他
■我校优秀中职生	2.90%	14.49%	15.94%	47.83%	18.84%
■全市中职生	8.75%	10.01%	21.19%	52.83%	7.22%

图 20　你选择中职学校就读，主要是因为

由图 20 可知：①优秀中职生选择中职学校就读的原因依次为成绩不理想、符合自己的兴趣和特长、父母或老师的决定、可以早点工作挣钱。②相对全市中职生来说，优秀中职生择校因为父母或老师决定的更多。

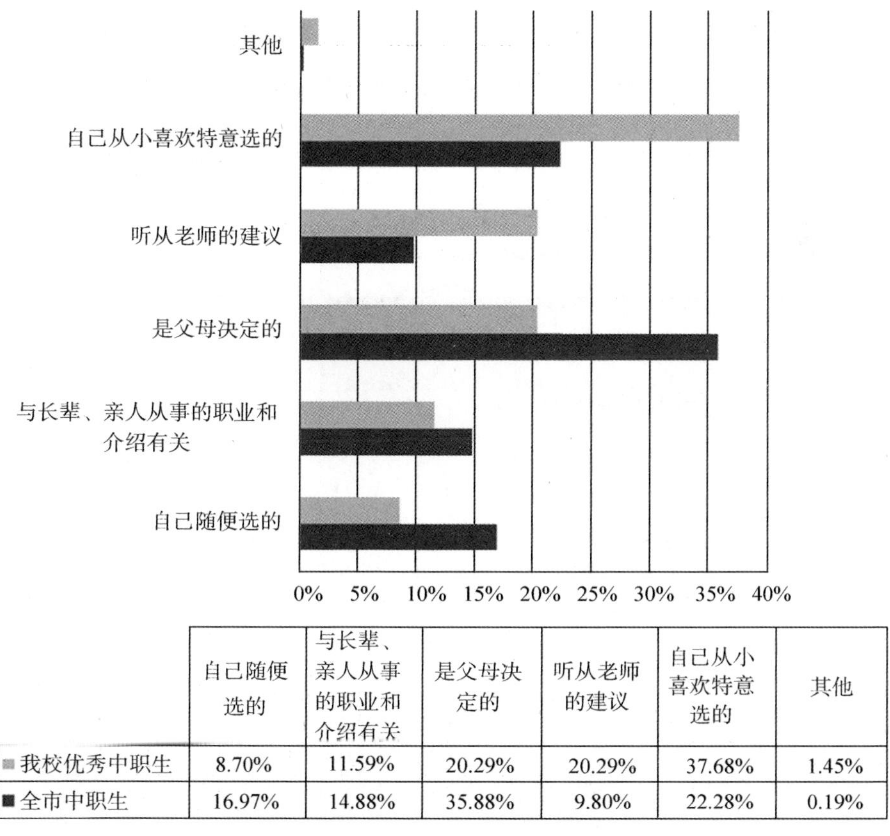

	自己随便选的	与长辈、亲人从事的职业和介绍有关	是父母决定的	听从老师的建议	自己从小喜欢特意选的	其他
■我校优秀中职生	8.70%	11.59%	20.29%	20.29%	37.68%	1.45%
■全市中职生	16.97%	14.88%	35.88%	9.80%	22.28%	0.19%

图 21　你现在学习的专业是怎么样选定的

由图21可知:①优秀中职生选定专业的原因依次为自己从小喜欢、听老师的建议、是父母决定的、与长辈亲人从事的职业和介绍有关、自己随便选的。②相对全市中职生来说,优秀中职生选定专业更多因为自己从小喜欢、听从老师的建议,而由父母决定、和自己随便选定的相对较少。

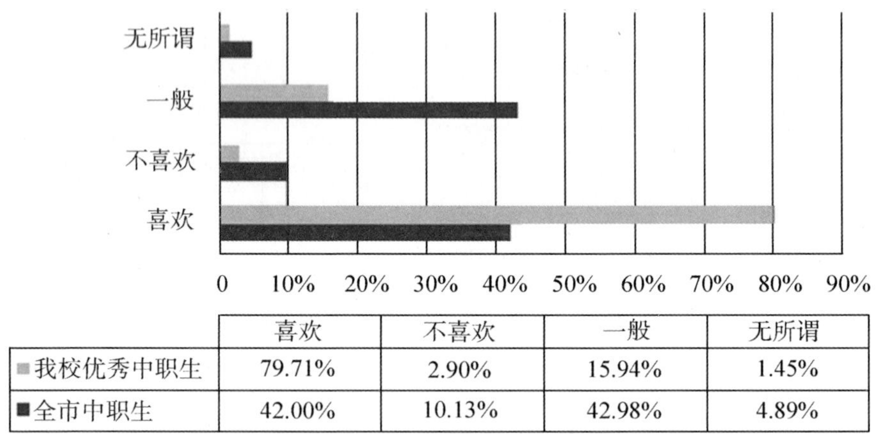

	喜欢	不喜欢	一般	无所谓
■我校优秀中职生	79.71%	2.90%	15.94%	1.45%
■全市中职生	42.00%	10.13%	42.98%	4.89%

图22　你喜欢现在的学校吗

由图22可知:①优秀中职生对现在学校的态度依次为喜欢、不喜欢、一般、无所谓。②相对全市中职生来说,优秀中职生喜欢本校的较多,不喜欢本校的较少。

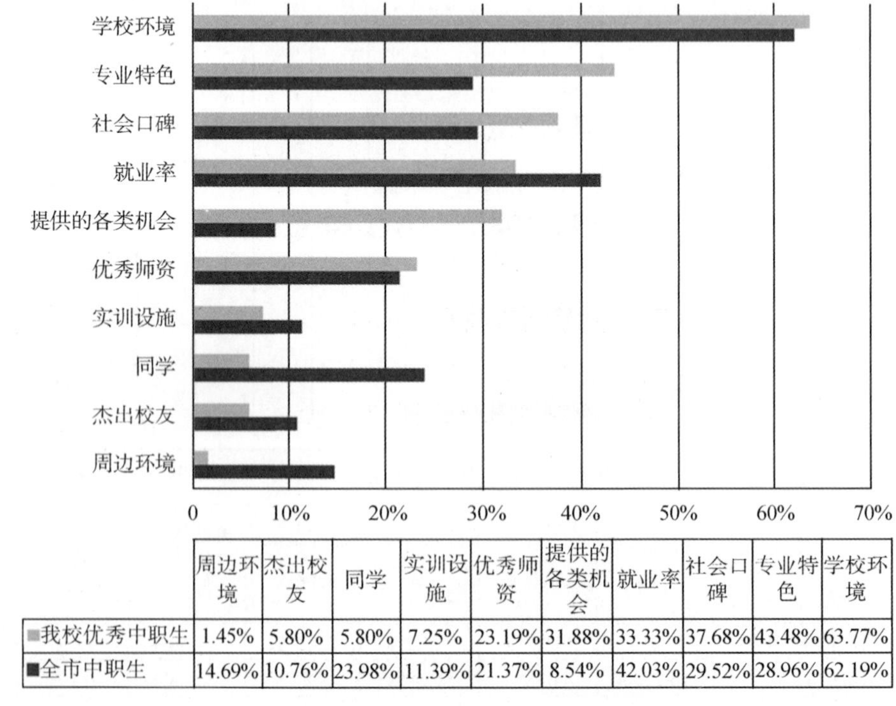

	周边环境	杰出校友	同学	实训设施	优秀师资	提供的各类机会	就业率	社会口碑	专业特色	学校环境
■我校优秀中职生	1.45%	5.80%	5.80%	7.25%	23.19%	31.88%	33.33%	37.68%	43.48%	63.77%
■全市中职生	14.69%	10.76%	23.98%	11.39%	21.37%	8.54%	42.03%	29.52%	28.96%	62.19%

图23　你最看重学校的什么(多选题)

由图 23 可知:①优秀中职生最看重学校的学校环境、专业特色、社会口碑、就业率、提供的各类机会、优秀师资、实训设施、同学、杰出校友、周边环境。②相对全市中职生来说,优秀中职生更看重学校的专业特色、社会口碑、提供的各类机会、优秀师资。

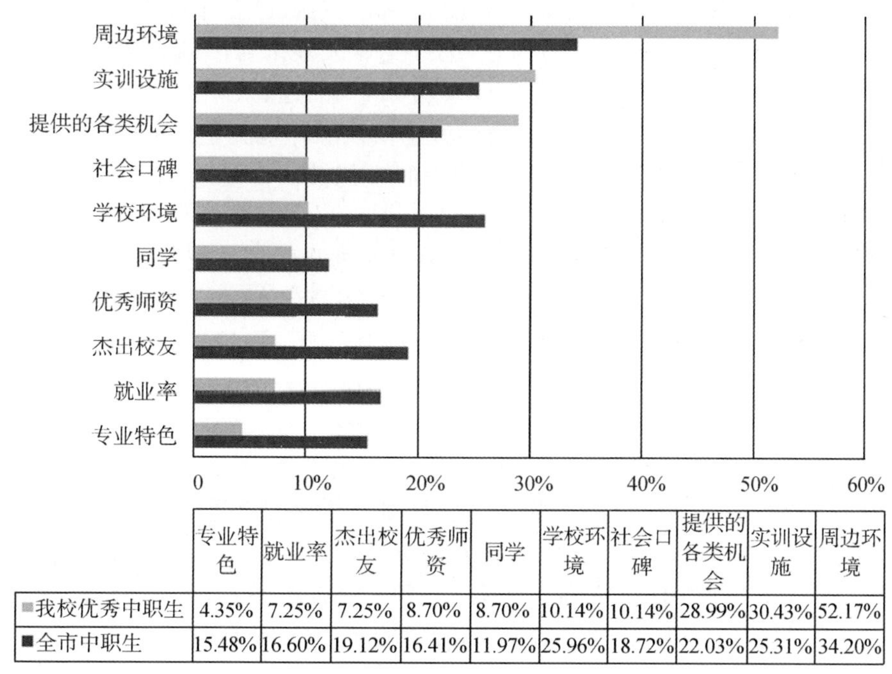

	专业特色	就业率	杰出校友	优秀师资	同学	学校环境	社会口碑	提供的各类机会	实训设施	周边环境
我校优秀中职生	4.35%	7.25%	7.25%	8.70%	8.70%	10.14%	10.14%	28.99%	30.43%	52.17%
全市中职生	15.48%	16.60%	19.12%	16.41%	11.97%	25.96%	18.72%	22.03%	25.31%	34.20%

图 24　你认为目前学校最欠缺的是什么(多选题)

由图 24 可知:相对全市中职生来说,优秀中职生认为目前学校最欠缺的依次是周边环境、实训设施、提供的各类机会。

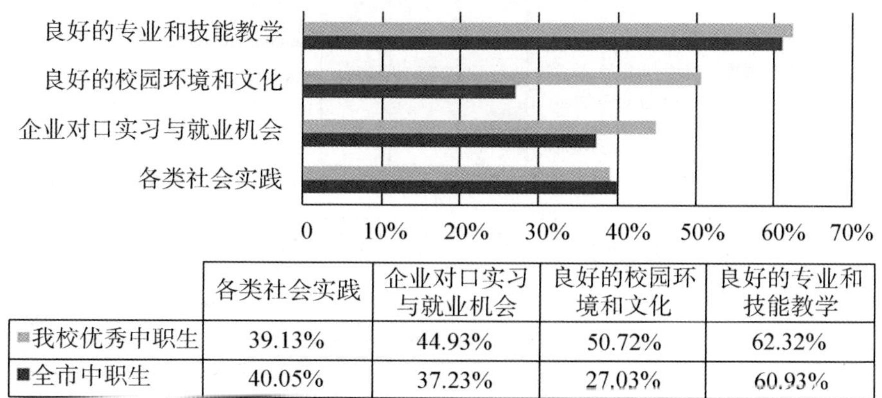

	各类社会实践	企业对口实习与就业机会	良好的校园环境和文化	良好的专业和技能教学
我校优秀中职生	39.13%	44.93%	50.72%	62.32%
全市中职生	40.05%	37.23%	27.03%	60.93%

图 25　你最希望学校为你提供的是(多选题)

由图25可知:①优秀中职生最希望学校提供的依次是良好的专业和技能教学、良好的校园环境和文化、企业对口实习与就业机会、各类社会实践。②相对全市中职生来说,优秀中职生更希望学校提供良好的校园环境和文化、企业对口实习与就业的机会。

分析:调查表明,相对普通中职生,优秀中职生对自己初中的学习状况并不满意,对目前中职校的学习环境较为满意,选择专业大多是自己的兴趣喜爱所致,且对现在的学校很满意。他们开始花时间思考人生、前途、人际关系、有意识地约束自己,并且希望学校提供良好的专业技能教学及校园环境文化。不得不指出的是,在目前的中等职业学校中,即便是优秀的中职生仍被认为是“差生”而去被动接受中职教育。

学校的环境包括硬件和软件两部分。硬件主要指学校的设备、仪器、图书等物质条件;软件主要指学校的校风、管理以及教学方法等。学校环境对学生的学习价值观、学习兴趣、学习方法和学习习惯等都会产生影响。好的学习环境会对学生产生积极影响,不良的学习环境却会对学生产生不利影响。

学校归属感是中职生在所就读的学校环境中,感觉到自己是重要一员,是被老师和同学接受、支持、尊重的,是自发地愿意参加学校的各种活动并与他人成为一个整体的情感。学校要建立良好师生关系,尊重学生、鼓励学生、关心学生的生活和学习,提升教师自身人格魅力,加强教师的职业道德,提倡公平竞争,营造宽松、和谐的氛围。还要发展良好同伴关系,发挥班级文化的凝聚功能,增强集体荣誉感,以促进自我认同的提升及提高学习自我效能,进而形成良好的学校归属感。

2. 思想品质

(1) 理想信念

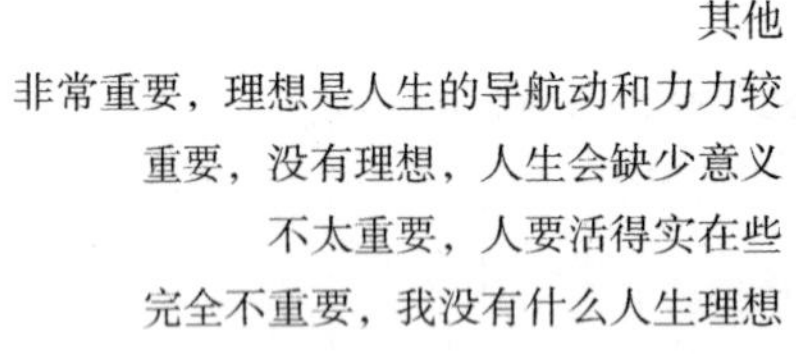

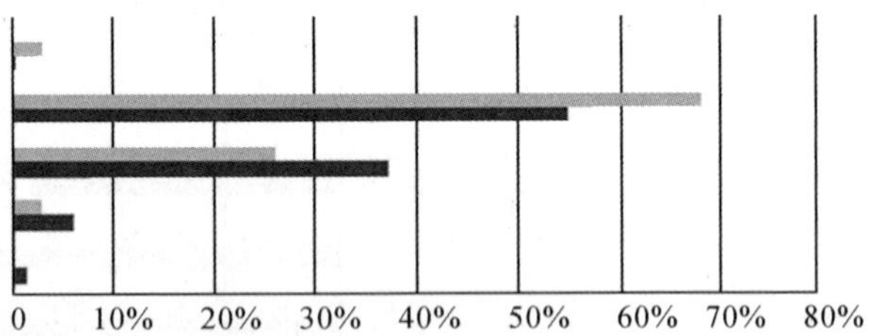

	完全不重要，我没有什么人生理想	不太重要，人要活得实在些	比较重要，没有理想，人生会缺少意义	非常重要，理想是人生的导航动力	其他
■我校优秀中职生	0	2.90%	26.09%	68.12%	2.89%
■全市中职生	1.54%	6.08%	37.23%	54.97%	0.18%

图26　你认为理想对于人生来说重要吗

由图 26 可知：相对全市中职生来说，优秀中职生认为理想对于人生来说非常重要。

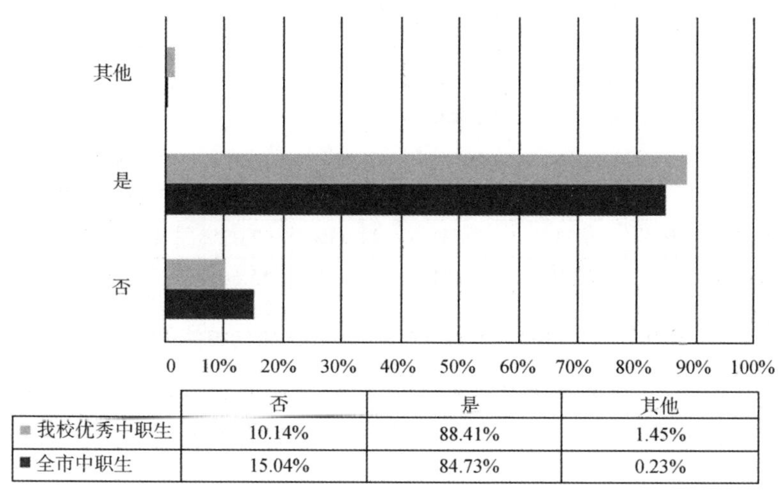

	否	是	其他
■我校优秀中职生	10.14%	88.41%	1.45%
■全市中职生	15.04%	84.73%	0.23%

图 27　进入中职校后你是否想过确立新的奋斗目标

由图 27 可知：相对全市中职生来说，优秀中职生进入中职校后想过确立新的奋斗目标的比例更多。

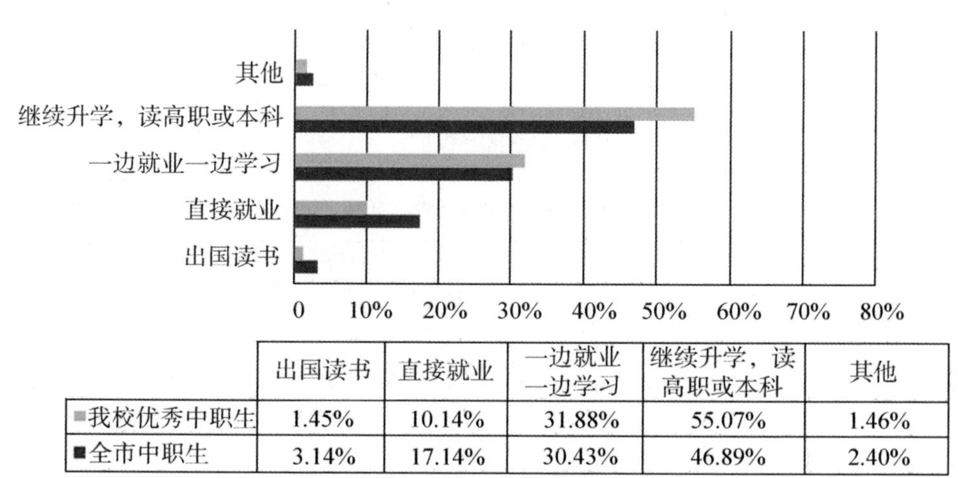

	出国读书	直接就业	一边就业一边学习	继续升学，读高职或本科	其他
■我校优秀中职生	1.45%	10.14%	31.88%	55.07%	1.46%
■全市中职生	3.14%	17.14%	30.43%	46.89%	2.40%

图 28　作为中职生，毕业后你的打算是

由图 28 可知：①优秀中职生毕业后的打算依次为继续升学、一边就业一边学习、直接就业、出国读书。②相对全市中职生来说，优秀中职生更倾向一边就业一边学习。

（2）价值取向

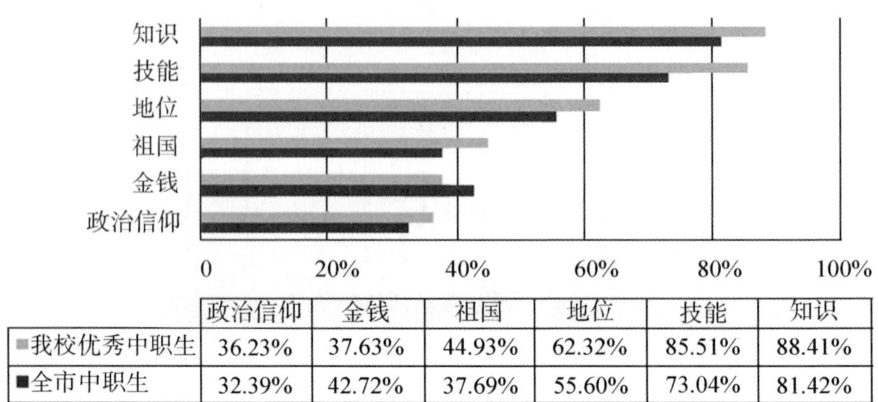

	政治信仰	金钱	祖国	地位	技能	知识
■我校优秀中职生	36.23%	37.63%	44.93%	62.32%	85.51%	88.41%
■全市中职生	32.39%	42.72%	37.69%	55.60%	73.04%	81.42%

图 29　你觉得一个人的尊严与哪些因素密切相关(多选题)

由图 29 可知:①优秀中职生觉得与尊严密切相关的因素依次为知识、技能、地位、祖国、金钱、政治信仰。②相对全市中职生来说,优秀中职生更倾向知识、技能、地位。

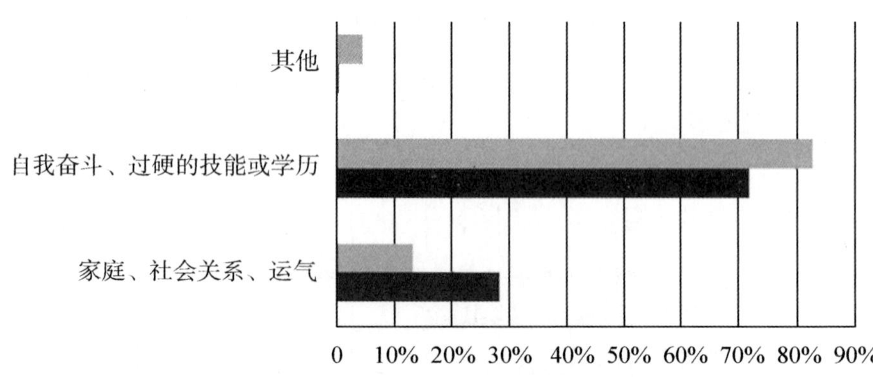

	家庭、社会关系、运气	自我奋斗、过硬的技能或学历	其他
■我校优秀中职生	13.04%	82.61%	4.35%
■全市中职生	28.08%	71.73%	0.19%

图 30　你认为一个人取得成功主要靠

由图 30 可知:①优秀中职生认为成功主要靠自我奋斗、过硬的技能或学历,其次是家庭、社会关系、运气。②相对全市中职生来说,优秀中职生更倾向自我奋斗、过硬的技能或学历。

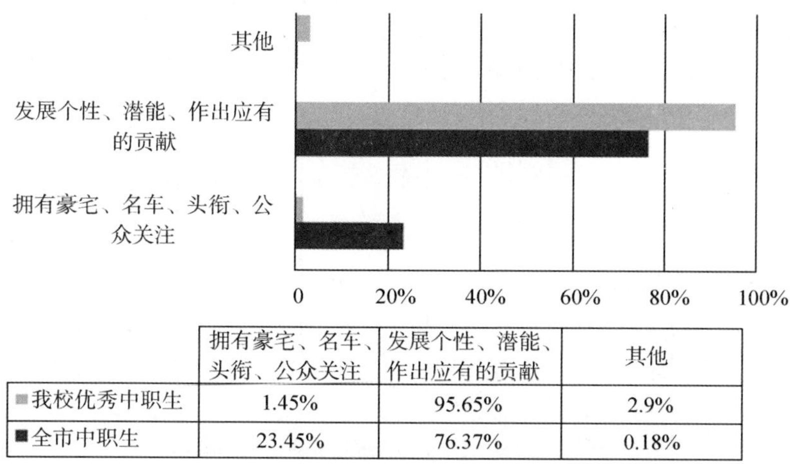

	拥有豪宅、名车、头衔、公众关注	发展个性、潜能、作出应有的贡献	其他
我校优秀中职生	1.45%	95.65%	2.9%
全市中职生	23.45%	76.37%	0.18%

图 31　你认为成功的重要性体现在哪里

由图 31 可知：①优秀中职生认为成功的重要性体现在发展个性、潜能、作出应有的贡献，其次是拥有豪宅、名车、头衔、公众关注。②相对全市中职生来说，优秀中职生更倾向发展个性、潜能、作出应有的贡献。

（3）健全人格

A. 诚信

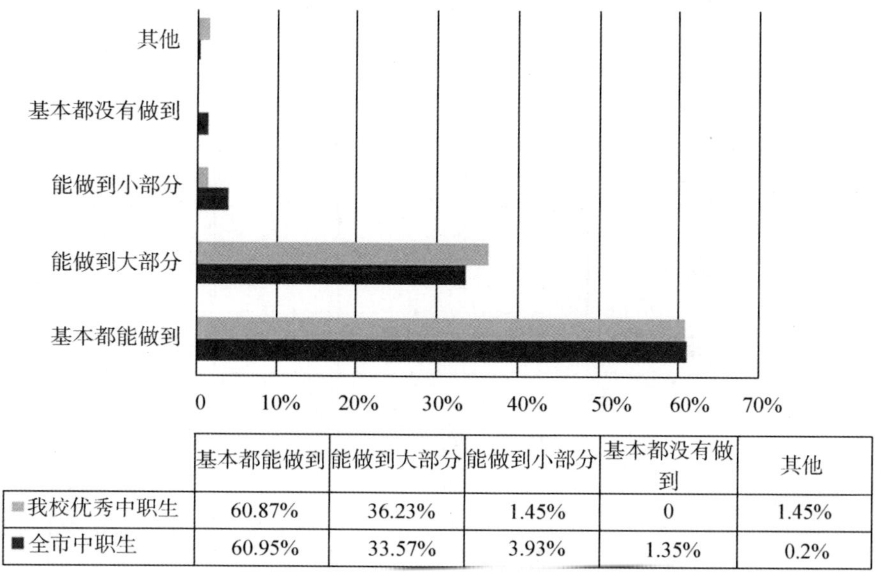

	基本都能做到	能做到大部分	能做到小部分	基本都没有做到	其他
我校优秀中职生	60.87%	36.23%	1.45%	0	1.45%
全市中职生	60.95%	33.57%	3.93%	1.35%	0.2%

图 32　你答应别人的事情，是否都能做到

由图 32 可知：相对全市中职生来说，优秀中职生答应别人的事情，基本都能做到或能做到大部分。

B. 文明素质

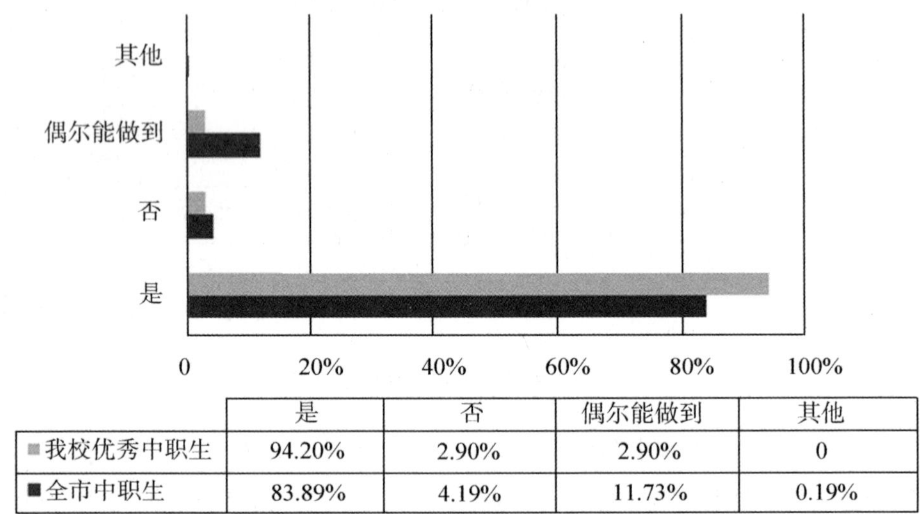

	是	否	偶尔能做到	其他
■我校优秀中职生	94.20%	2.90%	2.90%	0
■全市中职生	83.89%	4.19%	11.73%	0.19%

图 33　讲究卫生，不随地吐痰，不乱扔垃圾

由图 33 可知：相对全市中职生来说，优秀中职生更能讲究卫生，不随地吐痰，不乱扔垃圾。

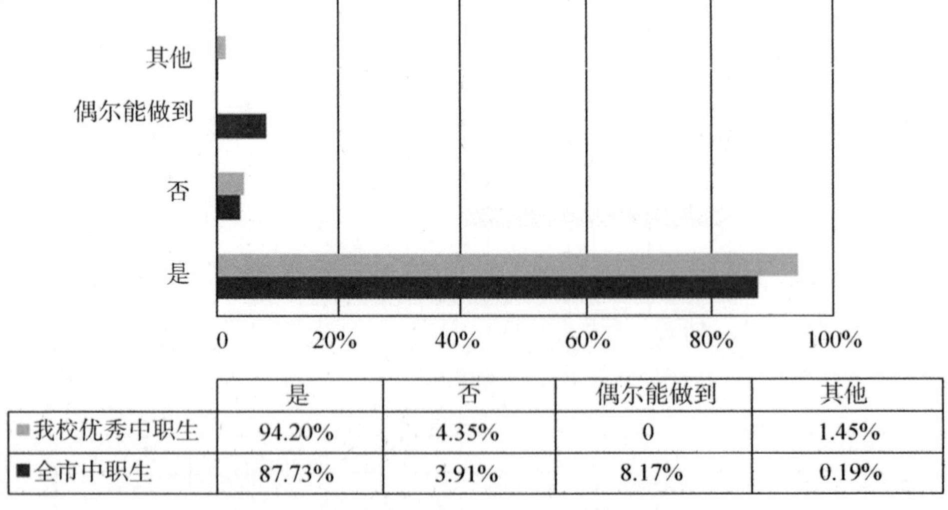

	是	否	偶尔能做到	其他
■我校优秀中职生	94.20%	4.35%	0	1.45%
■全市中职生	87.73%	3.91%	8.17%	0.19%

图 34　爱护公共环境，不损坏公物，不破坏绿化

由图 34 可知：相对全市中职生来说，优秀中职生更加爱护公共环境，不损坏公物,不破坏绿化。

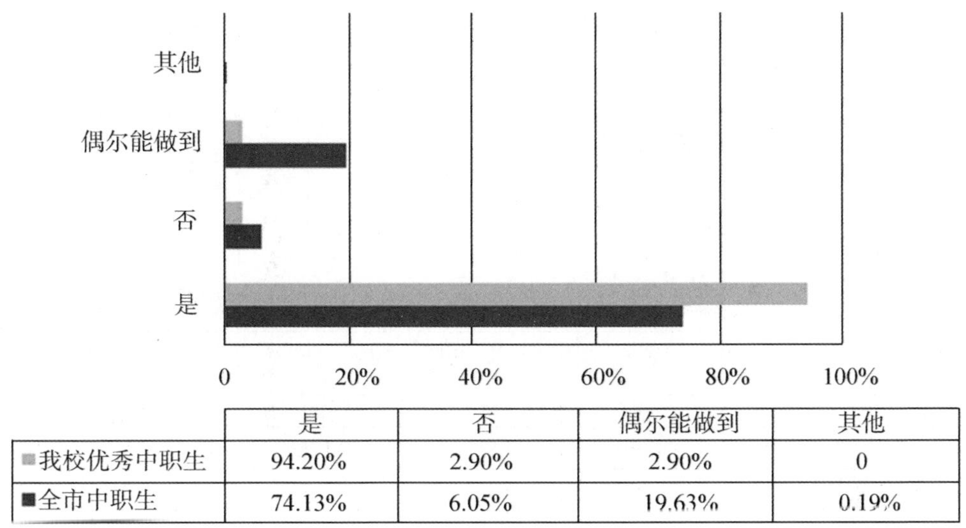

	是	否	偶尔能做到	其他
我校优秀中职生	94.20%	2.90%	2.90%	0
全市中职生	74.13%	6.05%	19.63%	0.19%

图 35　讲文明,不骂人,不打架

由图 35 可知:相对全市中职生来说,优秀中职生更加讲文明、不骂人、不打架。

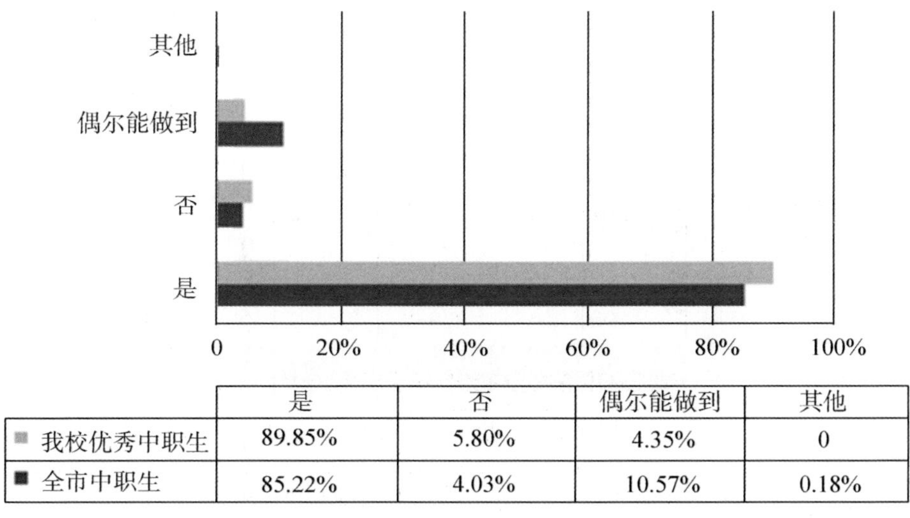

	是	否	偶尔能做到	其他
我校优秀中职生	89.85%	5.80%	4.35%	0
全市中职生	85.22%	4.03%	10.57%	0.18%

图 36　在公交车、图书馆等公共场合不大声讲话

由图 36 可知:相对全市中职生来说,优秀中职生在公交车、图书馆等公共场合更倾向不大声讲话。

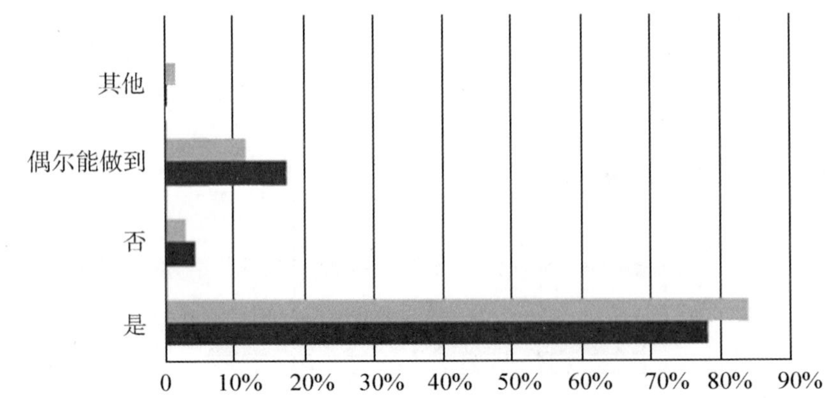

	是	否	偶尔能做到	其他
我校优秀中职生	84.06%	2.90%	11.59%	1.45%
全市中职生	78.07%	4.19%	17.53%	0.21%

图 37 主动叫老师好,对长辈尊重有礼仪

由图 37 可知:相对全市中职生来说,优秀中职生更倾向主动叫老师好,对长辈尊重有礼仪。

C. 遵纪守法

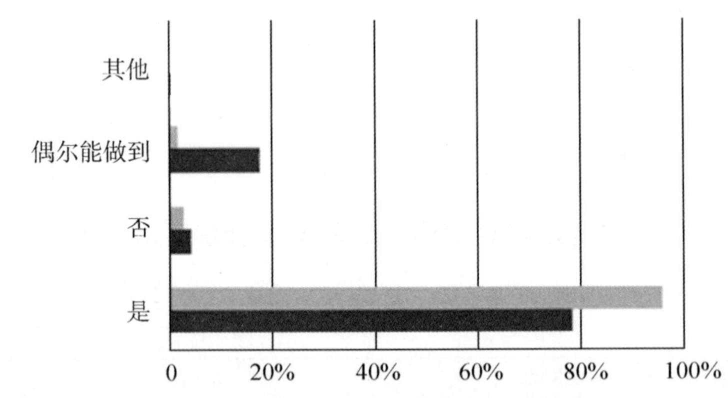

	是	否	偶尔能做到	其他
我校优秀中职生	95.65%	2.90%	1.45%	0
全市中职生	78.02%	4.05%	17.74%	0.19%

图 38 遵守交通规则,不乱穿马路

由图 38 可知:相对全市中职生来说,优秀中职生更倾向遵守交通规则,不乱穿马路。

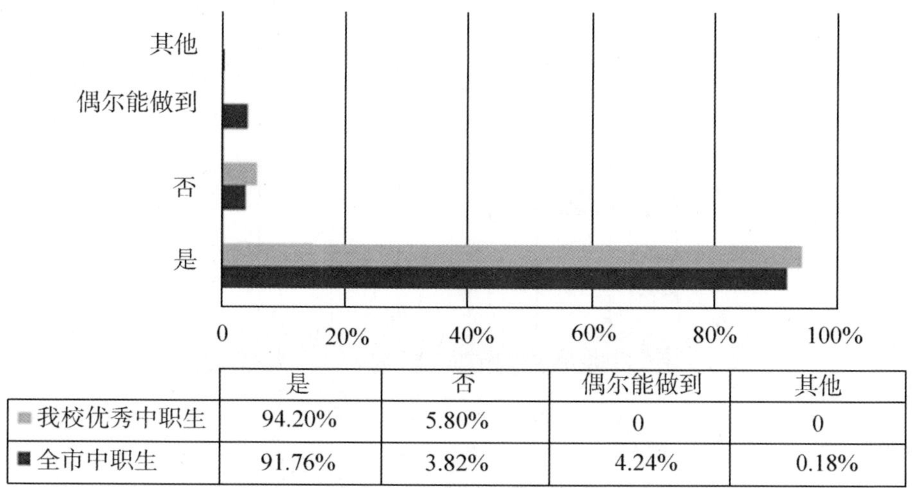

	是	否	偶尔能做到	其他
我校优秀中职生	94.20%	5.80%	0	0
全市中职生	91.76%	3.82%	4.24%	0.18%

图 39　不乱拿别人的东西

由图 39 可知:相对全市中职生来说,优秀中职生更倾向不乱拿别人的东西。

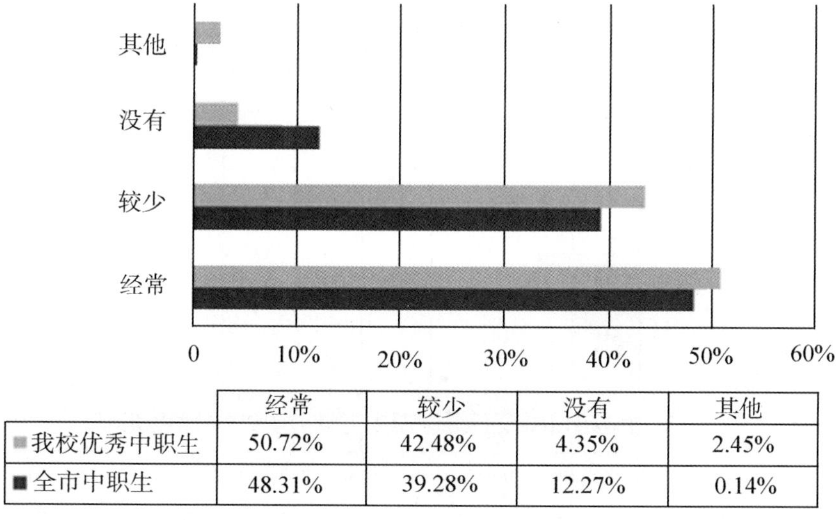

	经常	较少	没有	其他
我校优秀中职生	50.72%	42.48%	4.35%	2.45%
全市中职生	48.31%	39.28%	12.27%	0.14%

图 40　看到别人偷东西,我会阻止

由图 40 可知:相对全市中职生来说,优秀中职生看到别人偷东西更倾向于阻止。

D. 社会美德

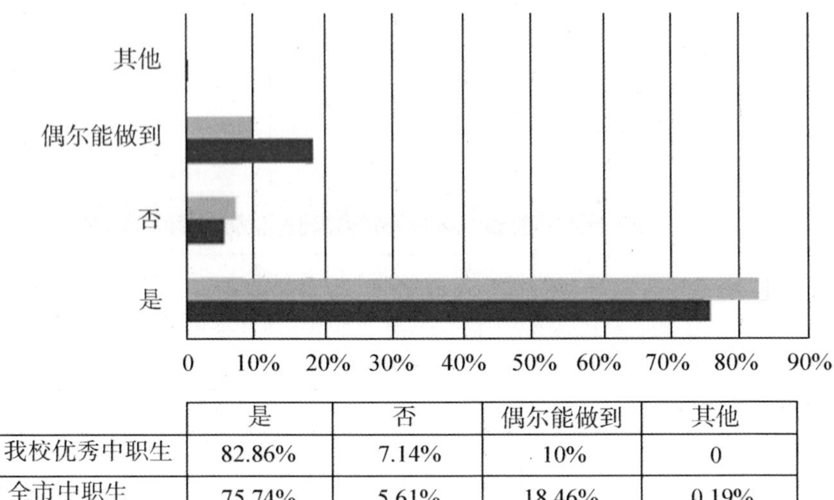

	是	否	偶尔能做到	其他
■我校优秀中职生	82.86%	7.14%	10%	0
■全市中职生	75.74%	5.61%	18.46%	0.19%

图41　在乘车时,看到老弱病残会主动让座

由图41可知:相对全市中职生来说,优秀中职生在乘车时,看到老弱病残更倾向于主动让座。

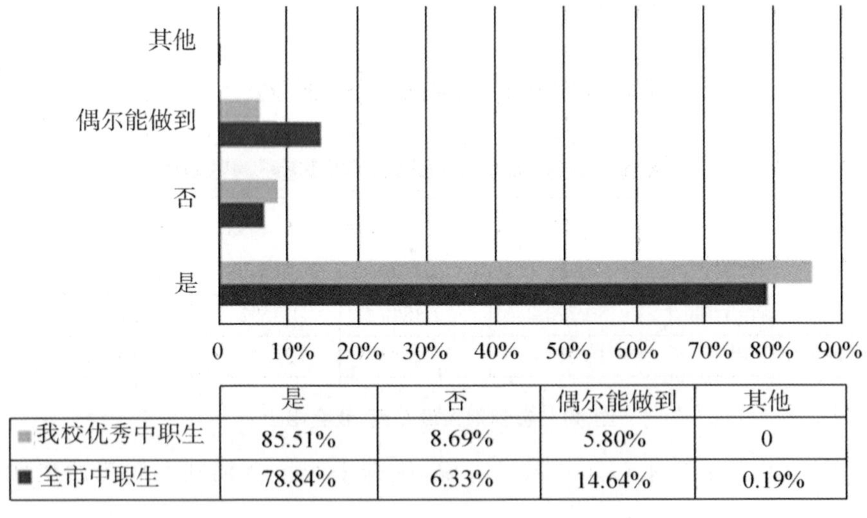

	是	否	偶尔能做到	其他
■我校优秀中职生	85.51%	8.69%	5.80%	0
■全市中职生	78.84%	6.33%	14.64%	0.19%

图42　捡到别人丢失的物品,想办法归还给失主

由图42可知:相对全市中职生来说,优秀中职生在捡到别人丢失的物品时,更倾向于想办法归还给失主。

分析:调查表明,相对全市中职生,优秀中职生更注重理想和奋斗目标对人生的意义,认为尊严和知识、技能、地位等更密切,成功需要更多的自我奋斗、过硬的技能或学历，并在诚信、文明素质、遵纪守法、社会美德方面表现更为显著。青少年时期是人生发展的重要时期，是中职生思想品质、人生观、自我意识、个性、人格等形成的关键时期。处于这个时期的中职生具有成熟和幼稚、独立和依赖、自觉和盲目等诸多矛盾并存的特点。在有职教特色的校园文化的熏陶下，通过接受养成教育、人文素质教育，以及“文明风采”竞赛等特色活动的激励，这些中职学生在学习掌握技能的同时，有了良好的行为规范，职业素养和人文素养逐步提高。

3. 自我认知

自我认知是个体在与外界的联系中，从外界获得使自身得以发展和完善的动力的过程，这一过程主要体现为个体在日常生活中长期形成的对自身的看法和评价。

（1） 身体健康

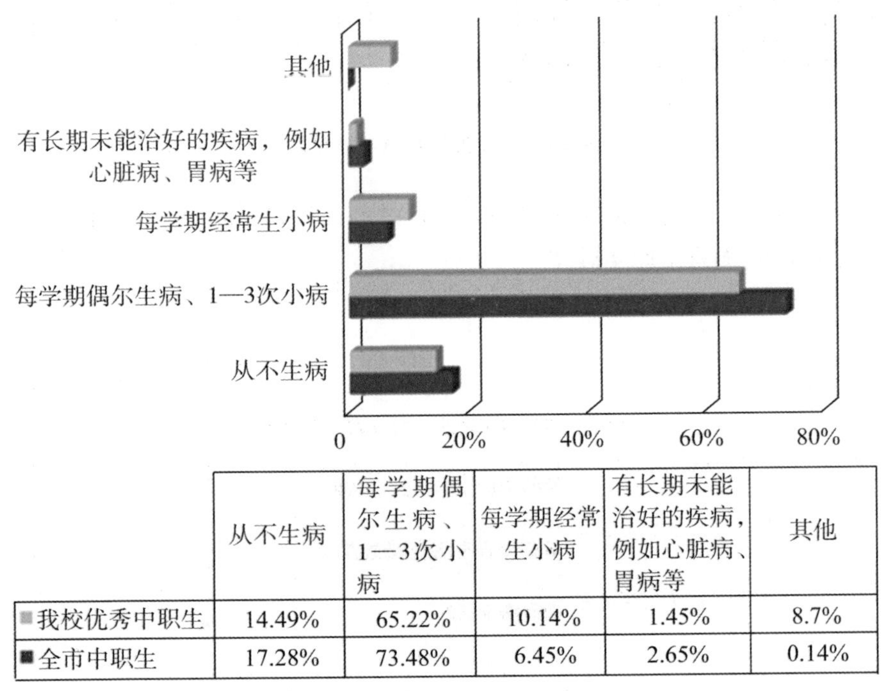

	从不生病	每学期偶尔生病、1—3次小病	每学期经常生小病	有长期未能治好的疾病，例如心脏病、胃病等	其他
■我校优秀中职生	14.49%	65.22%	10.14%	1.45%	8.7%
■全市中职生	17.28%	73.48%	6.45%	2.65%	0.14%

图 43　你的身体情况

由图 43 可知：①优秀中职生的身体情况依次为偶尔生病、1—3 次小病、从不生病、经常生小病、有长期未能治好的疾病。②相对全市中职生来说，优秀中职生经常生小病的较多。

（2）自我评价

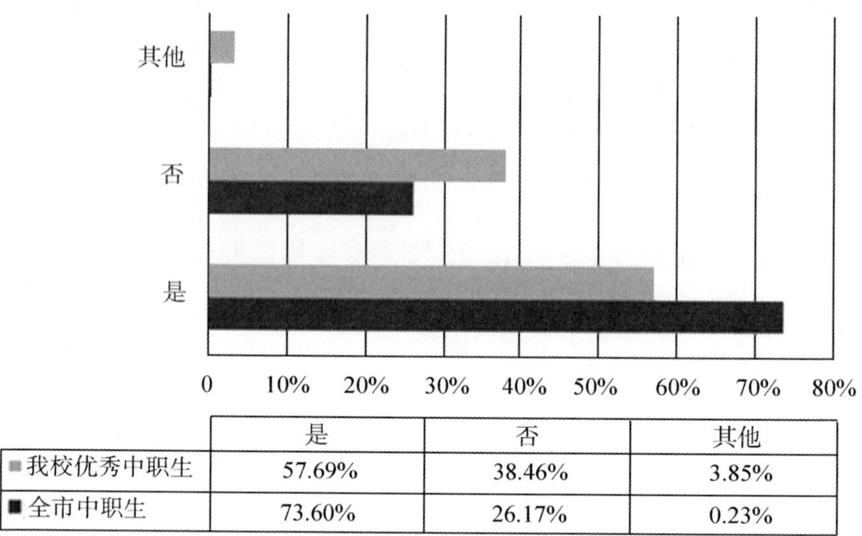

	是	否	其他
■我校优秀中职生	57.69%	38.46%	3.85%
■全市中职生	73.60%	26.17%	0.23%

图 44　你是否喜欢自己的性格

由图44可知：优秀中职生大部分喜欢自己的性格，但相对全市中职生来说，不喜欢自己性格的优秀中职生较多。

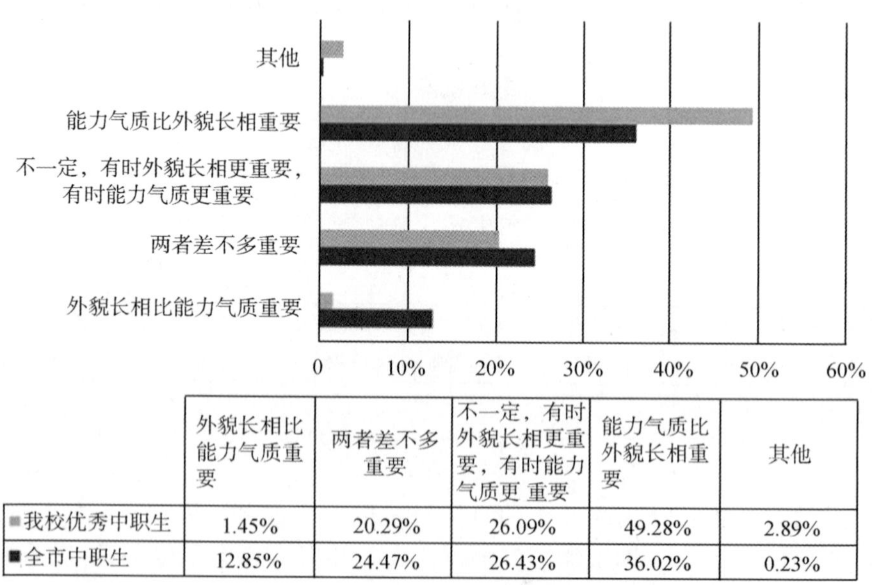

	外貌长相比能力气质重要	两者差不多重要	不一定，有时外貌长相更重要，有时能力气质更 重要	能力气质比外貌长相重要	其他
■我校优秀中职生	1.45%	20.29%	26.09%	49.28%	2.89%
■全市中职生	12.85%	24.47%	26.43%	36.02%	0.23%

图 45　你认为外貌长相与能力气质哪个更重要

由图 45 可知：相对全市中职生来说，优秀中职生更多地认为能力气质比外貌长相重要。

（3）兴趣爱好

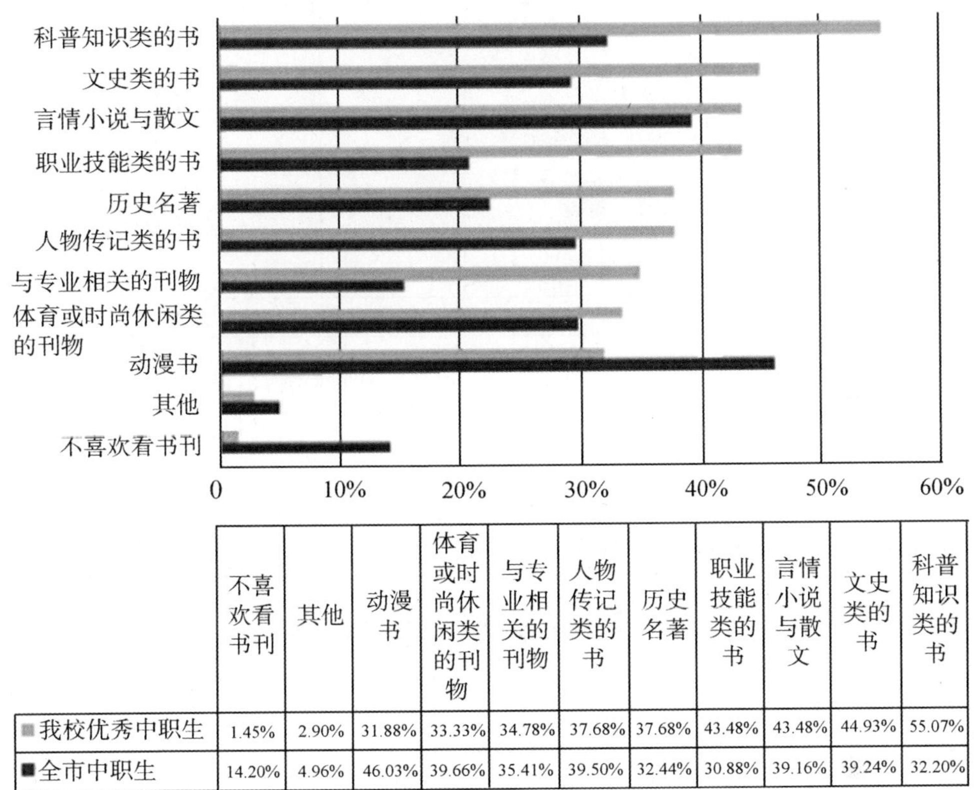

	不喜欢看书刊	其他	动漫书	体育或时尚休闲类的刊物	与专业相关的刊物	人物传记类的书	历史名著	职业技能类的书	言情小说与散文	文史类的书	科普知识类的书
我校优秀中职生	1.45%	2.90%	31.88%	33.33%	34.78%	37.68%	37.68%	43.48%	43.48%	44.93%	55.07%
全市中职生	14.20%	4.96%	46.03%	39.66%	35.41%	39.50%	32.44%	30.88%	39.16%	39.24%	32.20%

图 46　平时喜欢看哪一类的书刊（多选题）

由图 46 可知：①优秀中职生平时喜欢看的书依次为科普知识类的书、言情小说与散文、历史名著、与专业相关的刊物、动漫书。②相对全市中职生来说，优秀中职生看动漫书的相对较少。

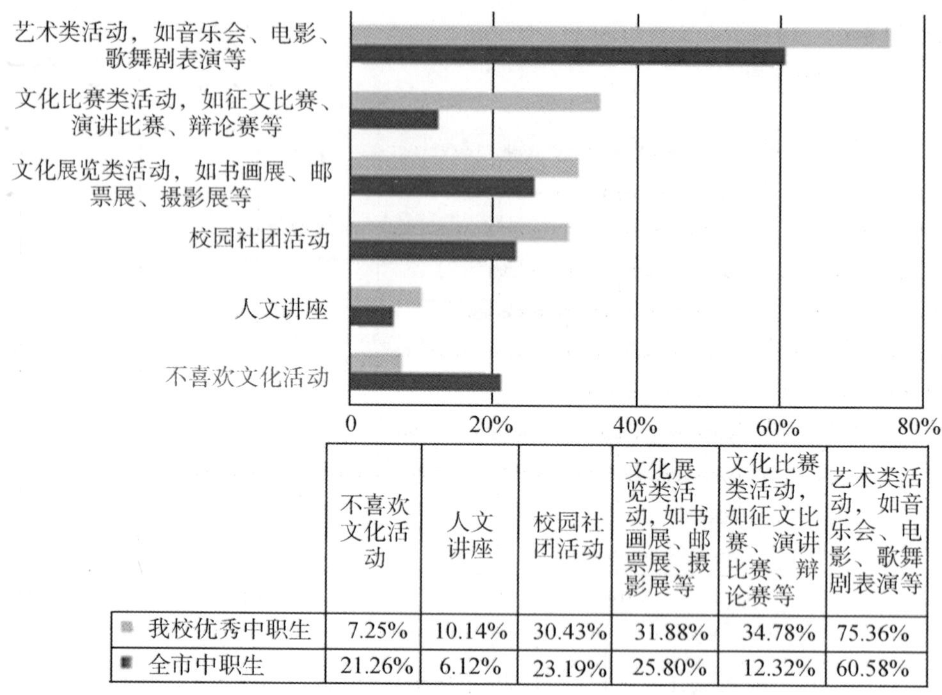

	不喜欢文化活动	人文讲座	校园社团活动	文化展览类活动,如书画展、邮票展、摄影展等	文化比赛类活动,如征文比赛、演讲比赛、辩论赛等	艺术类活动,如音乐会、电影、歌舞剧表演等
我校优秀中职生	7.25%	10.14%	30.43%	31.88%	34.78%	75.36%
全市中职生	21.26%	6.12%	23.19%	25.80%	12.32%	60.58%

图 47　你喜欢参加哪些文化活动(多选题)

由图 47 可知:①优秀中职生喜欢参加的文化活动依次是艺术类活动、文化比赛类活动、文化展览类活动、校园社团活动、人文讲座。②相对全市中职生来说,优秀中职生更喜欢参加文化活动。

(4) 自信程度

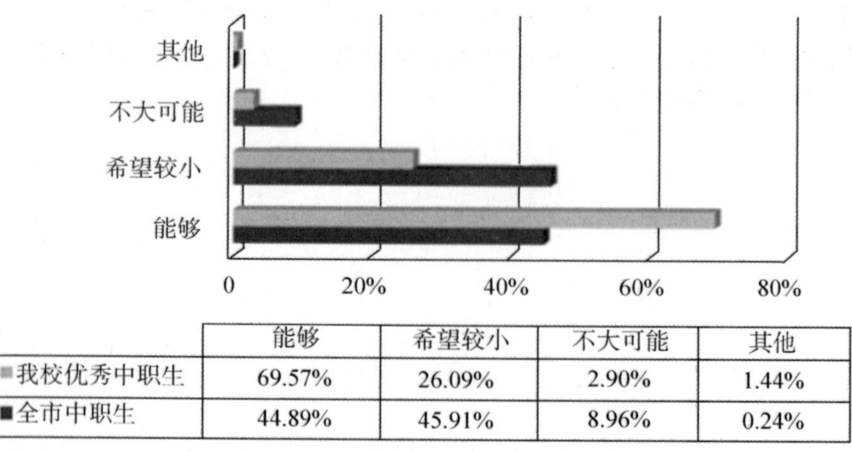

	能够	希望较小	不大可能	其他
我校优秀中职生	69.57%	26.09%	2.90%	1.44%
全市中职生	44.89%	45.91%	8.96%	0.24%

图 48　如果状元只属于少数人,你认为你能够成为状元吗

由图 48 可知:相对全市中职生来说,优秀中职生认为自己能够成为状元的可能性更大。

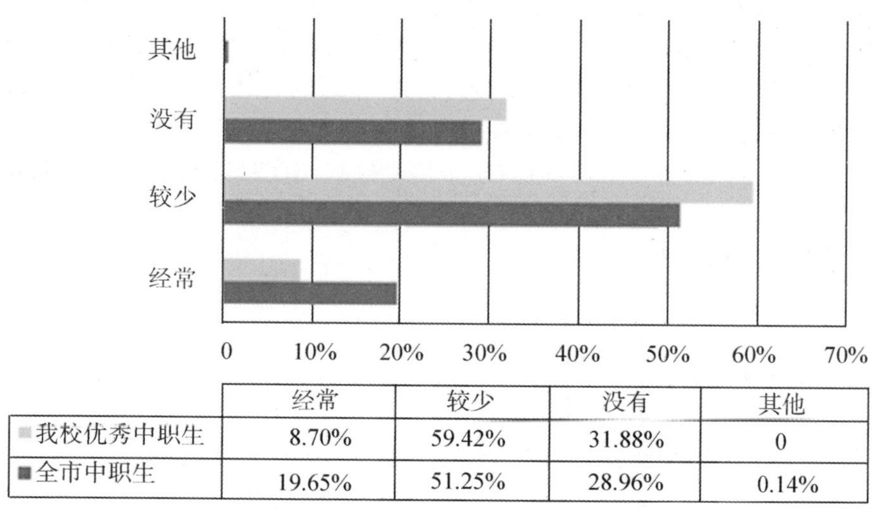

	经常	较少	没有	其他
我校优秀中职生	8.70%	59.42%	31.88%	0
全市中职生	19.65%	51.25%	28.96%	0.14%

图 49　觉得自己十分渺小,经常会被忽视

由图 49 可知:相对全市中职生来说,优秀中职生不倾向于觉得自己渺小,经常会被忽视。

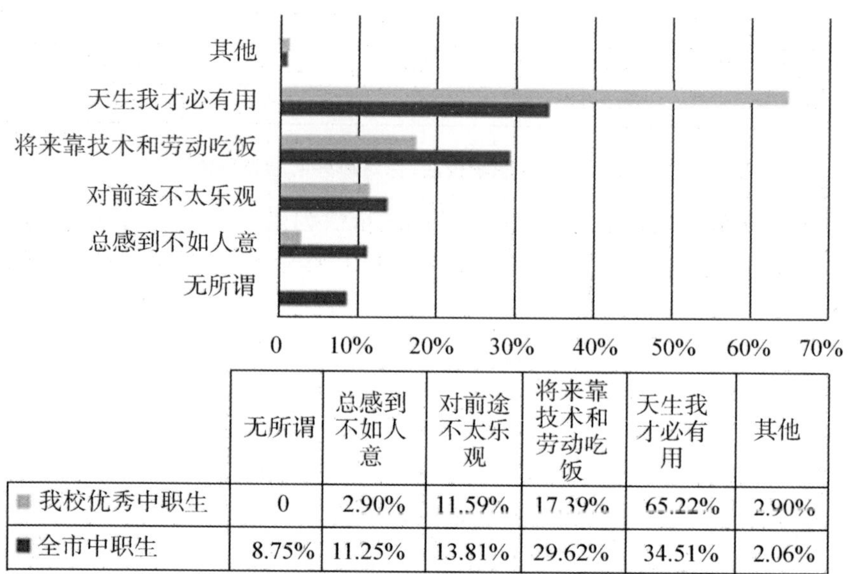

	无所谓	总感到不如人意	对前途不太乐观	将来靠技术和劳动吃饭	天生我才必有用	其他
我校优秀中职生	0	2.90%	11.59%	17.39%	65.22%	2.90%
全市中职生	8.75%	11.25%	13.81%	29.62%	34.51%	2.06%

图 50　你对自己中职生的身份怎么看

由图 50 可知：相对全市中职生来说，优秀中职生更倾向于认为天生我才必有用。

分析：调查表明，相对全市中职生，优秀中职生更倾向于能力气质比外貌长相重要，更喜欢阅读书刊，如科普知识类的书，也更喜欢参加文化活动，同时对自己的能力和未来也更加充满信心。自我认知是个体对自己的能力、优缺点、优劣势、兴趣、爱好等的掌握程度。许多中职生被认为是"学习的失利者"，优秀中职生逐渐成为职业专长的拥有者，职业自信不断提升，这使他们能够理智地看待自己和外界，热爱生活，积极向上，勇于承担责任，乐于接受挑战，有明确的人生目标，拥有自信与自尊。

4. 学习与发展能力

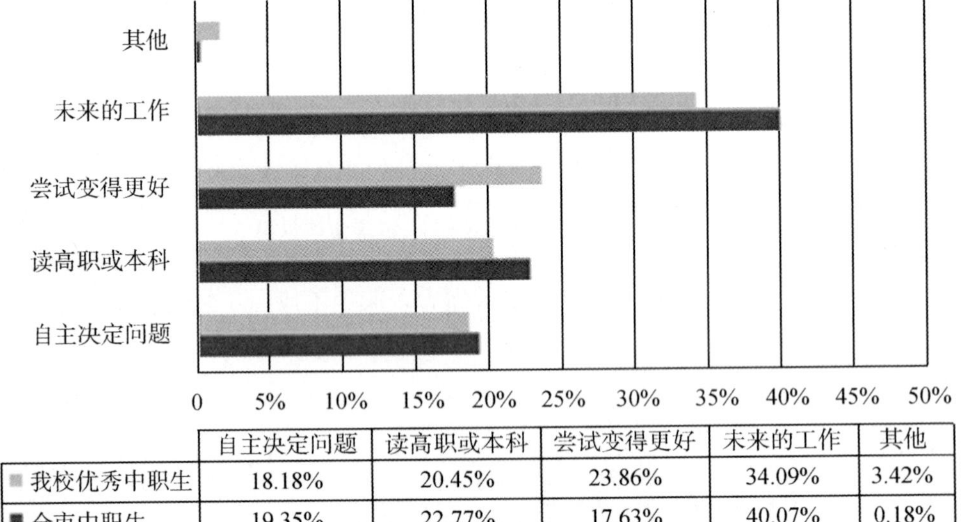

	自主决定问题	读高职或本科	尝试变得更好	未来的工作	其他
■ 我校优秀中职生	18.18%	20.45%	23.86%	34.09%	3.42%
■ 全市中职生	19.35%	22.77%	17.63%	40.07%	0.18%

图 51 升入中职学校后，你对哪些问题特别敏感

由图 51 可知：①优秀中职生的敏感问题依次为未来的工作、尝试变得更好、读高职或本科、自主决定问题。②相对全市中职生来说，优秀中职生对以上问题均较为敏感。

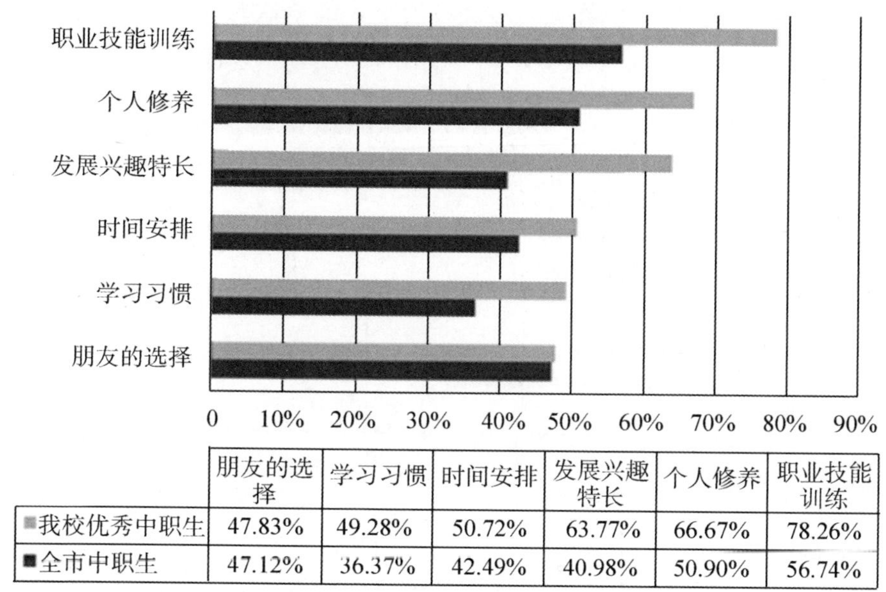

	朋友的选择	学习习惯	时间安排	发展兴趣特长	个人修养	职业技能训练
■我校优秀中职生	47.83%	49.28%	50.72%	63.77%	66.67%	78.26%
■全市中职生	47.12%	36.37%	42.49%	40.98%	50.90%	56.74%

图 52　升入中职学校后,你开始特别注重自己的(多选题)

由图 52 可知:①优秀中职生升入中职学校后,开始依次特别注重自己的职业技能训练、个人修养、发展兴趣特长、时间安排、学习习惯、朋友的选择。②相对全市中职生来说,优秀中职生对职业技能训练、个人修养、发展兴趣特长、时间安排、学习习惯均关注较多。

(1) 学习目标

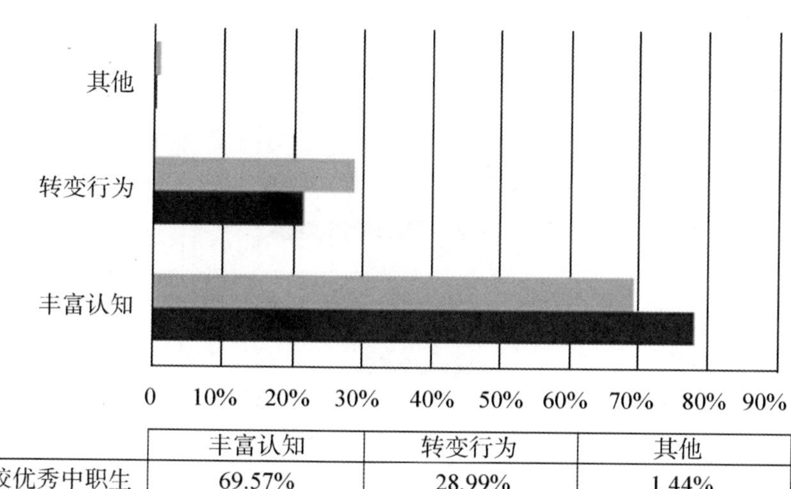

	丰富认知	转变行为	其他
■我校优秀中职生	69.57%	28.99%	1.44%
■全市中职生	78.25%	21.51%	0.24%

图 53　你认为学习最重要的目的是

由图 53 可知:①优秀中职生认为学习最重要的依次是丰富认知、转变行为。②相对全市中职生来说,优秀中职生有更高的比例是转变行为。

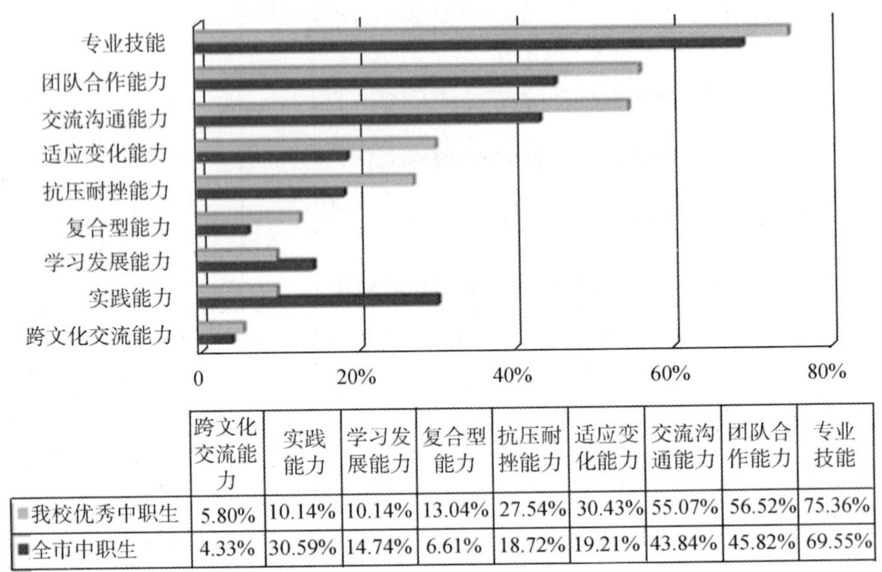

	跨文化交流能力	实践能力	学习发展能力	复合型能力	抗压耐挫能力	适应变化能力	交流沟通能力	团队合作能力	专业技能
■我校优秀中职生	5.80%	10.14%	10.14%	13.04%	27.54%	30.43%	55.07%	56.52%	75.36%
■全市中职生	4.33%	30.59%	14.74%	6.61%	18.72%	19.21%	43.84%	45.82%	69.55%

图 54 你认为未来社会更看重中职生哪方面的能力(多选题)

由图 54 可知:优秀中职生认为未来社会更看重中职生的能力依次为专业技能、团队合作能力、交流沟通能力、适应变化能力、抗压耐挫能力、复合型能力、学习发展能力、实践能力、跨文化交流能力。

(2) 学习态度(学习倾向性—专业课/基础课)

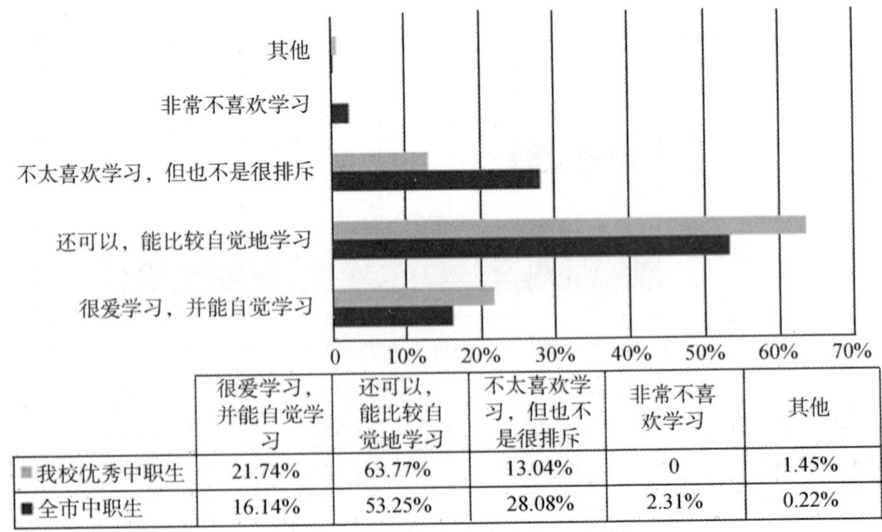

	很爱学习，并能自觉学习	还可以，能比较自觉地学习	不太喜欢学习，但也不是很排斥	非常不喜欢学习	其他
■我校优秀中职生	21.74%	63.77%	13.04%	0	1.45%
■全市中职生	16.14%	53.25%	28.08%	2.31%	0.22%

图 55 你认为自己的学习态度

由图 55 可知：相对全市中职生来说，优秀中职生更爱学习，能自觉学习或比较自觉学习。

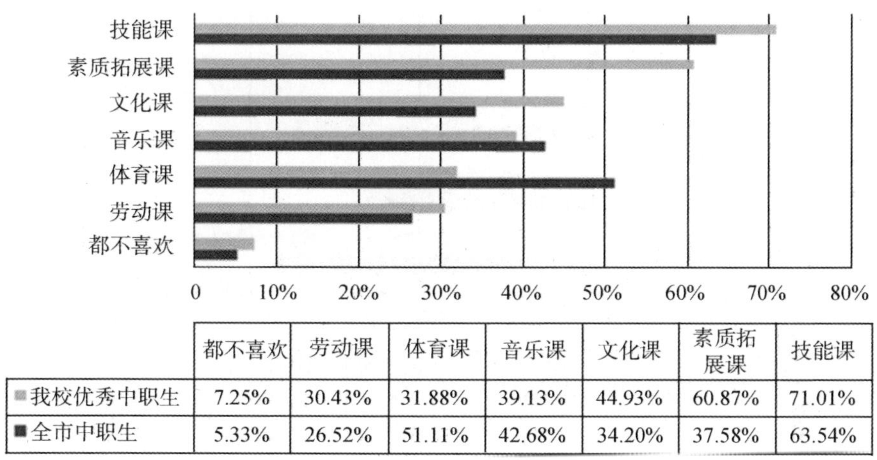

	都不喜欢	劳动课	体育课	音乐课	文化课	素质拓展课	技能课
我校优秀中职生	7.25%	30.43%	31.88%	39.13%	44.93%	60.87%	71.01%
全市中职生	5.33%	26.52%	51.11%	42.68%	34.20%	37.58%	63.54%

图 56　你更喜欢上什么课(多选题)

由图 56 可知：①优秀中职生更喜欢上的课依次为技能课、素质拓展课、文化课、音乐课、体育课、劳动课。②相对全市中职生来说，优秀中职生对音乐课、体育课、劳动课不太感兴趣。

（3）学习方法

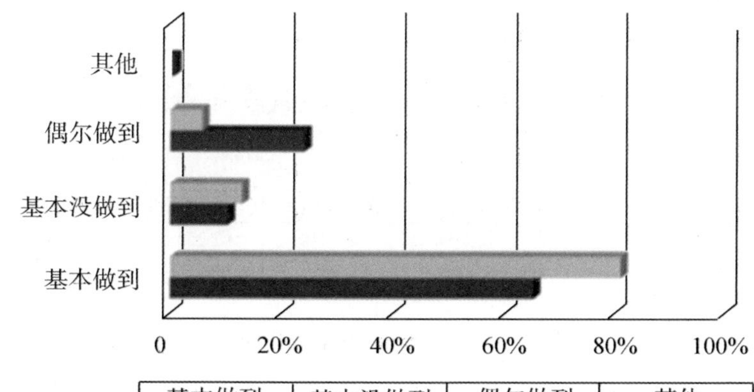

	基本做到	基本没做到	偶尔做到	其他
我校优秀中职生	81.16%	13.04%	5.80%	0
全市中职生	65.24%	10.43%	24.10%	0.23%

图 57　上课认真听讲，注意力集中

由图 57 可知：相对全市中职生来说，优秀中职生上课更加认真听讲，注意力更集中。

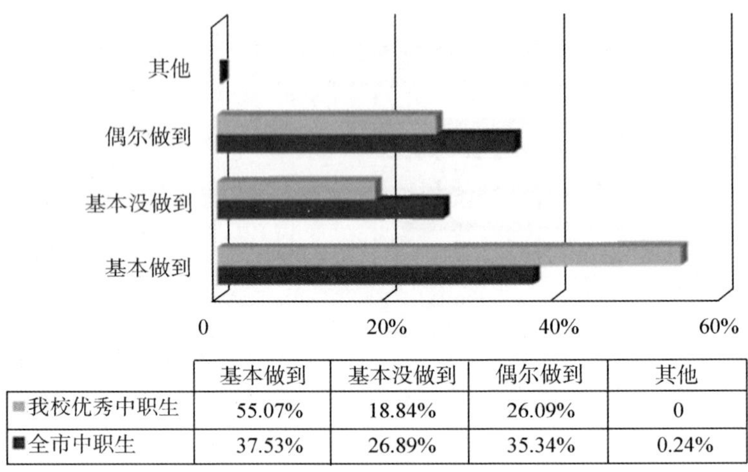

	基本做到	基本没做到	偶尔做到	其他
我校优秀中职生	55.07%	18.84%	26.09%	0
全市中职生	37.53%	26.89%	35.34%	0.24%

图 58　上课积极举手发言或提问

由图 58 可知：相对全市中职生来说，优秀中职生上课更积极举手发言或提问。

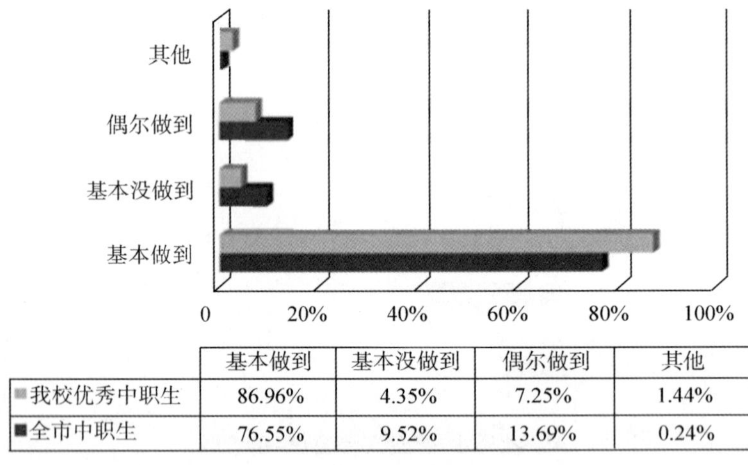

	基本做到	基本没做到	偶尔做到	其他
我校优秀中职生	86.96%	4.35%	7.25%	1.44%
全市中职生	76.55%	9.52%	13.69%	0.24%

图 59　认真完成作业

由图 59 可知：相对全市中职生来说，优秀中职生更加认真完成作业。

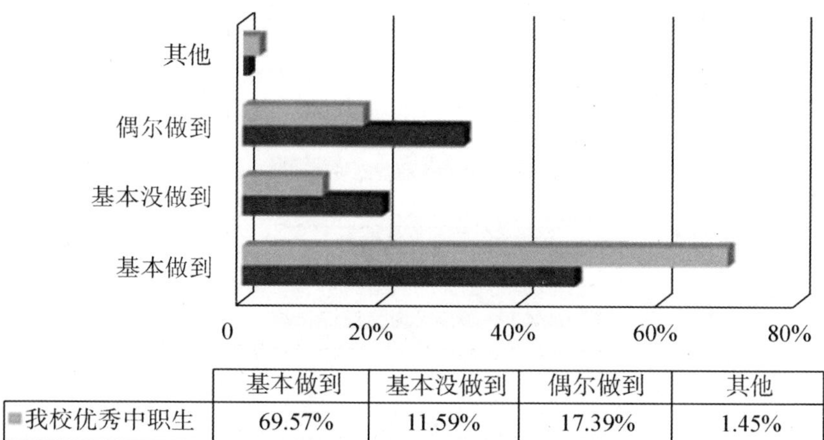

	基本做到	基本没做到	偶尔做到	其他
我校优秀中职生	69.57%	11.59%	17.39%	1.45%
全市中职生	47.68%	20.23%	31.85%	0.24%

图 60 对做错的题目反复琢磨

由图 60 可知：相对全市中职生来说，优秀中职生更倾向于对做错的题目反复琢磨。

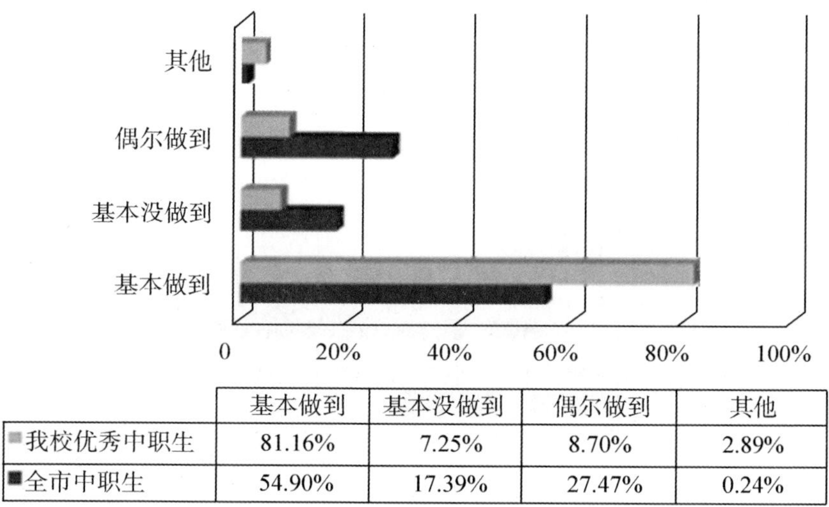

	基本做到	基本没做到	偶尔做到	其他
我校优秀中职生	81.16%	7.25%	8.70%	2.89%
全市中职生	54.90%	17.39%	27.47%	0.24%

图 61 不懂的内容虚心向老师和同学求教

由图 61 可知：相对全市中职生来说，优秀中职生遇到不懂的内容更倾向于向老师和同学求教。

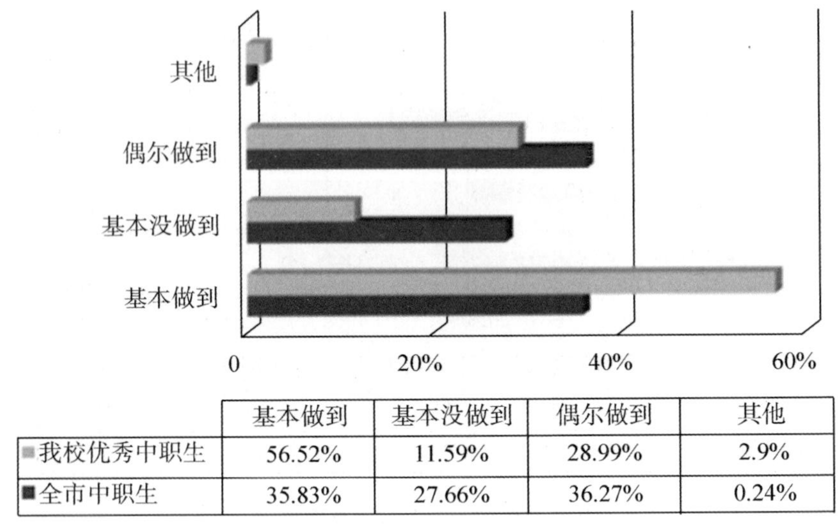

	基本做到	基本没做到	偶尔做到	其他
■我校优秀中职生	56.52%	11.59%	28.99%	2.9%
■全市中职生	35.83%	27.66%	36.27%	0.24%

图 62　课前预习,课后复习

由图 62 可知:相对全市中职生来说,优秀中职生更倾向于课前预习,课后复习。

(4)时间管理能力

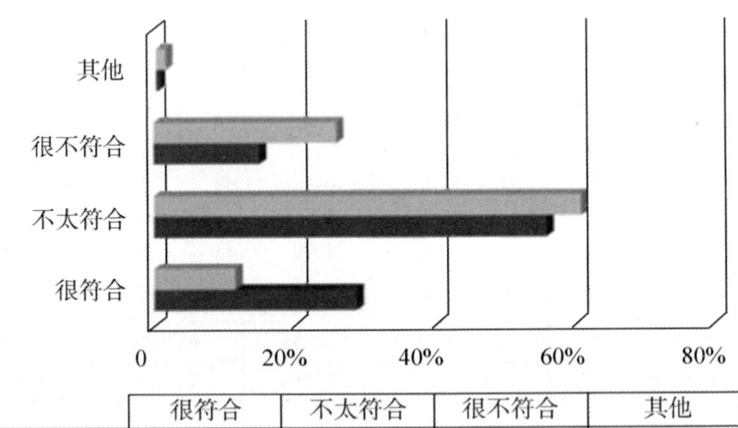

	很符合	不太符合	很不符合	其他
■我校优秀中职生	11.59%	60.87%	26.09%	1.45%
■全市中职生	28.78%	55.88%	15.11%	0.23%

图 63　做事不知如何做起

由图 63 可知:相对全市中职生来说,优秀中职生做事不知如何做起的较少。

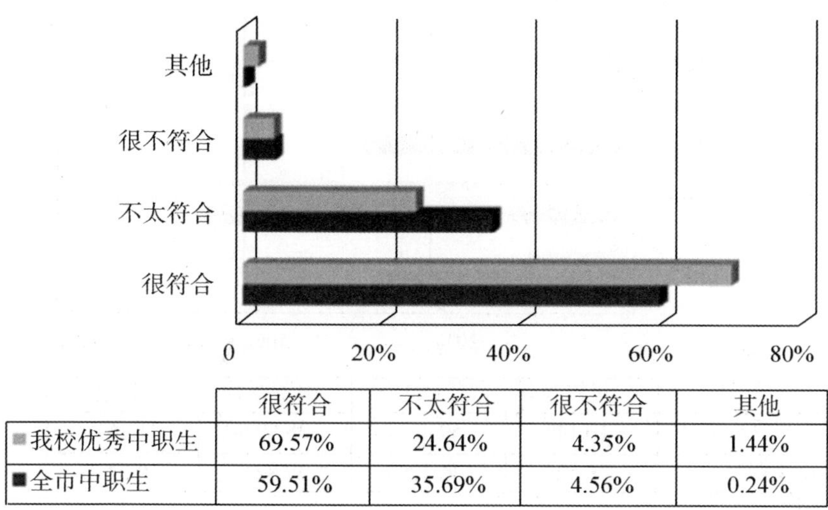

	很符合	不太符合	很不符合	其他
我校优秀中职生	69.57%	24.64%	4.35%	1.44%
全市中职生	59.51%	35.69%	4.56%	0.24%

图 64　分清事情的轻重缓急后再安排学习生活

由图 64 可知:相对全市中职生来说,优秀中职生更能分清事情的轻重缓急后再安排学习生活。

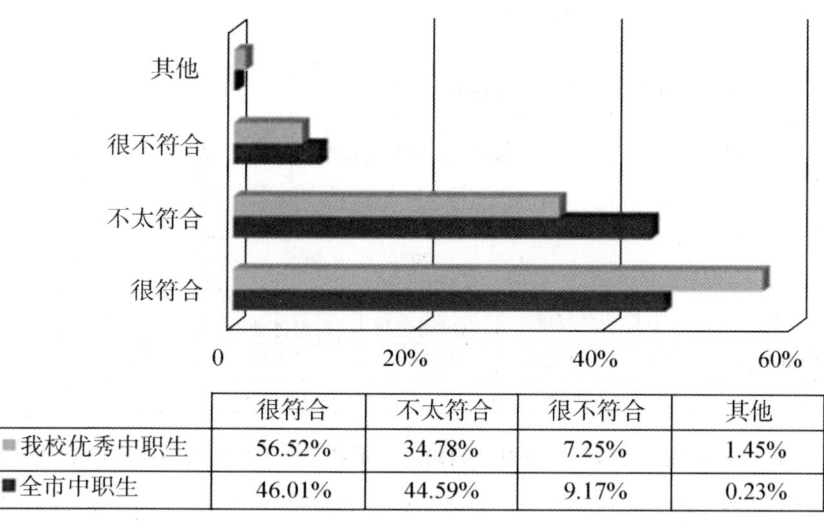

	很符合	不太符合	很不符合	其他
我校优秀中职生	56.52%	34.78%	7.25%	1.45%
全市中职生	46.01%	44.59%	9.17%	0.23%

图 65　先学习,后玩耍

由图 65 可知:相对全市中职生来说,优秀中职生更倾向于先学习,后玩耍。

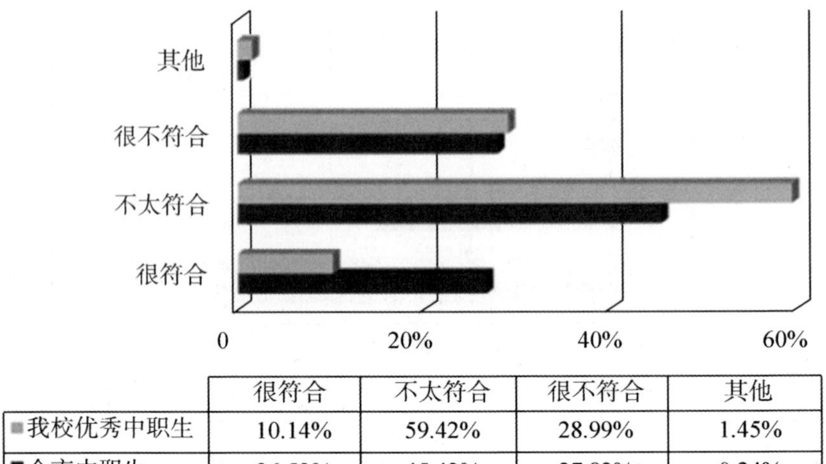

	很符合	不太符合	很不符合	其他
■我校优秀中职生	10.14%	59.42%	28.99%	1.45%
■全市中职生	26.52%	45.42%	27.82%	0.24%

图 66　总是玩得忘记学习

由图 66 可知:相对全市中职生来说,优秀中职生玩得忘记学习的较少。

(5) 社会实践能力

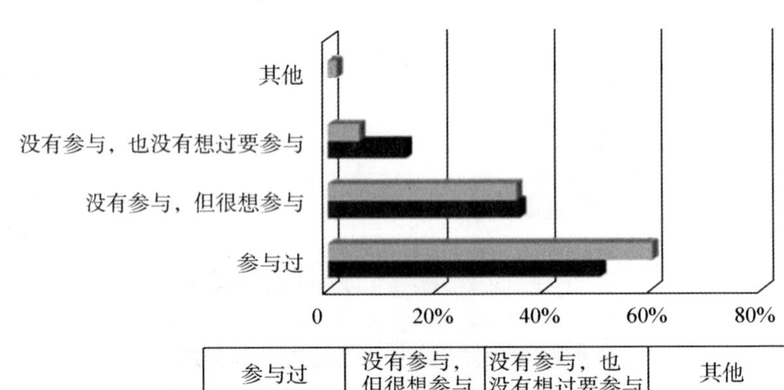

	参与过	没有参与，但很想参与	没有参与，也没有想过要参与	其他
■我校优秀中职生	59.72%	33.33%	5.56%	1.39%
■全市中职生	50.20%	35.44%	14.36%	0

图 67　你是否参加学校或社会组织的志愿者服务工作或社会实践活动

由图 67 可知:相对全市中职生来说,优秀中职生更多参与过学校或社会组织的志愿者服务工作或社会实践活动。

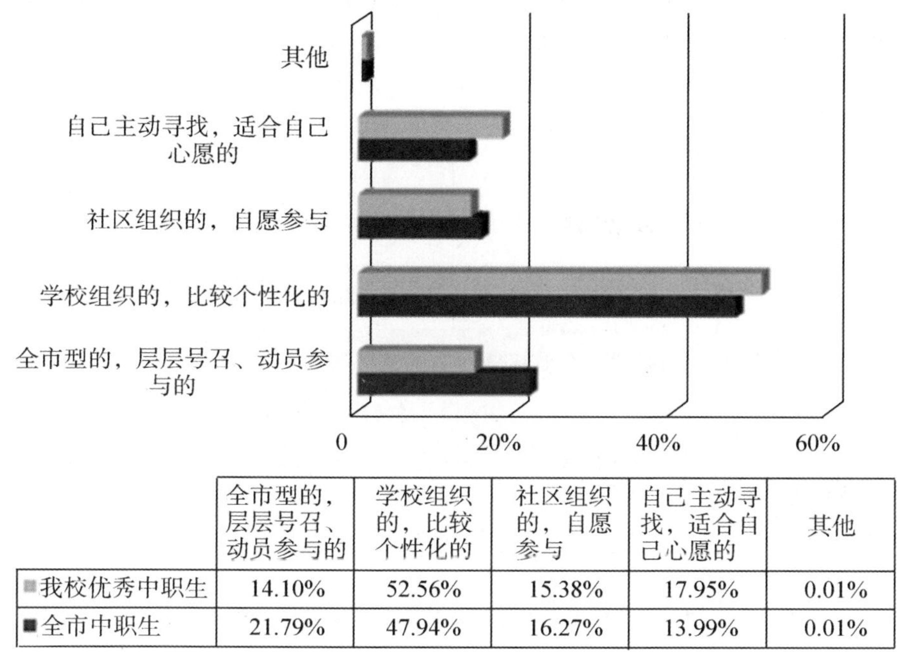

	全市型的，层层号召、动员参与的	学校组织的，比较个性化的	社区组织的，自愿参与	自己主动寻找，适合自己心愿的	其他
我校优秀中职生	14.10%	52.56%	15.38%	17.95%	0.01%
全市中职生	21.79%	47.94%	16.27%	13.99%	0.01%

图 68　你主要参加的是哪种志愿者服务工作或社会实践活动

由图 68 可知：相对全市中职生来说，优秀中职生更多参与的是学校组织的、比较个性化的志愿者服务工作或社会实践活动。

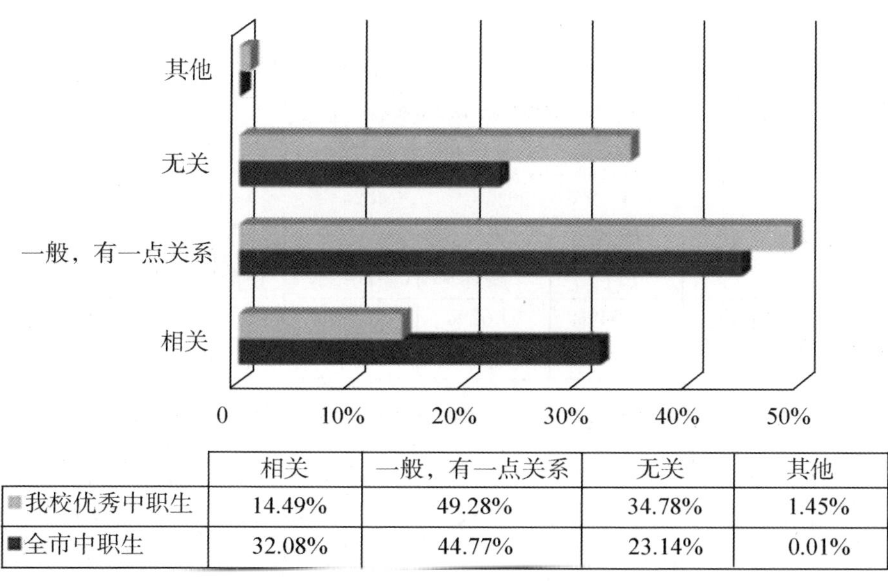

	相关	一般，有一点关系	无关	其他
我校优秀中职生	14.49%	49.28%	34.78%	1.45%
全市中职生	32.08%	44.77%	23.14%	0.01%

图 69　你的志愿者服务工作或社会实践活动与你所学的专业知识、专业技能相关吗

由图69可知：相对全市中职生来说，优秀中职生认为志愿者等社会实践活动与所学专业知识、技能相关度较低。

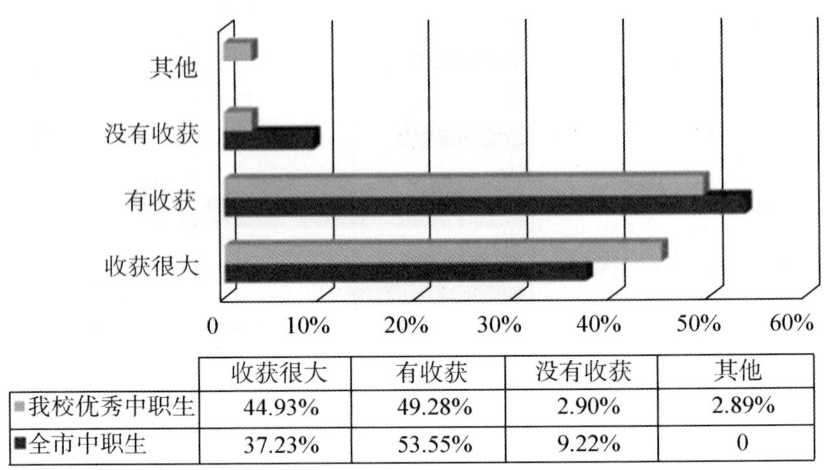

	收获很大	有收获	没有收获	其他
我校优秀中职生	44.93%	49.28%	2.90%	2.89%
全市中职生	37.23%	53.55%	9.22%	0

图70 你觉得志愿者服务工作或社会实践活动有收获吗

由图70可知：相对全市中职生来说，优秀中职生在志愿者等社会实践活动中收获较大。

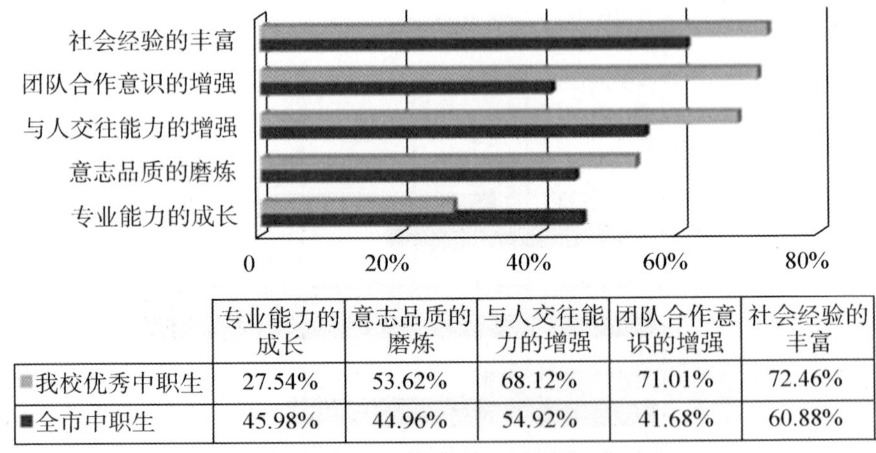

	专业能力的成长	意志品质的磨炼	与人交往能力的增强	团队合作意识的增强	社会经验的丰富
我校优秀中职生	27.54%	53.62%	68.12%	71.01%	72.46%
全市中职生	45.98%	44.96%	54.92%	41.68%	60.88%

图71 你在志愿者服务工作或社会实践活动中最大的收获来自

由图71可知：①优秀中职生认为在社会实践活动中最大的收获依次为社会经验的丰富、团队合作意识的增强、与人交往能力的增强、意志品质的磨炼、专业能力的成长。②与全市中职生相比，优秀中职生认为专业能力成长的收获较少。

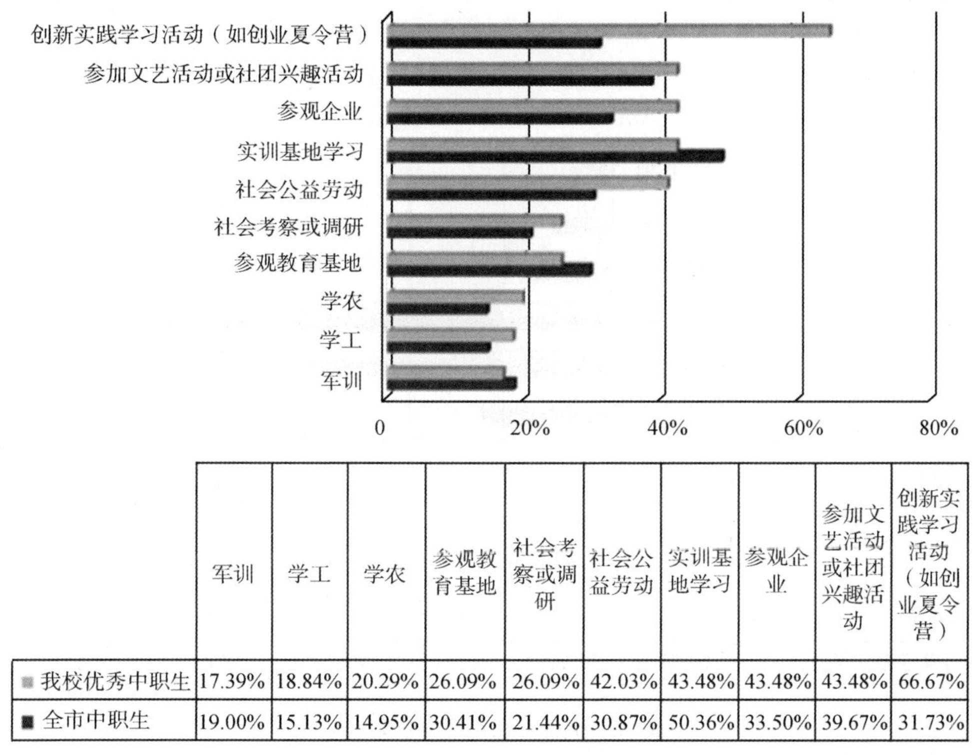

	军训	学工	学农	参观教育基地	社会考察或调研	社会公益劳动	实训基地学习	参观企业	参加文艺活动或社团兴趣活动	创新实践学习活动（如创业夏令营）
我校优秀中职生	17.39%	18.84%	20.29%	26.09%	26.09%	42.03%	43.48%	43.48%	43.48%	66.67%
全市中职生	19.00%	15.13%	14.95%	30.41%	21.44%	30.87%	50.36%	33.50%	39.67%	31.73%

图 72 你最喜欢的实践活动是册(多选题)

由图 72 可知:①优秀中职生最喜欢的实践活动依次是创新实践学习活动、参加文艺活动或社团兴趣活动、参观企业、实训基地学习、社会公益劳动、社会考察或调研、参观教育基地、学农、学工、军训。②与全市中职生相比,优秀中职生更喜欢创新实践学习活动,如创业夏令营等。

分析:调查表明,相对全市中职生,优秀中职生更注重专业技能、团队合作、交流沟通能力的发展,学习态度端正,学习习惯良好,时间管理能力及社会实践能力较强,喜欢上技能课、素质拓展课、文化课,但却对音乐课、体育课、劳动课不大感兴趣。

理论知识是指专业或行业所对应岗位及岗位群所需的理论与知识,包括基础性知识、专业及相关专业知识、社会经济法律知识等。必要的理论知识是学生获得高技能和持续发展的基础。只有深刻掌握了较系统的专业理论,把理论学精学透,才能在实践活动中灵活运用,才能适应新技术、新设备、新工艺的要求。因此,较强的学习能力是日益发达的、日趋多元化的社会对个人的必然要求。学习能力是中职生的核心发展能力。为使智力因素与非智力因素协调发展,中职学校应通过大力开展社会实践活动,让学生走出去,让学生在活动中了解社会,感受社会,增强竞争意识、协作意识、团队意识、创新意识、奉献意识,不断提高适应能力,为毕业后尽快适应社会打下坚实基础。

5. 职业素养

(1) 专业认知

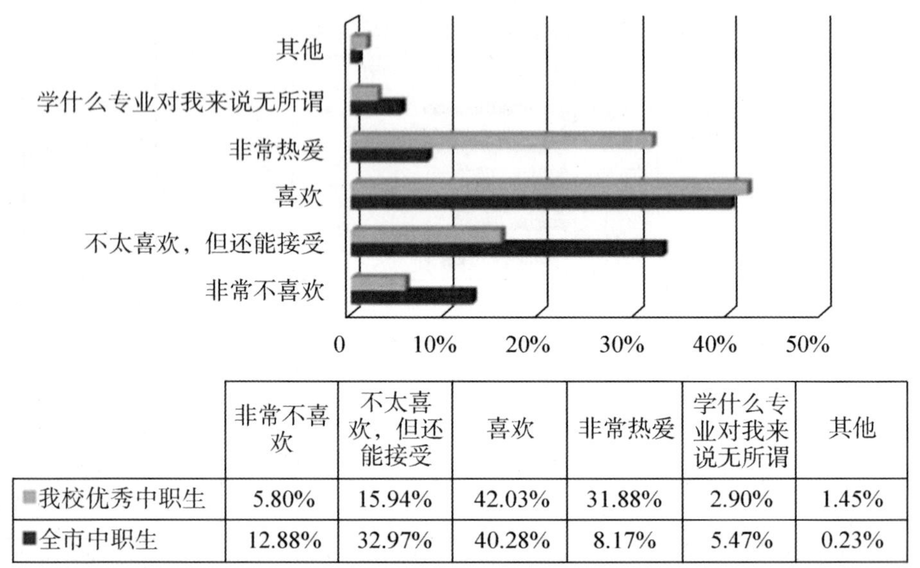

	非常不喜欢	不太喜欢，但还能接受	喜欢	非常热爱	学什么专业对我来说无所谓	其他
■我校优秀中职生	5.80%	15.94%	42.03%	31.88%	2.90%	1.45%
■全市中职生	12.88%	32.97%	40.28%	8.17%	5.47%	0.23%

图 73　你喜欢现在所学的专业吗

由图 73 可知：与全市中职生相比，优秀中职生更加热爱或喜欢现在所学的专业。

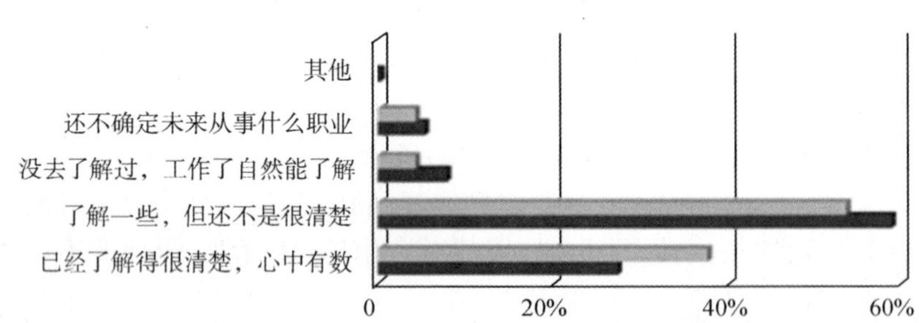

	已经了解得很清楚，心中有数	了解一些，但还不是很清楚	没去了解过，工作了自然能了解	还不确定未来从事什么职业	其他
■我校优秀中职生	37.68%	53.62%	4.35%	4.35%	0
■全市中职生	27.45%	58.86%	8.01%	5.45%	0.23%

图 74　你对专业对口的或未来可能从事的职业有多少了解

由图 74 可知：与全市中职生相比，优秀中职生对专业对口的或未来可能从事的职业有更多了解。

（2）职业规划

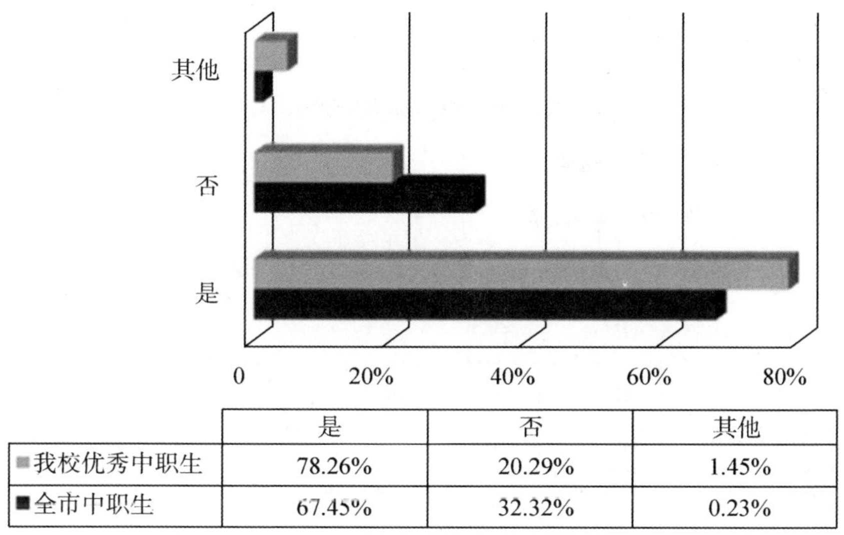

	是	否	其他
我校优秀中职生	78.26%	20.29%	1.45%
全市中职生	67.45%	32.32%	0.23%

图 75　你是否为自己做过职业生涯规划

由图 75 可知：与全市中职生相比，优秀中职生更多地为自己做过职业生涯规划。

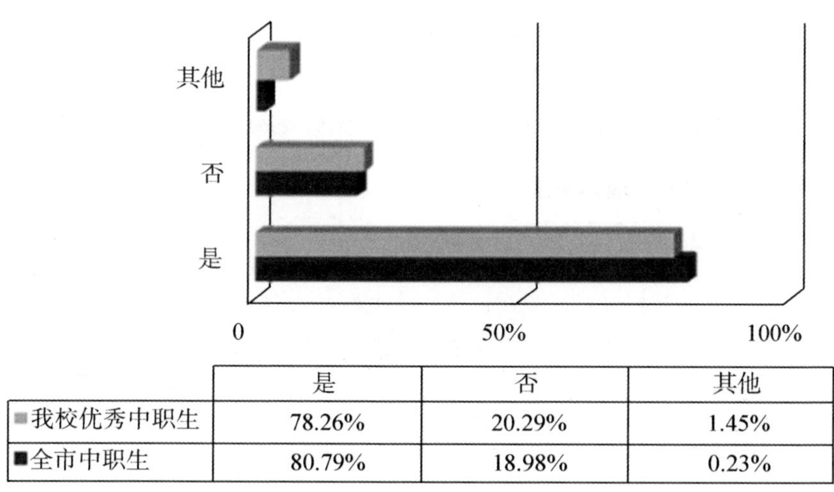

	是	否	其他
我校优秀中职生	78.26%	20.29%	1.45%
全市中职生	80.79%	18.98%	0.23%

图 76　你认为职业生涯规划与未来更好的职业发展是否存在必然联系

由图 76 可知：与全市中职生相比，优秀中职生更倾向于认为有职业生涯规划与未来更好的职业发展存在必然联系。

(3) 入职准备

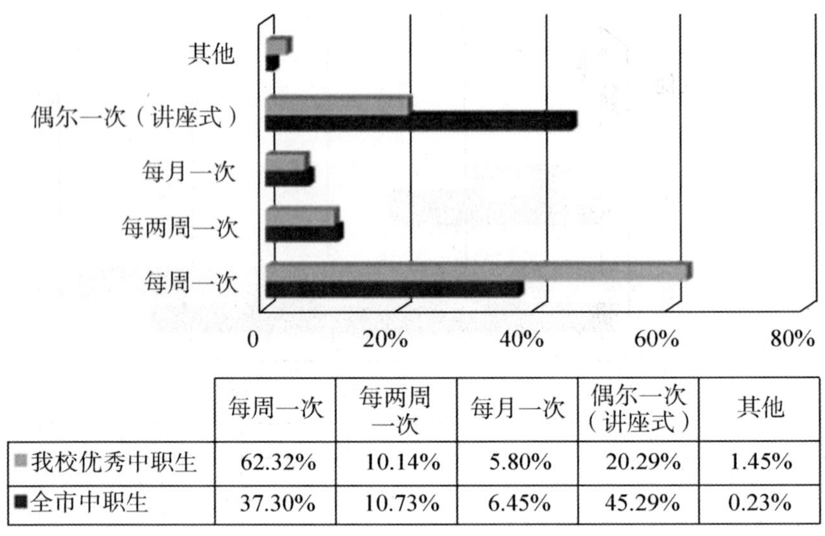

	每周一次	每两周一次	每月一次	偶尔一次（讲座式）	其他
■我校优秀中职生	62.32%	10.14%	5.80%	20.29%	1.45%
■全市中职生	37.30%	10.73%	6.45%	45.29%	0.23%

图77 你是否接受过专门的职业指导课程教育

由图77可知：与全市中职生相比，优秀中职生接受过专门的职业指导课程教育的频率更高。

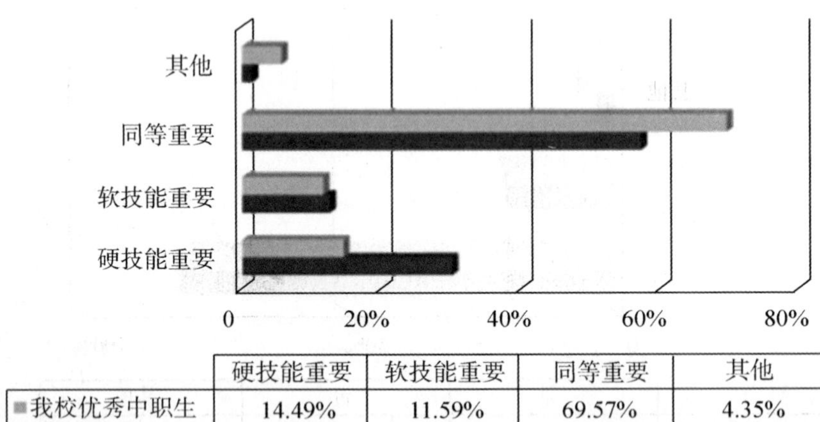

	硬技能重要	软技能重要	同等重要	其他
■我校优秀中职生	14.49%	11.59%	69.57%	4.35%
■全市中职生	29.94%	12.57%	57.25%	0.24%

图78 你认为硬技能重要还是软技能重要

由图78可知：与全市中职生相比，优秀中职生更倾向于认为硬技能（可用技能等级衡量）和软技能（可由情感态度表现）同等重要。

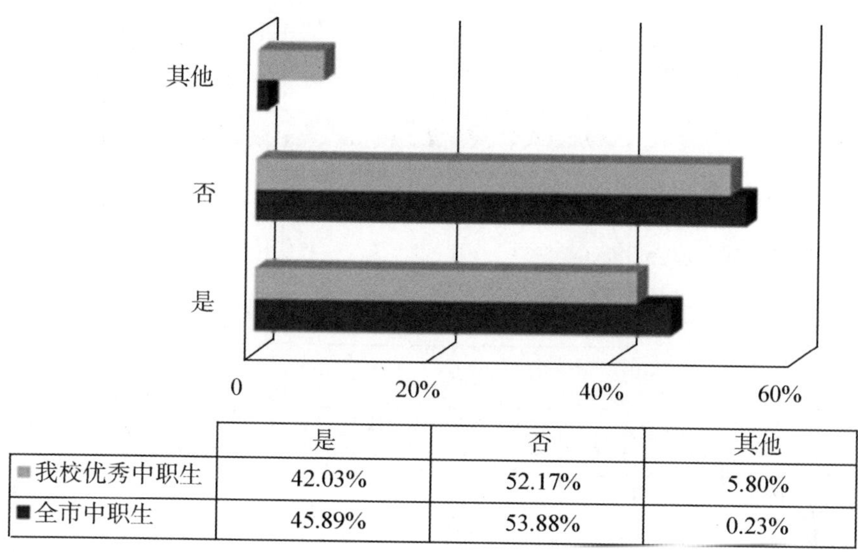

	是	否	其他
我校优秀中职生	42.03%	52.17%	5.80%
全市中职生	45.89%	53.88%	0.23%

图 79　你是否专门接受过软技能方面的教育培训

由图 79 可知：与全市中职生相比，优秀中职生专门接受过软技能方面的教育培训较少。

（4）职业能力

A. 抗压耐挫能力

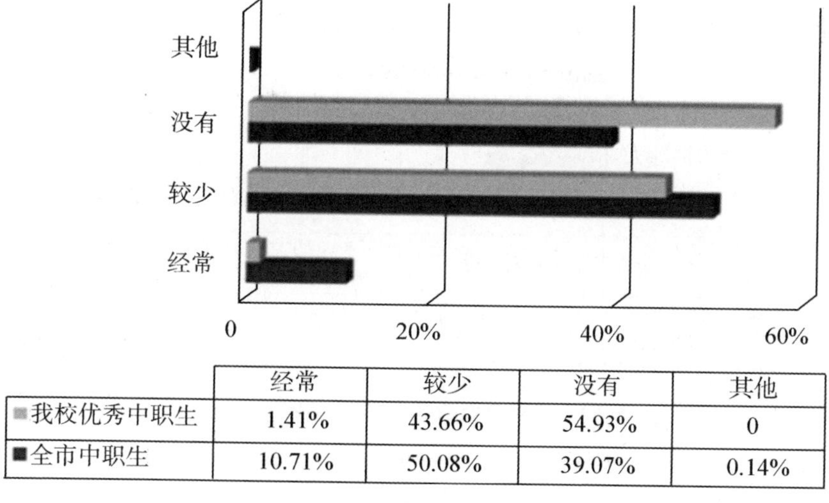

	经常	较少	没有	其他
我校优秀中职生	1.41%	43.66%	54.93%	0
全市中职生	10.71%	50.08%	39.07%	0.14%

图 80　遇到挫折和困难就容易放弃

由图 80 可知：与全市中职生相比，优秀中职生遇到挫折和困难较少容易放弃。

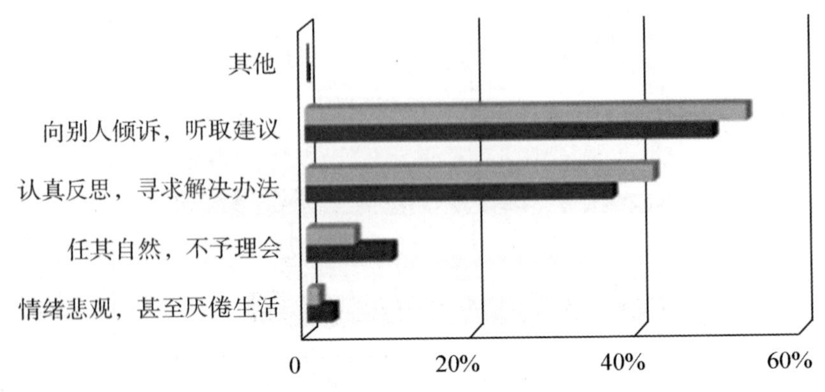

	情绪悲观，甚至厌倦生活	任其自然，不予理会	认真反思，寻求解决办法	向别人倾诉，听取建议	其他
■我校优秀中职生	1.33%	5.33%	41.33%	52.00%	0.01%
■全市中职生	3.12%	10.29%	37.09%	49.36%	0.14%

图81　遇到大的挫折或受到严厉批评时，你会

由图81可知：与全市中职生相比，优秀中职生在遇到大的挫折或受到严厉批评时，更倾向于向别人倾诉，听取建议、认真反思，寻求解决办法。

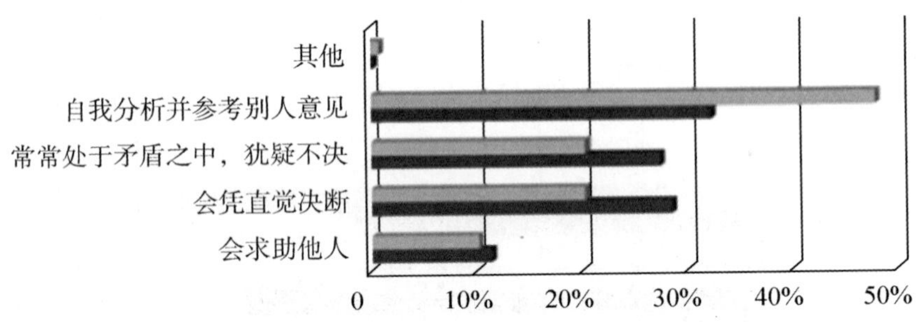

	会求助他人	会凭直觉决断	常常处于矛盾之中，犹疑不决	自我分析并参考别人意见	其他
■我校优秀中职生	10.14%	20.29%	20.29%	47.83%	1.45%
■全市中职生	11.36%	28.57%	27.47%	32.36%	0.24%

图82　遇到重要问题需要自己决断时

由图82可知：与全市中职生相比，优秀中职生遇到重要问题需要自己决断时更多的是自我分析并参考别人意见。

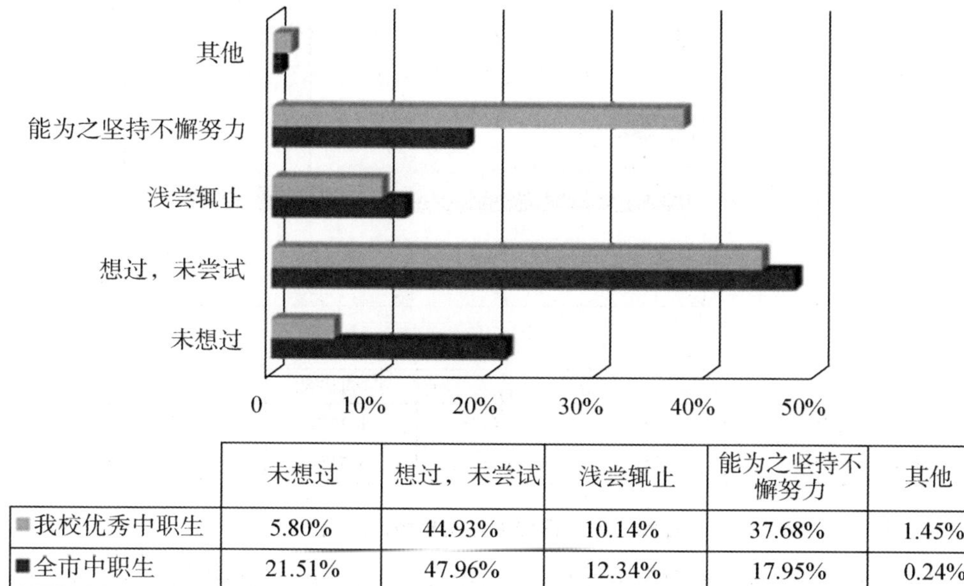

	未想过	想过，未尝试	浅尝辄止	能为之坚持不懈努力	其他
■我校优秀中职生	5.80%	44.93%	10.14%	37.68%	1.45%
■全市中职生	21.51%	47.96%	12.34%	17.95%	0.24%

图 83　你是否想过要实现一个旁人以为你难以实现的目标并能够坚持不懈地去努力

由图 83 可知：与全市中职生相比，优秀中职生要实现一个难以实现的目标时更加能够坚持不懈地去努力。

B. 沟通交流能力

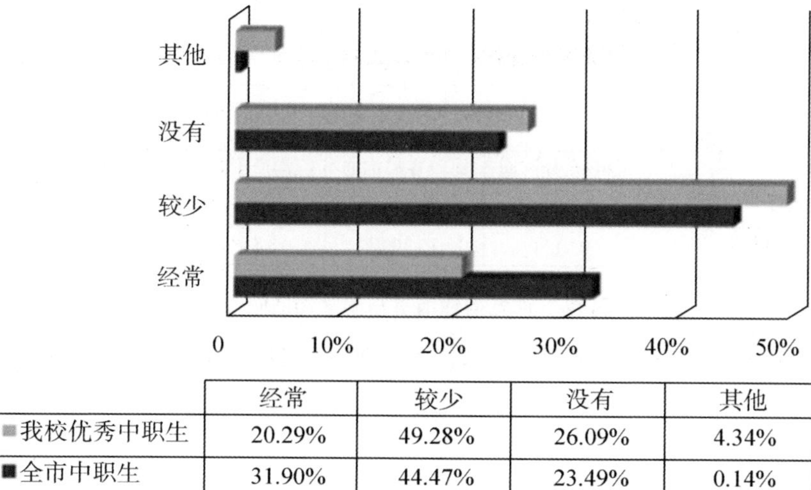

	经常	较少	没有	其他
■我校优秀中职生	20.29%	49.28%	26.09%	4.34%
■全市中职生	31.90%	44.47%	23.49%	0.14%

图 84　在公众场合讲话会紧张、害羞

由图 84 可知：与全市中职生相比，优秀中职生在公众场合讲话会紧张、害羞的情况较少发生。

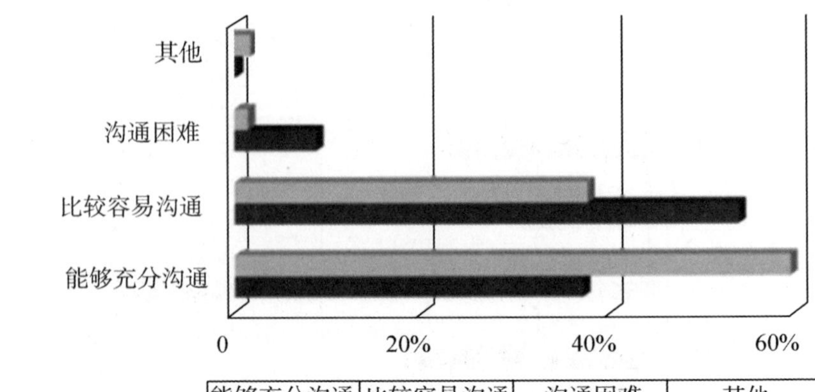

	能够充分沟通	比较容易沟通	沟通困难	其他
■我校优秀中职生	59.42%	37.68%	1.45%	1.45%
■全市中职生	37.16%	53.83%	8.78%	0.23%

图 85　你觉得你能够与老师沟通吗

由图 85 可知：与全市中职生相比，优秀中职生更能够与老师进行充分沟通。

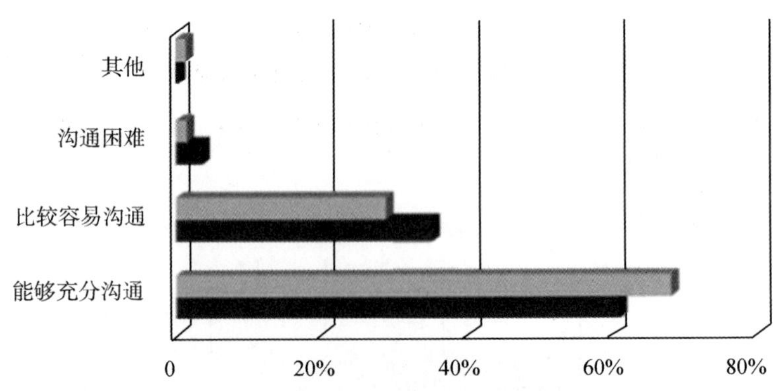

	能够充分沟通	比较容易沟通	沟通困难	其他
■我校优秀中职生	68.12%	28.99%	1.45%	1.44%
■全市中职生	60.91%	35.30%	3.56%	0.23%

图 86　你觉得你能够与同学沟通吗

由图 86 可知：与全市中职生相比，优秀中职生更能够与同学进行充分地沟通。

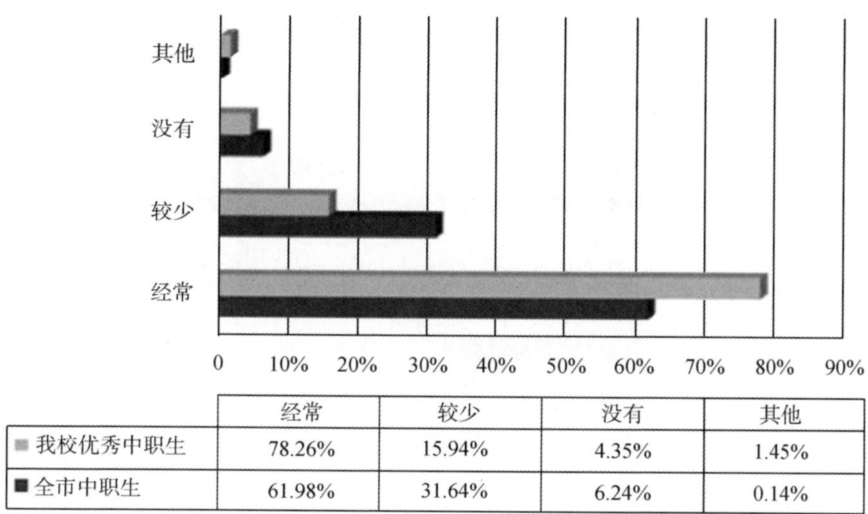

	经常	较少	没有	其他
我校优秀中职生	78.26%	15.94%	4.35%	1.45%
全市中职生	61.98%	31.64%	6.24%	0.14%

图 87　待人热情，愿意主动帮助同学

由图 87 可知：与全市中职生相比，优秀中职生更能够待人热情，愿意主动帮助同学。

C. 适应变化能力

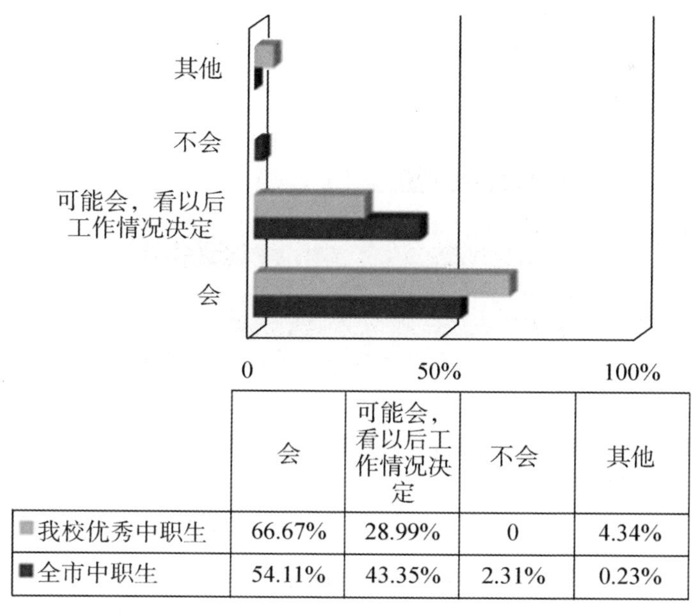

	会	可能会，看以后工作情况决定	不会	其他
我校优秀中职生	66.67%	28.99%	0	4.34%
全市中职生	54.11%	43.35%	2.31%	0.23%

图 88　你会根据社会的需求，不断学习新的技能和知识吗

由图 88 可知：与全市中职生相比，优秀中职生更能够根据社会的需求，不断学习新的技能和知识。

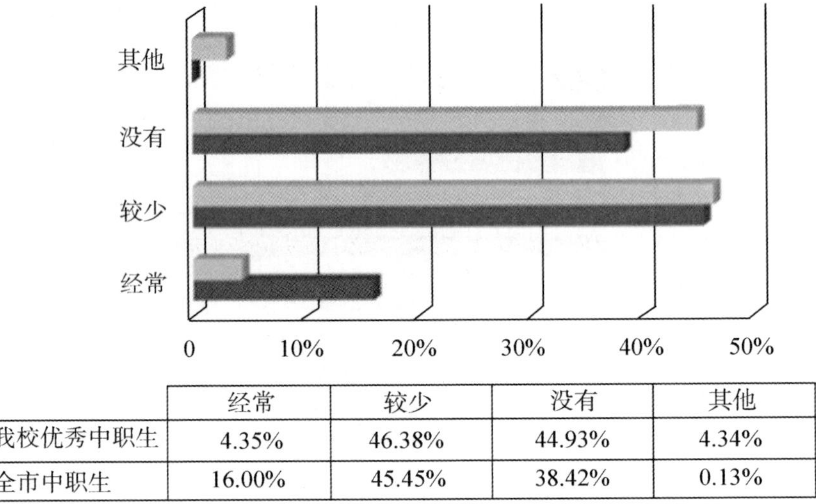

	经常	较少	没有	其他
我校优秀中职生	4.35%	46.38%	44.93%	4.34%
全市中职生	16.00%	45.45%	38.42%	0.13%

图 89　意识到自己的缺点或不足，但不愿去改进

由图 89 可知：与全市中职生相比，优秀中职生不倾向于意识到自己的缺点或不足，但不愿去改进。

D. 团队合作能力

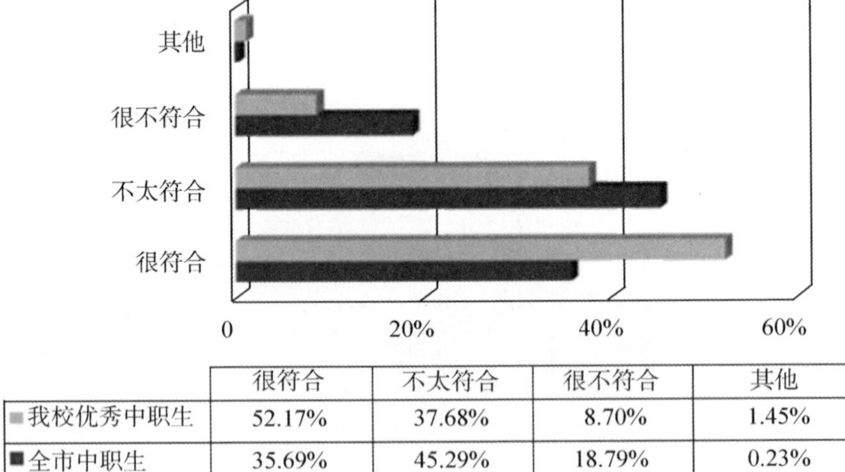

	很符合	不太符合	很不符合	其他
我校优秀中职生	52.17%	37.68%	8.70%	1.45%
全市中职生	35.69%	45.29%	18.79%	0.23%

图 90　经常在班级或学校组织学生活动

由图 90 可知：与全市中职生相比，优秀中职生更经常在班级或学校组织学生活动。

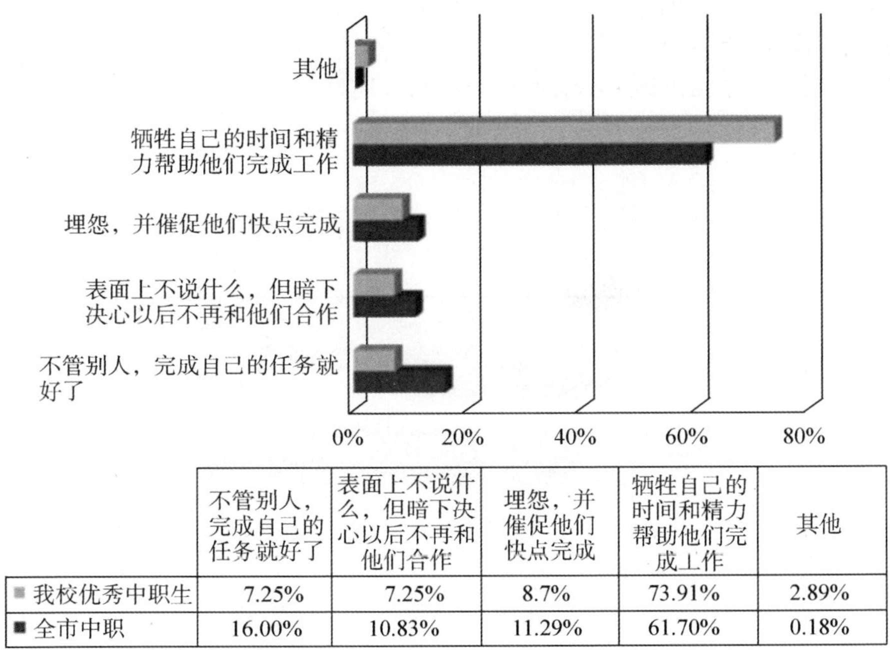

	不管别人，完成自己的任务就好了	表面上不说什么，但暗下决心以后不再和他们合作	埋怨，并催促他们快点完成	牺牲自己的时间和精力帮助他们完成工作	其他
我校优秀中职生	7.25%	7.25%	8.7%	73.91%	2.89%
全市中职	16.00%	10.83%	11.29%	61.70%	0.18%

图 91　如果有一件事情需要你和别人共同完成，你已经完成自己的任务，但别人还没完成，你会怎么办

由图 91 可知：与全市中职生相比，优秀中职生在有一件事需要和别人共同完成，自己已经完成的任务，但别人还没完成时，更倾向于牺牲自己的时间和精力帮助他们完成工作。

（5）职业道德

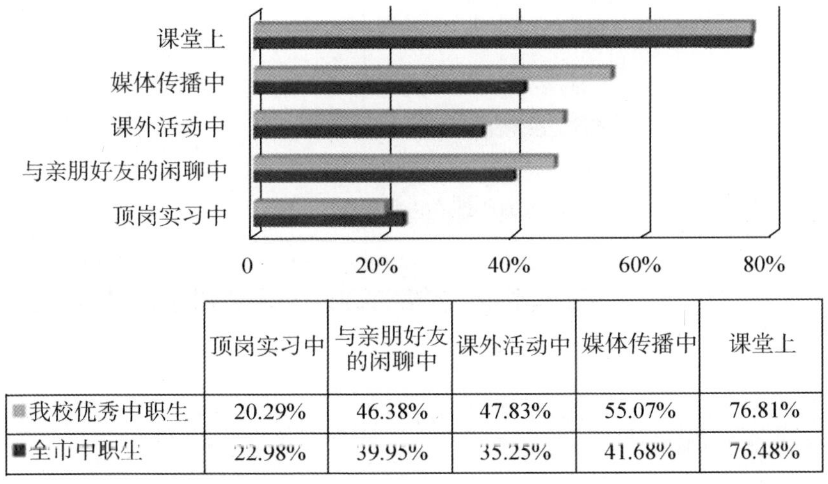

	顶岗实习中	与亲朋好友的闲聊中	课外活动中	媒体传播中	课堂上
我校优秀中职生	20.29%	46.38%	47.83%	55.07%	76.81%
全市中职生	22.98%	39.95%	35.25%	41.68%	76.48%

图 92　你是从哪些途径了解到今后从事行业的道德状况的（多选题）

由图92可知：①优秀中职生了解今后从事行业的道德状况的途径依次是课堂、媒体传播、课外活动、与亲朋好友的闲聊、顶岗实习。②与全市中职生相比，优秀中职生更多地是在媒体传播、课外活动、与亲朋好友的闲聊中了解。

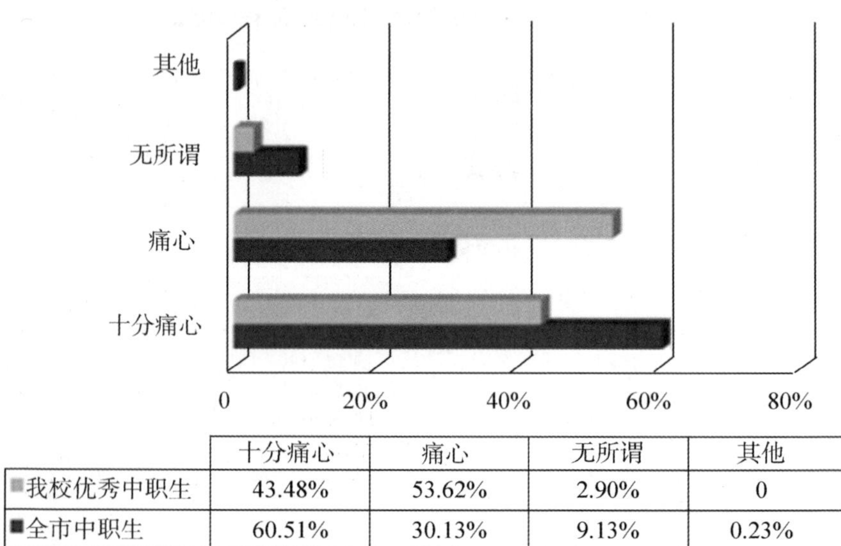

	十分痛心	痛心	无所谓	其他
■我校优秀中职生	43.48%	53.62%	2.90%	0
■全市中职生	60.51%	30.13%	9.13%	0.23%

图93　你对于“地沟油”“瘦肉精”“染色馒头”等职业道德沦陷现象感到痛心吗

由图93可知：与全市中职生相比，优秀中职生对“地沟油”“瘦肉精”“染色馒头”等职业道德沦陷现象感到痛心的比例比较大，而十分痛心的比例相对较小。

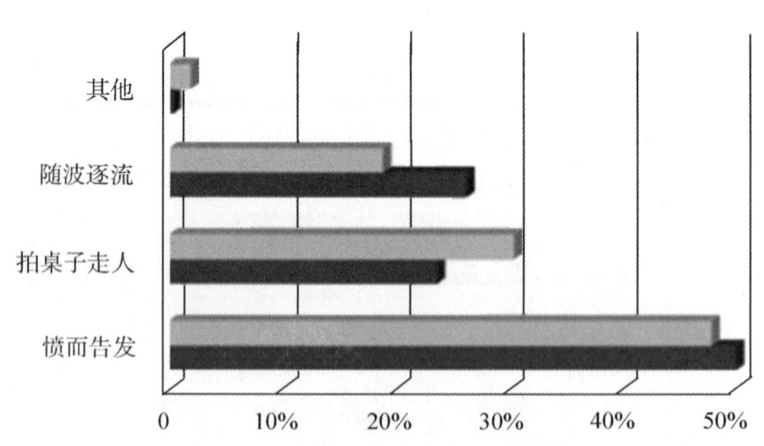

	愤而告发	拍桌子走人	随波逐流	其他
■我校优秀中职生	47.83%	30.43%	18.84%	2.90%
■全市中职生	49.97%	23.59%	26.22%	0.22%

图94　如果你在将来从事的工作中发现上述现象你会愤而告发或拍桌子走人还是随波逐流

由图 94 可知:①优秀中职生在将来从事的工作中发现上述现象的反应依次为愤而告发、拍桌子走人、随波逐流。②与全市中职生相比,优秀中职生拍桌子走人的更多,愤而告发的相对较少。

分析:调查发现,相对全市中职生,优秀中职生更加热爱或喜欢现在所学的专业,并做过相关的职业规划,遇到挫折困难时能够认真反思寻求解决办法,在听取别人建议的基础上更注重独立自我分析。此外,他们有沟通和说服他人的口语表达能力,具备职业生涯需要的文字写作能力,善于与人相处并有一定的社交能力,喜欢团结他人共同合作来完成任务。他们会根据社会发展,不断学习新的技能和知识,并不断完善自己。在职业道德方面,优秀中职生与全市中职生表现相似,大多数学生充满了正义感和责任感,努力阻止类似事件的发生。

中职毕业生保持高就业率的同时,社会越来越关注就业对口率的情况。中职毕业生是一个特殊的群体,其特点是年龄小,心智不成熟,在人才市场就业中无论是经验还是基础知识储备都不具有优势,中职学校与企业多种形式的合作实现专业设置与职业岗位、教学内容与生产要求的深度对接,无疑是他们未来发展的最大资本。教育数据咨询和评估机构麦克思公司调查显示,全国 2009 届本科毕业生专业对口率为 67%,而中职毕业生就业对口率达 73%,这意味着中职就业对口率高出本科 6 个百分点。

职业能力是人们从事某种职业的多种能力的综合。如果说职业兴趣决定一个人的择业方向,以及在该方面所乐于付出努力的程度,那么职业能力则能说明一个人在既定的职业方面是否能够胜任,也能说明一个人在该职业中取得成功的可能性。职业能力分为专业能力和综合能力。专业能力主要指从事某一职业的专业能力。综合能力主要指国际上普遍注重的"关键能力"。

职业道德是指同人们的职业活动紧密联系的符合职业特点所要求的道德准则、道德情操与道德品质的总和。职业道德与各种职业要求和职业生活结合,具有较强的稳定性和连续性,形成比较稳定的职业心理和职业习惯。良好的职业道德是社会和用人单位对中职学生的应有要求,是学生从业和未来发展的必要条件。这要求中职学校吸收产业文化和优秀企业文化进入校园,进入课堂,使学生提前融入职场氛围,感知企业文化,感悟职业精神。

(三) 后中职期

中职生的可持续发展能力,是指面对复杂的技术型生产和操作系统,在生产实践中不断获取知识和迁移知识的基本能力。这是面对个人现实需要和面向未来社会发展而不断地学习、提高和进取的综合能力,包括职场规划、理论基础、专业技术、继续学习、社会适应、进取创新和身心健康等方面。

我校坚持育人为本、德育为先,实行工学结合、校企合作的培养模式,不断深化学校与企业、专业设置与职业岗位、课程教材与职业标准、教学过程与生产过程的对接，着力培养学生的道德品质、职业技能和就业创业能力。通过项目教学、案例教学、场景教学和模拟教学等鲜活的教学方式，以及建立学分制弹性学习制度和以能力为本位的学习评价制度，让每个学生快乐学习、快乐成长。这样既能使学生适应当时社会的需要，又能保证身心有序、协调、均衡地发展，以保持全面、长久的发展能力。

以下是我校优秀毕业生在后中职期的成功案例。职业教育给了他们翱翔天空的翅膀。

徐磊，1998届珠宝设计与制作专业毕业生，钻石小鸟联合总裁。他的成功与他在校模拟公司里的锻炼和各种专业技能知识的学习和操练是分不开的。毕业后，他不满足高薪聘请他的上海城隍庙珠宝集团有限公司，成功创办了“钻石小鸟”网上商务平台。2008年9月22日，CCTV－2《财富故事会》对徐磊进行了专访。他的“钻石小鸟”是中国目前最大的钻石类经营网站，2008年营业额为3亿元，占网上珠宝销售50%以上。目前，他担任中国珠宝玉石首饰行业协会常务理事，上海黄金饰品行业协会常务理事，是国内钻石鉴定以及钻石行业资深人士。

薛震洋，2009届计算机网络技术毕业生，荣获2009年上海教育十大年度新闻人物。他不想走也没有走“高中——大学——就业”的常规路线，而是为自己设计了一条成长之路。在信息技术学校先进的职业教育模式下，他充分展现了自己的才能，并早早确立了自己的人生发展路。如今，刚满20岁的他已身兼网络公司法人代表、广告公司副经理、婚庆公司股东等多个头衔，短短三四年时间，他的个人资产已近2000万元。

柴吉琦，2011届软件与信息服务专业毕业生，荣获第26届英特尔上海市青少年科技创新大赛计算机科学类一等奖。2011年，他在老师的指导下，发明了“教师阅卷笔”。学校专门为他配备了科技辅导教师、实验室和实验器材。毕业前，他已在校内创办了一个承担印务、广告、影视设计的公司——上海市畅新文化有限公司，走上了创业道路。目前，柴吉琦已获5个国家级专利，他和他的团队获得了50多项科技创新荣誉。

陆韵菲，2011届商务助理专业毕业生。17岁那年，她代表学校，前往荷兰交流学习；18岁那年，她代表全校前往北京出席了全国学生联合会第二十五次代表大会，并前往比利时出国学习一年；19岁那年，她登上了《成才与就业》杂志的封面；20岁那年，她进入了希尔顿大酒店工程部，担任荷兰总监助理。

朱沪涛，2012届数字多媒体技术应用专业毕业生，曾获上海市第四届“星光计划”技能比赛金奖。她的成长轨迹是以大赛促进自己的成长，以学生会和共青团工作提升自己的素养。她参加过全国职业院校技能大赛、上海市“星光计划”中等职业学校职业技能比赛；曾在系部担任学生干部、团干部，毕业时成为一名预备党员，如今在协进教育集团，担任设计主管。

这些优秀中职毕业生的成功在于选择了最能发挥自己潜能的专业、最适合自己的工作岗位。科学的课程模式，学校因材施教，学分制机制保障了他们选择最能发挥潜质的学科。从个性问题看到共性问题，从特殊性看到一般性，这些优秀毕业生具有以下共性：A.具备了健康的体魄和良好的心理品质。B.有明确的职业奋斗目标，有从事本专业技术工作的强烈意识。C.学习并掌握了必要的专业基础理论，能用所学专业知识去解决专业问题。D.掌握了专业技术操作的职业技能，取得了本专业相关的职业技能证书，具备了完成专业工作的素质与能力。E.奉行现代社会倡导的终身学习理念，在专业上有吸收掌握和创新能力，未来职场需要的新知识的学习技能。

因此，中等职业学校应坚持把立德树人作为根本任务，进一步遵循人才成长规律，更加开放、灵活，创造有利于人人成长、培养多样化人才的环境，为每个学生提供能发挥自身禀赋和潜能的合适的成长成才道路，让每一个选择职业教育的学生都可以实现多途径、可持续发展，都能成为有用之才。

三、建议与探讨

加强中职学生发展能力的培养，既是社会对中职人才培养的要求，也是中职院校可持续发展的需要，更是学生实现自我、成就事业的基础。每一个学生都有培养的潜质，都可以掌握一技之长，成为一个有用的人。只要你用发现的眼光去寻找，每个学生都有闪光点；只要你用艺术家的智慧去精心雕琢，每个学生都会成为可以担当大用的人才！因此，应以培养学生创新精神和实践能力为重点，以人才培养模式改革为突破点，以人文素质教育为切入点，通过各种途径切实加强学生充分发展能力和可持续发展能力的培养(如图 95 所示)。

(一) 加强德育工作，塑造学生健全人格

中等职业学校坚持育人为本，德育为先，在德育课改革中开设了“心理健康”“职业道德与法律”等课程，德育课程的吸引力和感染力明显提升。文化课、体育与健康课、艺术课等其他公共基础课教学和专业理论课教学渗透德育内容，与思想道德教育课程互为补充，让学生将人类优秀的文化成果，包括伦理、道德、哲学、历史、文学、艺术等内化为稳定的品质，懂得为何而生，何以做人，懂得如何处理人与自然、人与社会、人与人的关系以及自身的情感、意志等方面的问题，由此实现个人社会化的可持续性，同时将职业道德要求内化为自身的行为规范并自觉遵守，取得了相得益彰的育人效果。

(二) 进行职业生涯规划和职业指导

中职学校要从新生入学开始，帮助学生对就读的专业发展、相关职业岗位及其所需能力增进了解，引导学生进行人生和职场规划。通过邀请已毕业的优秀校友回校与学生交流、邀请一些成功创业者进行讲座，向学生介绍不同行业的前景和优

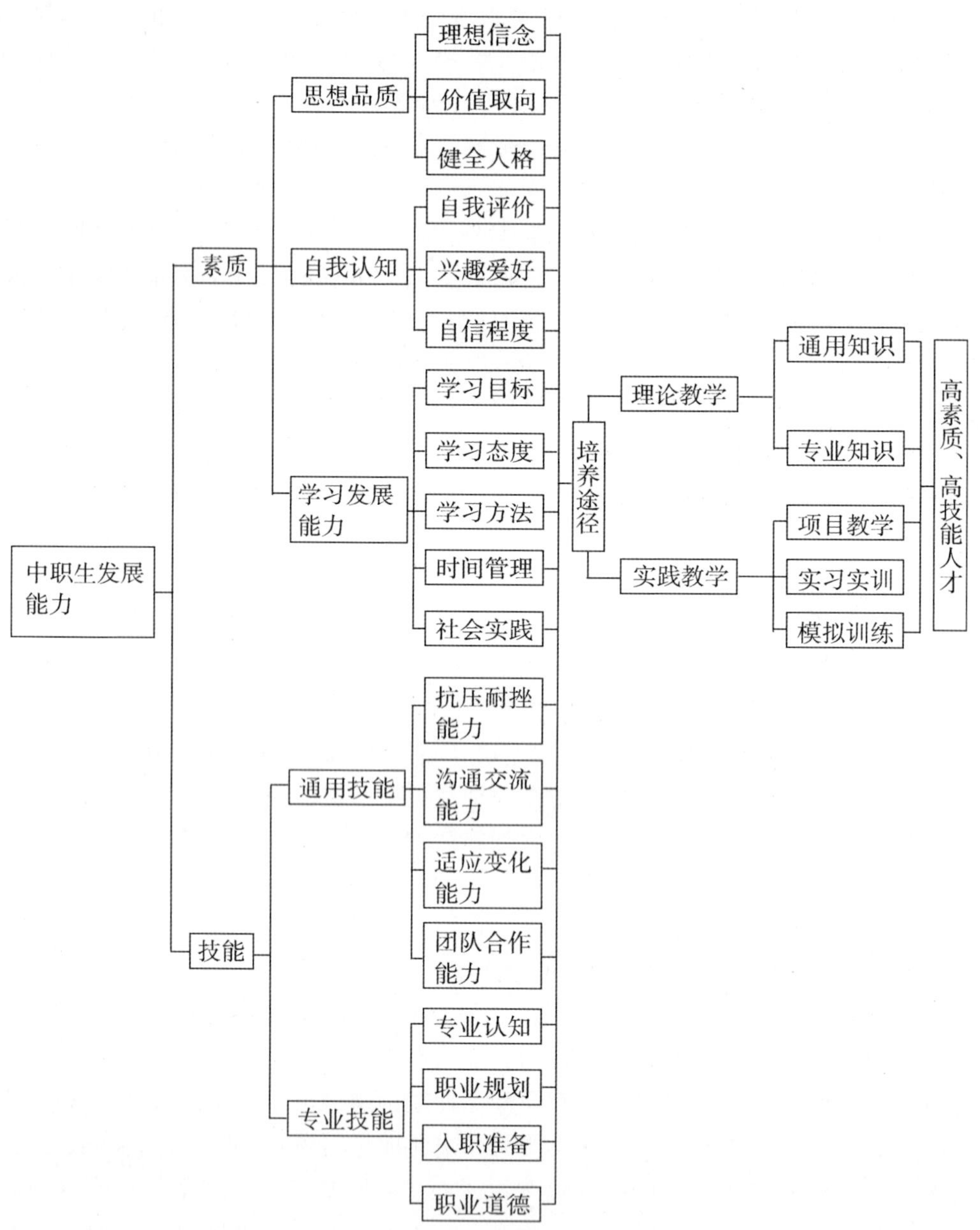

图95　中职生发展能力结构和培养体系模型

势,引导学生进行职业生涯规划,并把对学生的职业指导作为主要任务。通过组织学生到企业参观,开展社会调查等活动,使学生亲身感受不同行业的发展以及对人才的要求,有效激发学习动机,提升自我认同,进而增强学习效能,提高对学校的归属感。

（三）开展多种途径校企合作，加强学生专业技能

中职学校实行校企合作、工学结合教学模式，注重课堂与职场相结合，不断深化学校与企业、专业设置与职业岗位、课程教材与职业标准、教学过程与生产过程的对接，不断强化专业基础理论和专业技能训练，让学生掌握未来工作必备的专业技能，这是中职学校教育的特点。

我校通过项目教学、案例教学、场景教学和模拟教学等鲜活的教学方式，以及“学分制”建立弹性学习制度和以能力为本位的学习评价制度；以工学交替的方式开展教学，让学生在“做中学，学中做”，保证学生能够收到有效的技能训练。“双师型”教师以及聘请的企业专业技术人员和能工巧匠组成的教师队伍，保证学生能得到高质量的教学和具体指导；教学计划中安排有企业顶岗实习环节，使学生走出传统课堂的封闭空间，获得职业工作和生活经验。学生的学习目标感和针对性逐渐增强。

（四）加强学生自主学习能力的培养

在知识经济时代，新知识大量涌现，知识更新周期不断缩短，人们只有树立终身学习的理念，才能适应瞬息万变的社会形势。自主学习能力包括：善于观察记忆和思考事物的能力、敏锐的分析判断能力、有意识学习或培训专业知识的能力、注重培养并发挥自己潜在的学习能力、专业学科上继续学习的能力。

中职学校要注重课堂与课外教学、理论与现实问题、引导与独立思考、历史与未来发展、认知与行为等方面的结合，增强学生的自主学习与发展能力。一是由重点教给学生一定知识向重点激发学生学习兴趣和培养学生学习能力的转变，提高学生获取知识的能力，教会学生学会学习；二是由向学生提出问题、给予学生思路、给予学生结论向学生自己发现问题、自己解决问题、自己得出结论转变，提高学生思维能力，让学生能主动地学、创造性地学。同时，教育者要教给学生获取信息的现代认知手段，并会进行分析对比，归纳判断，会将知识用于解决实际问题，以适应时代的要求。

（五）加强学生身心健康的培养

近年来，中职生存在着不同程度的心理问题，表现为自我认同危机、学习自我效能感低下等。中职生心理上的复杂性与脆弱性成为摆在每个职业教育者面前的首要问题。因此，中职学校想要培育符合现代社会发展的健康合格人才，首要条件就是要纠正中职生自我认同的偏差，给他们导以正确的人生观、价值观及生命观。

学校要以课堂教学为主，专题讲座为辅，兼顾学科教学渗透，面向全体学生普及心理知识，经常地开设心理辅导和心理测试等，提高学生的心理适应和心理承受力，缓解他们的焦虑、自卑等消极心理，发挥他们的主动性，激发学习兴趣，面对各种困难时意志坚强，能知难而进勇往直前，有乐观向上敢于挑战各种困难的信心。同时，也要让学生学会坚持体育锻炼，不断增强健康的体魄。

(六) 尊重学生个性,培养学生创新能力

个性是人的生理心理状况的总和,是教育的灵魂,没有个性就没有人才,就没有创造性。只有尊重和张扬学生个性,才能激发学生的创新意识和创新潜能。中职学校应该根据学生的爱好、追求、特点、兴趣,因材施教,因势利导,把开发学生的潜能、培养学生创新精神和创新能力作为教学体系的立足点,把传授知识和发展能力融为一体。为此,在教学中,我们应积极营造有利于激发创新精神与创新能力的学习环境,激活学生创造性思维。

图书在版编目(CIP)数据
2012~2013年上海市中等职业学校学生发展报告 / 项秉健主编. —上海:上海教育出版社,2015.1
ISBN 978-7-5444-6150-4

Ⅰ.①2… Ⅱ.①项… Ⅲ.①中等专业学校—学生—发展—研究报告—中国—2012~2013②中等专业学校—学生—就业—研究报告—中国—2012~2013 Ⅳ.①G718.3

中国版本图书馆CIP数据核字(2015)第032723号

责任编辑 公雯雯
封面设计 周 亚

2012—2013年上海市中等职业学校学生发展报告
项秉健 主编

出 版 上海世纪出版股份有限公司
上 海 教 育 出 版 社
易文网 www.ewen.co
地 址 上海市永福路123号
邮 编 200031
发 行 上海世纪出版股份有限公司发行中心
印 刷 昆山市亭林印刷有限责任公司
开 本 700×1000 1/16 印张 11.5 插页 3
版 次 2015年3月第1版
印 次 2015年3月第1次印刷
书 号 ISBN 978-7-5444-6150-4/G·5019
定 价 48.00元

(如发现质量问题,读者可向工厂调换)